当代二语教学与研究译丛

Cultural Globalization and Language Education

文化全球化与语言教育

B. Kumaravadivelu 著
邵 滨 译

北京语言大学出版社
BEIJING LANGUAGE AND CULTURE UNIVERSITY PRESS

图书在版编目（CIP）数据

文化全球化与语言教育 /（美）B. 库玛（B. Kumaravadivelu）著；邵滨译. -- 北京：北京语言大学出版社，2017.11

（当代二语教学与研究译丛）

ISBN 978-7-5619-5113-2

I. ①文… II. ① B… ②邵… III. ①文化－全球化－关系－语言教学－研究 IV. ① H09 ② G11

中国版本图书馆 CIP 数据核字（2017）第 274345 号

文化全球化与语言教育

WENHUA QUANQIUHUA YU YUYAN JIAOYU

排版制作：北京创艺涵文化发展有限公司
责任印制：周 燚

出版发行：北京语言大学出版社
社　　址：北京市海淀区学院路 15 号，100083
网　　址：www.blcup.com
电子信箱：service@blcup.com
电　　话：编辑部　8610-82301016
　　　　　国内发行　8610-82303650/3591/3648
　　　　　海外发行　8610-82303365/3080/3668
　　　　　北语书店　8610-82303653
　　　　　网购咨询　8610-82303908
印　　刷：保定市中画美凯印刷有限公司

版　　次：2017 年 11 月第 1 版　　印　　次：2017 年 11 月第 1 次印刷
开　　本：787 毫米 × 1092 毫米 1/16　　印　　张：13.5
字　　数：256 千字
定　　价：40.00 元

PRINTED IN CHINA

献给我的孩子，钱德里卡和阿南德

也献给世间所有的孩子们

当他们面对这美丽的全球新世界，

学着扬起生活的风帆

希望这古老智慧的箴言

可以引导着他们：

随处，即是家；

众生，皆亲人。

——卡尼亚·彭格拉纳尔，约公元前 500 年

注：卡尼亚·彭格拉纳尔，印度泰米尔桑伽姆文学时期的著名诗人，精通数学。他留下了两首诗作，这首短诗就是其中一首，被收录在桑伽姆诗歌集《勋业诗四百首》之中。

目　　录

译者序 *I*

自序 *V*

第一章　土地之歌 *1*

第二章　文化及其复杂性 *6*

2.1　文化的概念 *7*

2.2　文化和社区 *9*

2.3　文化和语言 *13*

2.4　文化和语言教育 *16*

2.5　结语 *19*

第三章　文化全球化及其进程 *20*

3.1　全球化的概念 *22*

3.2　文化全球化 *27*

3.3　文化全球化与语言教育 *34*

3.4　结语 *34*

第四章　文化刻板印象及其危害 *35*

4.1　刻板印象的本质 *36*

4.2　刻板印象的原因 *38*

4.3　语言教育中的文化刻板印象 *38*

4.4　结语 *45*

第五章 文化同化及其幻象 46

5.1 文化同化的概念 47

5.2 文化同化及其幻象 55

5.3 文化同化和语言教育 59

5.4 结语 66

第六章 文化多元主义及其欺骗性 67

6.1 文化多元主义的概念 69

6.2 文化多元主义及其欺骗性 76

6.3 文化多元化与语言教育 79

6.4 结语 82

第七章 文化杂糅及对其的批评 83

7.1 文化杂糅的概念 85

7.2 文化杂糅及对其的批评 90

7.3 文化杂糅与语言教育 92

7.4 结语 98

第八章 文化现实主义及其需求 99

8.1 身份和身份政治 100

8.2 当代的现实和身份的形成 103

8.3 文化现实主义的概念 111

8.4 文化现实主义及其需求 115

8.5 结语 117

第九章 文化现实主义和教育学原理 118

9.1 基本要素 120

9.2 优先教学点 122

9.3 结语 134

第十章　文化现实主义与教学策略　135
10.1　思考型任务　137
10.2　探索性项目　146
10.3　结语　149

第十一章　文化现实主义与跨文化交际　150
11.1　传统方法　152
11.2　后结构主义 / 后殖民视角　156
11.3　全球使命　159
11.4　教育应用　162
11.5　结语　166

第十二章　世界地图　167

参考文献　171

索　引　192

译者序

库玛教授是美国著名的第二语言教学专家，任教于美国圣荷西州立大学。他在第二语言教学法、文化教学及教师教育等研究领域影响深远，是语言教学“后方法”时代的重要代表性人物。《文化全球化与语言教育》（2008）一书曾荣获美国现代语言协会的年度最佳著作奖。本书是库玛教授在中国内地出版的第三本著作。与《超越教学法：语言教学的宏观策略》以及《全球化社会中的语言教师教育》两本书相比，这本《文化全球化与语言教育》不太像一本语言学家的著作，而更像一位社会学家、历史学家或全球化研究专家的著作。

库玛教授教授关注文化及跨文化研究相关议题已有多年，早在1997年，他就提出“对于文化差异性的敏感只是一种理智化的概念，而不是内在化的行动”。2001年以后，由于教学需要以及学术会议邀请，库玛教授对西方学术界的相关研究进行梳理，并就文化刻板印象以及文化教学的框架进行了积极探索。库玛教授尝试从文化全球化进程入手，对当前二语教学中的文化学习与教学中的文化概念进行深入思考，他努力突破现有的实践，从全新的视角去理解文化全球化与语言教育的复杂关系。

库玛教授在本书中从文化的概念及其复杂性展开论述，对文化全球化进程进行了回顾，并就文化刻板印象及危害进行了论述。讨论了文化同化、文化多元主义、文化杂糅等诸多流行概念，在此基础上提出了文化现实主义这一理论，并对文化现实主义的基本原理、使用原则、发展文化全球化意识进行了详细的介绍。

在库玛的理论中，“全球化”和“文化全球化”是两个极其重要的概念。全球化是指一种统治性的推动力量，将重塑国家之间、经济之间、人们之间的联系和交流，最终导致社会生活各个维度（如经济、政治、文化、环境、个人等）的转变。文化全球化则指的是世界范围内文化之间交流的过程。针对以往的文化教学中提出文化同化、文化多元主义和文化融合等概念，库玛提出了不同的看法，他认为，全球化的过程也可以看作是个人身份构建的过程，二语教学中的文化教学是学习者身份构建的手段。全球化时代身份的构建不仅是外在条件（如文化、历史、权力等）赋予的，而且也与个人的能力及意愿有关。因此，全球化时代的文化教学需要正视四个层面的现实：全球现实、国家现实、社会现实和个人现实。

"现实主义"文化教学思想正是基于这样的"现实"，承认身份构建是受世界、国家、社会和个人现实等不同竞争要素共同影响的结果，正视和尊重每个个体的文化遗留和文化选择，而不再抱有将其同化和整合的"幻想"，最终促成学生的文化成长，发展全球文化意识。库玛提出"现实主义"文化教学思想有五项原则：从学习目标语言群体到目标文化群体；从关注语言运用到关注文化关联；从文化信息到文化转换；从被动接受到批判性反思；从有偏见的文本到广泛的背景。

文化教学在全球化时代如何开展？这是一个值得深入思考的问题。库玛教授针对这个问题，给出了自己深刻、独到的探索。在"后现代"语境中，文化教学不再只是简单的文化知识的传输和文化技能的培养，更应看作是身份构建的关键手段，最终目标是要培养学生发展全球文化意识。因此，文化教学应成为第二语言教育的核心组成部分，发挥更为重要的作用，而不能只甘当语言教学的附庸。这一观点对二语教学中文化教学的重要性具有重要的理论价值。在当前汉语国际教育的视域下，我们可以从中吸收借鉴哪些有益的探索呢？相信本书的出版一定能对当前的汉语的文化教学、汉语国际传播、汉语教师培养等领域产生深刻的启示与影响。王帅在《库玛"现实主义"文化教学观述评》（2015）一文中不仅对库玛教授的文化教学观做了详细的介绍，并结合汉语教学进行了思考。

本书体大思精、内容丰富，涵盖了语言学、人类学、文化研究、历史、政治及社会学等诸多领域，征引了大量各研究领域的著名学者的观点及论述，对译者来说是很大的挑战。本书的人名翻译本着从众的观点，凡是国内已有译名的，优先选用，然后，则主要根据《世界人名翻译大辞典》（2007）。由于本书人名众多，涵盖古今中外，不免有疏漏之处。

本书的翻译，源自对于库玛后方法教育思想的热爱以及朋友间的因缘。自2012年库玛北大讲学之后，我就对他提出的"后方法"教育理论产生了浓厚的兴趣。工作之余，在我的倡议带领下，朋友间成立了一个库玛著作研读小组。这本书当然也在我们研读讨论范围。本书的翻译也是友谊的见证。好友潘建建、周之畅、卿逢桥、周妙青都参与了部分初稿的翻译，本书还承蒙纽约州立大学石溪分校武宏琛博士予以审订，避免了更多的疏漏与错误，特此致谢。在本书翻译期间，我们既共同学习成长，也各自经历了人生大事：娶妻、生子、远游、迁徙、继续学业等等，这或许也是全球化时代的一个表征。这本书仿佛一个纽带，连接着我们彼此。这让我想到了库玛教授在本书献词中引用的两句诗：随处，即是家；众生，皆亲人。只要我们用心去面对生活。

本书的翻译还要感谢北京大学姜景奎教授、赵杨教授、王帅、刘声等师友的鼓励与帮助。最后，还要感谢北京语言大学出版社的沈岚、李非飞编辑。没有大家的信任、支持与鼓励，就没有这本书的翻译。由于水平有限、时间紧迫等原因，翻译中的错漏在所难免，恳请大家批评指正，译者将在以后的重印中及时修订。

邵　滨

2017 年 10 月

自 序

光阴似箭，我从开始写这本书到现在已经有十年之久了。我刚开始认真研究文化的概念与文化冲突的时候，还不是学术界和社会语境中的热门话题。然而，不久，“多元文化主义”“文化多样性”“文化敏感性”这样的词语迅速成为学术世界的流行词语。而且，至少在我居住和工作的加利福尼亚州，这些词语已经成为公共话语中的热门词。

那段时间加利福尼亚州和美国其他地区的公司、政府机关、教育机构都在焦头烂额地处理文化差异性的挑战。文化差异性不久成为许多研讨会和工作坊商业宣传点。许多企业、政府和高校高薪聘请所谓文化差异性专家，希望能消除据说深藏于他们员工肉体与灵魂中像小魔鬼般的歧视，这些专家们到处随意发表一些关于敏感性和忍耐的言论。考虑到公众的兴趣，我在《圣荷西信使报》的周日观点版开了一个名为《我们的偏见，我们自身》的专栏。在其中，我强烈质疑，“对文化差异性的敏感只是一种理念化的概念，而不是内在化的行动”（库玛 B. kumaravadivelu，1997：4）。换句话说，关于文化敏感性，为什么我们大多数人觉得说比做更容易？

当时，我正准备为英语作为外语教学（TESOL）项目的硕士生首次上一门跨文化交际方面的核心课程。作为我课程和指导准备的一部分，我查阅了 TESOL 和应用语言学领域的相关文献。从大量文献中，我为课程学员挑选了有用的材料。在这门课程最初的几次讨论中，我大胆尝试不同方法和材料，从失败，也从成功中学习。我的学生们非常支持这些教学探索。

我参加了一些与文化和跨文化交际相关的学术会议。特别值得一提的是，2001 年 2—3 月在圣路易斯召开的全国 TESOL 年会。在三天会议期间，我尽力参加了许多有关 TESOL 的跨文化交际的讨论，找寻新思想和新方法，以便更好地改进我的跨文化交际课程。尽管我从这个会议的许多报告中获益匪浅，丰富了我对于文化教学的理解，但是我对这个会议还是存有一些保留意见，因为在这个会议上，普遍认同的观点还是单方面的、西方的文化信念展示以及对其他文化实践的西方式的描述。这次会议后，我就和《英语作为外语教学》（*TESOL*）的读者们分享了我的一些思考，一篇短小的文章《关注跨文化交际中的“跨”》(库玛 kumaravadivelu，2002)。我在这篇文章后附录了一份非西方学者有关文化与跨文化方面著作的索引。但由于篇幅限制，编辑决定删去这个附录，他建议我留下 e-mail，感兴趣的读者可以联系我索取这份索引。我同意了。不久，我就收到了大量对我的观点进行回应以及索要这份索引的邮件。在此鼓励下，我为《英语作为外语教学季刊》(*TESOL Quarterly*)的笔谈栏目写了一篇更长的文章《TESOL 中的文化刻板印象问题》(库玛 kumaravadivelu，2003a)。

其间，考虑到世界正日益全球化，我开始致力于探索文化敏感相关的语言课程指导的可能性。2000 年 10 月，在澳大利亚弗里曼特尔的第十三届教育会议年会，我应邀做了主旨演讲，这是第一次在正式的公开场合介绍我的一些还在思考中的想法。我演讲的题目是《相互依存：文化和语言教育》，我介绍了课程指导的雏形，指出在这样一个经济、文化、交流全球化的时代，语言教育者不能忽视他们肩负着探索文化认同形成这一复杂问题的职责(库玛 kumaravadivelu，2000)。还有两次让我备感荣幸的完整演讲，一次是 2003 年 5 月在芬兰的赫尔辛基，一次是 2004 年 10 月在巴西的圣保罗。与那些感兴趣的学者们充分交流，进一步坚定了我的想法。2006 年 7 月，澳大利亚应用语言学会邀请我在布里斯班举行的“语言与语言：全球与区域紧张”国际会议上作一个完整演讲，让人意外的是，我也由此与他们进行了全方位的联系。利用这次机会，在我的出版商的建议下，我从本书的草稿中整理了一份更正式的有关文化教学的框架。我为这次演讲选了《(前)紧张：全球与地区的文化逻辑》这个题目(库玛 kumaravadivelu，2006)。

全球与地区的文化逻辑与语言教育持续进行着碰撞，这成为本书最重要的主题。这一逻辑涵盖了人类学、应用语言学、文化研究、历史、政治和社会学的大量训练。从这些相关领域出发，我开始尝试从文化全球化进程的角度，对目前为止在语言教室中文化学习与教学的主要概念进行批判性的全方位审视。我同样尝试突破当前的实践，以便能提供全新的、富有挑战的方式去理解文化全球化与语言教育之间的复杂关系。

本书的第一章是全书的关键。我是从文化的概念及其复杂性展开的(第二章)，接下来是对文化全球化进程的一个回顾(第三章)和文化刻板印象及其危害(第四章)。在接下来的三章中，我讨论了文化同化(第五章)、文化多元主义(第六章)、文化杂糅(第七章)概念的盛行。考虑到它们的局限性，我提出了文化现实主义概念的基本原理(第八章)、使用原则(第九章)以及发展文化全球化意识的必要策略(第十章)。然后，在得到一些最终的思考(第十二章)前，我指出文化全球化时代跨文化交际存在的问题及可能性(第十一章)。

我必须承认把源自不同原则的各种观点拉到一起是一件十分棘手的事情，因为这涉及大量的定义、描写与解释。考虑到学术训练和历史资料的范围，我不得不有所取舍。我聚焦于那些在他们研究领域能代表整体研究趋势的学者们，从而获得一个总体性的而不是一个仅仅可理解的叙述。同样棘手的挑战是让象牙塔里的专业学者写通俗易懂的文体。在这过程中，我尝试在不改变自己论证内容的基础上把个人的故事与学术话语进行融合。

从这本书中，读者们能发现一个关键的内在特点，那就是没有什么渠道是不重要的。对于一个从多元文化国家移居到另一个的人来说，对于一个人看起来不一样，说得也不一样的人来说，过着一种根植于自己的传统的文化生活方式，却没有向新的方式打开，每一天都是最基本的状态。比如有这样一个人，个人生活已经和专业纠缠在了一起，他已经几乎不可能在这样一种工作中把两者分离开来。在这个意义上，这本书把个人的调查与专业的研究做了有机的结合。这个尝试也证明了任何一方都无法完全取代另一方。

这个项目能够克服困难最终完成，我要感谢那些给予帮助的朋友们。首先和最主要的，我要向杰出的出版家玛丽·简·佩卢索（Mary Jane Peluso）表示我最诚挚的感谢。玛丽·简（Mary Jane），谢谢您个人对这个项目的兴趣以及对我有能力完成项目的坚定信心，即使要拖延多年。同样感谢杰弗里·希尔（Jeffrey Schier）的关爱与细致的编辑工作。非常荣幸能由他第二次做我手稿的编辑。（他同样编辑了我《超越教学法：语言教学的宏观策略》一书）。他娴熟的编辑技巧让我的书稿更清晰简洁。同样感谢耶鲁大学出版社的审稿专家们对本书初稿的肯定：悉尼工程大学的阿利斯泰尔·彭尼库克（Alistair Pennycook），哥本哈根商业学校的罗伯特·菲利普森（Robert Phillipson）以及圣弗朗西斯科州立大学的托马斯·斯科韦尔（Thomas Scovel）。

我同样感谢圣荷西州立大学，尤其是全球研究所给我提供的职位，鼓励我致力于研究这个项目。我还要感谢我的同事，工程学院办公室实验室管理员琼·盐田（Jean Shiota），一直帮我解决电脑方面的各种故障。

最后，感谢我的家人。献给雷文蒂（Revathi），对于这本书她保持着一种特殊的兴趣，她分享了文化学习方面的专长，并提出了建设性的批评意见。感谢你帮助我完成文化杂糅那一章，特别是帮我解读第七章的那首诗歌。钱德里卡（Chandrika）和阿南德（Anand），谢谢你们包容我在电脑前长久的工作（“为什么你总是一直在工作？”）以及很少时间陪伴你们。你们的经验与探索，在文化全球化世界的形成过程中，为我提供了痛苦、愉悦的体会和极其宝贵的领悟。

第一章　土地之歌

运用作者的特权，怀着一种简单的自传的想法，我从文化全球化和语言教育开始我的这本书。我出生在印度南部的泰米尔纳德邦，在那里，我度过了我的童年以及青年时期的一段大好时光。泰米尔语是我的母语。我 10 岁时开始了一生的英语作为第二语言的学习。后来，在 1984 年，碰巧是乔治·奥威尔（George Orwell）声名狼藉的一年，我从母族社会文化土壤被连根拔起，去美国寻找更绿的草地。

到了一定的时候，美国司法部移民和归化服务中心将实际上是粉色，但世人称之为“绿卡”的卡片授予我。这卡片意味着我成了有九位身份号码的“外国居民”。尽管我开始对“外国人（alien）”这个标签感到好笑，这个标签通常与来自外太空的那种滑稽可笑的生物相联系，但日后我对此感到舒适，尤其是看到那些外星人既英勇又不失滑稽的事迹后，这事迹通常出现于从乔治·卢卡斯（George Lucas）的《星际大战》到梅尔·布鲁克斯（Mel Brooks）的恶搞电影中。一旦我彻底归化，变成美国公民，官方就不会将我视作外国人了。

在印度的马德拉斯大学、英国的兰开斯特大学和美国的密歇根大学完成正式学业后，我来到了坐落于加州南部的南湾地区，这里因硅谷而为人所知。我任教于圣荷西州立大学，这所大学被自豪地称为“硅谷城市大学”。它也是该地区最具多样性的大学之一。在新千禧年（2000）之际，学生人数激增到 30104 人，这其中最大的种族社区（38%）是亚裔（一个政治上便利的术语，实际上在语言、文化和宗教上极具多样性的人群，包括中国人、印度人、日本人、菲律宾人、越南人等），其次是白人（30%），拉丁裔（14%），非裔美国人（4%），还有一部分印第安人（少于 1%）。

我住在库比蒂诺的南湾市，这里以其是众多信息科技公司的总部而著称。这是一个多种族城市，在这里有许多不同的带连字符的美国人、华裔 - 美国人、日裔 - 美国人、印裔 - 美国人、墨西哥裔 - 美国人和其他各族裔美国人，尝试与那些不带连字符的美国人和谐共处。我的家正对着库比蒂诺山脚，总体来说，更像一个印度家庭。我在家讲泰米尔语，庆祝印度节日，去印度寺庙，常去印度文化中心，拜访印度家庭，还有，我还看印度电影。在这些文化领域，引导我行为和生活方式的是我的印度价值观系统。当我去工作挣钱养家时，我会尽量使自己符合美国的文化期待。换句话说，尽管地理上远隔万里，我进入印度文化话语领域时，我还是会依照我自身的遗传的文化传统。我对此感到舒适。我进入美国文化话语领域时，我还是依照学习到的文化传统，对此，我也感到很舒适。

当我写这本书时，我在我的两个孩子身上，7 岁的钱德里卡（Chandrika）和 5 岁的阿南德（Anand），看到了相似的剧本。在工作日，他们会去法里亚小学学习，在那里，他们和白人老师交流，和白人小孩一起玩耍，当然也有其他亚裔孩子。在那里，他们听的故事，唱的歌，都深深烙上了美国主流社会文化价值观的烙印。在周末，他们去一个印度宗教组织钦马亚布道团（Chinmaya Mission）运营的巴拉·维豪尔学习中心（Bala Vihar）补习，在那儿，他们与印度老师交流，和印度小孩玩耍，同样，在那里听到的故事和唱的歌根植于印度社会文化价值观。

在家里，不看史努比（Scooby-Doo）或小熊维尼（Winnie the Pooh）时，他们就会练习老师教的东西。快睡觉时，美国和印度的故事书，他们都会读，同样都很享受。在印度传统节日排灯节时，他们也很喜欢点灯，穿新衣服，吃特制的糖果。在泰米尔人的感恩节庞格尔节时，他们觉得那些传统仪式与美国的感恩节相比很“滑稽”。圣诞节时，他们也很喜欢用彩带和他们喜欢的卡通人物装扮圣诞树，和其他孩子一样，他们很早就起床了，想要看看圣诞老人给他们带了什么礼物。

据我观察，他们对自己所处的与印度文化不同的小文化团体感到舒适。事实上，他们享受这种多样的文化体验。至少，迄今为止，是这样的。

我用“迄今为止”，是因为我知道，当他们长大独立时，事情可能会发生变化。我印度朋友家里的几个年龄大一些的小孩，他们的轶闻趣事展现出一种 U 型的文化现象（见图 1.1）。在儿童时期，那些新移民的小孩乐于遵守他们父母传授给他们的文化信念和实践。但是在青春期，他们却承受了很大压力，通常会反叛他们的母文化，他们厌恶任何与母文化联系的事物，甚至责怪他们的父母并表现出“离经叛道”。随后，在青年时代，他们开始意识到双语双文化的重要性，意识到了他们的文化资本的经济和智力价值。一旦意识到这些，他们又会责怪父母没有将他们培养得足够双语双文化化。这绝不是一个普遍现象，但是在印度裔社区却十分常见，也许在其他族裔社区也是如此。如果我的女儿也经历同样的事情，我一点都不会感到惊奇。

图 1.1　U 型文化现象

回到成人世界，我想表达的是，想要理解或解释个人文化认同的复杂信息并不是一件容易的事，尤其是当不同文化相互碰撞的时候。一些社会学思想流派也试图解释个人的文化认同在多语多文化的环境下是如何建构的。大多数这些思想都是基于三个广泛的文化概念:（1）文化同化;（2）文化多元主义;（3）文化杂糅。在后续的章节中，我们会详细阐述这些概念。但我要说明的是，在文化加速全球化的今天，这些概念并不足以解释复杂的文化认同过程。

简单点说，某种程度上，信奉文化同化理论的人期待我采取主流文化社区的行为方式、价值观、信念和生活方式，并且沉浸其中。在这个过程中丧失自我。换句话说，他们希望我变成另一种文化的人。但是我并没有在我身上看到这种变化。

文化多元主义的支持者希望我在一个多元文化社会中变成文化的假内行，在各种相互碰撞的文化社区展示自己肤浅的知识与兴趣。例如，作为一个受过良好教育的南湾居民，在一月参加越南的春节活动，在二月回顾非裔美国人传统，在三月（取决于中国农历）狂欢于中国的元宵节，在四月庆祝日本的樱花节，在五月庆祝墨西哥人的传统节日五月五日节，在六月出席印第安人的祈祷仪式等等，对我来说将会是政治正确的行为。他们会希望我能够体验这些一年一度的不同仪式，尽管我愿意在有空的时候从我自己的文化传统中走出来，但是我并不希望成为这样的文化假内行。

文化混合主义的拥护者则希望我能够创造一个“第三种文化”或“第三种空间”，而不允许我遗传的印度文化和正在学习的美国文化中的任何一种决定我的价值观和信念。他们期待我生活在一种矛盾的中间状态，只有当个人自愿或非自愿地从某一种文化语境下将自己置换出来并将自己移植到另一种文化语境时，这种状态才可能出现。我不希望我在这样的文化迷宫中迷失自己。

相反，我相信自己同时生活在多种文化领域中，可以随意切换。这种切换，有时很容易，有时又比较费力。我和我的孩子当然也不例外。全世界许多人都因为各种各样的原因离开了他们的母国，真正变成了双语双文化的人。就像我一样，他们同时不同程度地生活在不同的文化领域。事实上，就算没有离开自己国家，也会体验到文化的复杂性。如果我可以，实际上是必须，跨越那种狭义地将文化认同与国家认同（“美国文化”“中国文化”“日本文化”等等）联系起来的传统文化思维，并且将诸如种族、宗教、阶级和性别组成的亚文化变体考虑进来，我们就能很容易意识到人类社区实际上是一个多文化的拼图而不是单文化的蚕茧。实际上，由于信息革命所催生的文化快速全球化，文化意识的多维度也必须被考虑进来。我和大多数人的生活经历本质上就是一个通过不断反思创造关键文化意识的复杂过程。

在反思过程中，指引我们的是我们出生时就存在的经得住时间检验的母族文化。我们学习的知识和从其他文化中获得的经验，不仅仅扩展了我们的文化视野，而且让我们对自己的母语文化有了更清晰的认知和更深层的认同。这种关键的自我反思帮助我们从自己和他人的文化中取其精华去其糟粕。换句话说，理解他人文化的同时，也就能更好地理解我们自己的文化，反之亦然。这是个人复杂文化成长的重要标志。

从我个人的角度来看，文化成长的复杂性很大程度上被语言教学领域完全忽视了。传统上，对学习第二语言的学生的文化教学仅仅关注于帮助学生发展在某些特定语境下为了特定言语行为（道歉、请求、致谢等），即以恰当方式使用目标语言的语言能力。最新的教学方法同样仅注重文化艺术、人工产品和文化仪式。这些方法很明显是基于简单甚至过于简化的文化、文化学习和文化教学观点。

为了更好地认知文化认同的复杂性，我们所应做的只是需要关注周围世界的变化，并意识到我们正处于一个快速全球化的世界，一个经济和文化快速全球化的世界。文化全球化与二语教学的关系远比我们迄今为止所认识到的更为复杂。当我们热衷于谈论英语作为全球语言的时候，我们很难触碰到复杂的全球化进程及其对 21 世纪语言课堂中文化教学的影响。

文化全球化对英语二语 / 外语教学和教师教育的巨大影响构成了本书的中心关注点。尽管我强调英语二语 / 外语教学，但本书实际上也涉及一般的语言教学。从人类学、社会学、文化学和应用语言学研究中汲取的启示，我首先批判了文化同化、文化多元主义和文化混合主义的观点。本书的观点是这些西方以及西化的学者信奉和建构的观点仅仅展现了文化全球化世界二语教学有限的几个方面。因此，我探索将文化现实主义作为全球文化意识中建构文化认同的替代性指导原则。

我希望展现的是任何试图在二语学习者身上发展全球文化意识的努力都必须考虑到影响21世纪日常生活的以下四个现实:(1)全球现实:标志着退化的空间、收缩的时间以及消逝的界限;(2)国家现实:作为部分对已知的全球文化同化的激烈反抗,国家现实培养了强大(有时激进)的民族主义;(3)社会现实:诸如家庭文化协会、青年俱乐部的社会机构以及宗教场所创造了某种社会现实并赋予其顽强的生命力;(4)个人现实:这种个人现实赋予了个人多样、矛盾、动态和变化的身份认同。我也希望展现这四个现实是如何冲撞、互动、协同、合作,最终创造了一个一加一大于二的文化整体。所有这些构成了基于文化现实主义的个人身份认同建构的基本元素。

我在接下来的论述中提供了一份总路线图,这路线图极有可能可以帮助语言学习者、教师和教师教育者建构全球文化意识。这样,我不仅将读者带上了很多旅行者的道路(西方的),也将读者带上了那些少有游客关注的小路(非西方的)。当然,这取决于读者如何使用这份路线图,毕竟他们会绘制通往他们独特目的地的独特路径。因而,本书提供的只是通往这些目的地的路线草图,能够实现这样的目标,依靠的正是孔子“千里之行,始于足下”和康德“仍然可通行的唯一路径就是最关键的路径”的智慧。

第二章　文化及其复杂性

> “我认为我和我的女儿出生在不同的国家，我们之间差了30年。这就意味着我们生来就处于不同的文化环境。”
>
> “我的朋友们，这场选举不仅仅是谁得到什么，而是关系到我们是谁，我们信仰什么，以及作为美国人我们代表什么。在我们的国家，关于美国的灵魂，正在进行着一场宗教战争，这是一场关系到我们国家前途的文化战争，正如冷战一样。”
>
> “我的假设是，这个新世界的冲突的首要根源将不会是意识形态和经济，将会是文化因素。在全球事务上，民族国家仍然是主导，但是全球政治的主要冲突将发生在国家和不同的社会群体之间。文化的冲突将主导全球政治走向。文明之间的断层线将会成为未来的主要战线。”

上面第一条父母的声音引自于美国人类学家玛丽·凯瑟琳·贝特森（Mary Catherine Bateson，2000）。她在一次关于跨文化议题的采访中发表如上言论。她非常重视成员中代际文化鸿沟的问题，强调如果我们能够处理这种内部文化冲突，那我们将会知道如何处理外部的文化冲突。

上面第二条政治言论引自于美国保守专栏作家帕特里克·布坎南（Patrick Buchanan，1992），他曾两次获共和党总统候选人提名。这些言论部分出自于他在1992年8月17号于得克萨斯州休斯敦举行的共和党全国会议上的讲话。他指出目前的持续的文化战争存在于保守主义和自由主义活动家之间，他恳请他们保守主义支持者“重拾我们的文化”。

而上面第三条专业言论则来自于哈佛大学政治科学家塞缪尔·亨廷顿（Samuel Huntington，1993）。他在《外交事务》杂志刊登的一篇饱含争议的文章中指出，文化断层线正在加速成为全球的战争线。在他的名著《文明的冲突与世界秩序的重建》(1998)一书中，他详细阐述了自己的观点。有许多人相信“9·11”事件和后续的阿富汗与伊拉克战争正是文化与文明的冲突的最新例证。

这三种声音直指一个事实，即文化似乎有一种特殊的魔力，可以在家庭不同成员、国家不同社群、世界不同国家之间播下冲突的种子。文化似乎是一种压倒一切的力量，既可以联合也可以分裂个人、社区和国家，那到底什么是文化?

2.1　文化的概念

《关键词：文化与社会的词汇》的作者雷蒙德 · 威廉斯（Raymond Williams）认为，“文化”是“英语中最复杂的两三个词汇之一”(1976：87)。其理由是这个词“被各个不同的学科和迥异且不兼容的思想体系中”(p.87)。18 世纪的德国哲学家约翰 · 赫尔德（Johann Herder）创造了德语 Kultur，意思是“没有什么比这个世界更复杂更具欺骗性”，而威廉斯在论述文化的复杂内涵时常常引用这句名言（威廉斯 Williams，1976：89)。虽然在人类历史中，文化是一个研究最多使用最多的概念，但其模糊性却始终无法消逝。文化到底是什么，也没有共识。文化的概念是如此的难以捉摸，以至于英语文化评论家斯图尔特 · 霍尔（Stuart Hall，1997）最终得出尝试定义文化毫无意义的结论。

但是文化的复杂本质并没有阻挡社会科学家定义它的热情。美国文化学家克利福德 · 格尔茨（Clifford Geertz）提出了一个广泛使用的文化定义，他认为“文化是一个系统中的意义历史传输模式，是一个继承性的概念系统，在这个系统中，人们利用各种象征形式来交流、延续和发展其对生活的知识和态度”(1979：89)。广义上，文化代表了构成一个社区的智力和美学生活的创造性活动，如艺术、建筑、戏剧、舞蹈、音乐和文学。文化也代表着统治日常生活实践的信念、道德、习俗、规范和价值观。前者被认为是大写 C 的文化，后者则是小写 C 的文化。

但是，这些不同的定义在这个领域的专家眼中很少能够共存，这也导致了“无论何时，当一群社会学家聚在一起讨论文化的时候，在这个核心概念上，永远不会产生一个共识。有一段时间，神话、价值观、饮食、着装、习俗、科学理论、社会规范、小说通通被认为是文化的元素之一”(迈因茨 Mayntz 1992：219)。考虑到其模糊性，“文化”作为一个名词，会给人一种错误的印象，让人们以为文化是一个对象或物体。许多学者（如阿帕杜莱 Appadurai，1996；斯特里特 Street，1993）发现了这个词使用中的麻烦。在一篇标题为《文化是一个动词》的文章中，布赖恩 · 斯特里特（Brian Street，1993）认为文化是一个创造意义的动态过程，因此文化更多是具有动词的属性而不是名词。霍尔也持相同观点，他强调重要的不是文化是什么，而是文化做了什么。

格尔茨（Geertz，1973/2000）认为文化所做的正是维持和转变社会秩序。在完成这个关键功能的过程中，文化提供给个人或群体某种心理结构，指引他们生活的方方面面。文化主导了人们的智力、精神和美学发展，给人们提供了做事的准则、观察的棱镜和评价的标准；构成了身份认同的基础，帮助人们实现了社群内部的团结，塑造了人们关于自身和社会的灵感与态度；为人们提供了探索自身权利和责任的界限及可能性的地图。另外，文化也培养了阻碍人类相互理解的偏见和刻板印象。因此文化在个人发展中扮演了极其重要的角色。

正如威廉斯（1977：63）指出的，文化的首要概念是“古老、遗留和萌芽文化的相互配置。”文化的守旧维度表现的是价值观的历史模式，即使这种价值观现今已不再流行，它仍然存在于谚语与人们的日常会话中，也存在于节日的那些仪式中。文化的遗留维度表现的是现今仍被认为流行和有效的模式。文化的萌芽维度，正如萌芽一词本身一样，表现的是当下行为的建立和分享的过程模式。文化的这三个维度展现了个人和社区新旧文化模式的交互。

文化也与文明一词紧密相连，但文明也是一个有疑问的概念。这两个词有时被认为是同义词，有时又被认为是有等级的。例如，亨廷顿将文明视为最广泛的文化实体。因此，他（1996：43）指出：“意大利南部和北部乡村的文化可能不一样，但两者同是意大利乡村文化，与德国乡村完全不同，反过来，欧洲文化会有某种相同点，而与中国或印度不一样。中国、印度和西方世界并不是任何广义文化实体的一部分，但他们共同组成了文明。因此，文明是最高层的文化与最广泛的文化实体，如果不明白这一点，很可能会将人类与其他物种弄混”。但是，他也补充道：“文明没有清晰的分割界限，没有精确的开始和结束时间”。人们能够重新定义他们的身份，也就导致文明的组成与形态会随着时间而变化”（p.43）。

澳大利亚历史学家罗比·罗伯逊（Robbie Robertson）强调不仅文明与文化之间相互联系，不同文化本身也相互联系，他指出：“实际上，被认为文明所代表的宏伟文化从来都不是独立的。我们不能认为文化是独立的，并将其置于某个渐进的层次体系。事实上，使得文化与众不同并赋予其永恒意义的正是它们之间的相互联系”（2003：49）。其实文化的繁荣部分是与其他文化的相互联系。谈论单文化社会毫无意义，正如法国人类学家克洛德·列维-斯特劳斯（Claude Levi-Strauss）所言，因为“这样的社会压根儿不存在。所有的文化从一开始就是相互借鉴融合的产物，尽管速度不一样。因为考虑到文化的形成方式，任何社会都是多文化的，历经百年，形容某种最初的综合体。在文化形成的特定时期，任何文化都是在加速融合其他文化”（克洛德·列维 - 斯特劳斯引用博罗夫斯基 Borofsky，ed.，1994：424）。换句话说，没有一种文化是纯净的，任何文化都是混合文化。

其他的欧洲社会学家，如米哈伊尔·巴赫金（Mikhail Bakhtin）、皮埃尔·布尔迪厄（Pierre Bourdieu）、米歇尔·德·塞托（Michel de Certeau），都研究了文化的相互联系的实质。他们都承认文化的“相互灌溉”与大自然的水土一模一样。不考虑文化界限的幻觉或文化的同质性，塞托（1997）提出了“复数的文化”。他用艺术化的建筑错乱形象来指代文化创造性，这种创造性重新调用组合孤立的材料。他认为“单数的文化已经变成了一种政治的神秘把戏”，并且正在走向“死亡”。他认为：“多元文化的假设是一个相互异种的参照和意义系统，而我们目前的挑战就是在这种多元文化假设中发现自我”（1997：67–68）。当他断言“经济结构的同质化必须伴随着文化的异质化”时，他强调了经济和文化全球化的影响。经济越统一，文化就越多元（p.68）。

文化的多元化是文化社区交流与文化商品消费的结果，这种交流和消费共同创造了文化变化的必要条件。传统上，形式各异的移民，有的是被迫的，有的是自愿的，成为了拥有不同文化的人们交流的主要来源。过去，工业革命催生了大量的移民工人。而信息革命则将外来思想带入万里他乡。现在，加速的全球化进程极大地加快了全球资本和人力流动。所有这些都促进了文化变化。但是文化变化并不是立即发生在我们眼前的，而是随着时间而完成的。正如格尔茨（Greertz）所言，“文化就像章鱼一样移动，不是一蹴而就，不是顺利协同融合，不是整体的大规模合作，而是一部分先杂乱地移动，然后是另一部分，最后是其他部分共同累积发生作用”（1973/2000：408）。

2.2　文化和社区

很明显，任何累积的方向性变化都是个人、社区和更多更大的社区相互作用的结果。在不同的作用和利益层次上，这三部分有时相互串联发生作用，有时则互相矛盾。这三者的关系以及它们的相对重要性，长久以来，一直都是社会学思潮的主题。关于更大的两个实体，在 19 世纪的德国哲学家斐迪南·滕尼斯（Ferdinand Tonnies，1955）看来，似乎有某种共识，他将社区称为 Gemeinschaft，将社会称为 Gesellschaft。也就是说，前者是由个人关系网组成，这种关系网基于扩展的血缘关系，在这种血缘关系中，无论是家庭生活还是娱乐活动，个人总是被相互依赖的紧密关系网绑在一起。而另一方面，后者由法律、规则、规范组成，这些东西，在一种更客观、更正式的场景下，将社会关系和交流正式化。因此社区呈现的是一种共同的个人身份，而社会代表的则是一种广泛的制度化的集体主义。

通常情况下，社会就像民族国家一样，也能给其成员一种归属感，但是社会仍然是由不同的社区组成，而形成这些社区的基础则是诸如种族、宗教和语言的一些元素。许多社区并没有明确的界限，他们的信仰与实践相互交叉。例如，在美国，我们会谈及白人社区、黑人社区、西班牙裔社区、犹太社区、天主教社区等等。一切文化身份的印记则将一个社区的成员绑定在一起。总的来说，他们说同样的语言，信同样的上帝，讲同样的故事，吃同样的食物，遵循同样的习俗。

尽管共同的文化特征将其成员联系在一起，一个社区仍旧是一个无定形的实体。有时，他们在社区规范下运行，有时却互相冲突，但正是个人和集体的不懈努力克服了文化变化的阻力。个人主义“源于其整合、思考、修正其自身母族文化以及那些与其交流的人的母族文化的方式”（古特曼 Gutmann，1994：7）。例如，20 世纪 60 年代的美国就是一个鲜活的例子。为了反抗被认为压迫性的 50 年代文化，人们发动持续的反主流文化运动，尤其以年轻人为代表。这些反主流文化不仅重塑了艺术和音乐，也重塑了人们关于家庭、性别、美德和性的基本价值观的态度。同时，60 年代的反主流文化运动也给美国社会留下一笔永恒的遗产，并不是没有批判者，实际上这场持续的文化运动是意识形态性的，是政治驱使的。像堕胎和同性婚姻这样的敏感话题依旧被大部分个人认为是反社区、反社会的。

法国社会理论家皮埃尔·布尔迪亚（Pierre Bourdieu，1991，1997，2000）深入分析了个人和社会之间的隶属关系。据他所说，个人通过强化和广泛地参与日常生活实践习得一整套持久的立场倾向，他将这些立场倾向称为习惯。这种习得的习惯反过来作为个人观察自己与他人的透镜。而这以他人的话语、行为和态度为基础。这是社会力量的产物和个人力量的创造。它“恢复了人类的生产、统一、建设和分类能力，同时唤醒人们用这种能力来建设社会现实，让社会本身实现重建，确保这种能力不会成为超自然的对象，而是由社会化的个体所掌握，投入建构社会组织原则，这种原则则是在过往持续的社会经验中所习得的”（布尔迪亚 Bourdieu，2000：136–137）。正是有了这些能力，再加上有层次的持续条件，个人就积累了布尔迪亚所称的文化资本。文化资本与经济资本非常类似，是由各种手段，主要是社会化和教育所形成的。文化资本允许个人去探索和建立自身的文化实践与文化战略，这些实践和战略不仅有助于自身的文化成长，也有助于社区的文化改变。

个人到底在多大程度上拥有特定文化社区的共同价值观对于社会学家来说是一个问题。这个问题通常被认为是个人主义与集体主义的问题，这是一个典型的二分法问题，被认为是文化行为中最重要的一方面。特里安迪斯（Triandis，1988）指出，集体主义代表一种社会文化模式，这种模式由那些将自己视作如家庭、部落或国家等集体的一份子的个人组成。他们行为的首要驱动力是集体的规则和责任。他们将集体目标置于个人目标之上。另一方面，个人主义代表了另一种社会模式，这种社会模式由那些松散联系的个人组成，他们将自己视作独立于集体的个人。他们行为的首要驱动力则是自身的倾向、需求、权利，他们经常将这些驱动力与集体进行协商。他们将个人目标置于集体目标之上。

社会学家曾简洁地将世界分为个人主义和集体主义两个阵营，也就是西方个人主义阵营与东方集体主义阵营。金敏善（Min-Sun Kim，2002：11–12）认为“个人主义信条”是“由大量文化意义支撑并维持的，包括人有好坏之分，人可以独立于社会而存在，以及社会行为根植并决定于个人的理解轨迹。”相反，在提及东方文化时，他认为“个人是由关系和社会成员所定义的，换句话说，也就是个人根植于集体，是集体的有机组成部分。最重要的特征并不是个人的特性，而是被他人所知以及与他人的关系”（p.13）。

这两种相互对立的社会模式对于社会学分析是大有裨益的，但在个人和跨文化方面，二分法而不是连续统的分析模式是有失偏颇的（详细论述见第九章）。例如，日本社会学家杉本（Sugimoto，1997）认为将日本归类为绝对的集体主义文化是有违事实的。不可否认，日本社会中，集体主义扮演着重要角色，但是要说这是日本或东方社会的特性，他表示怀疑。他指出，实际上，这因人而异，有的日本人集体主义多一点，有的则是个人主义多一点。他认为，对于日本文化，还有另外一个误解，那就是认为集体主义一直统治日本，而不以时间、地点、历史条件为转移。

对自身和社会的简单化概括会导致对自己和他人的刻板印象（参考那些历史上被排除和边缘化的人）。“他者化”归类是一种粗糙的过程，会导致提高自身，并且贬低他人。在个人和社会描述自身时，还存在一种将自己的身份描述成有价值、有发展性，而对他者就恰恰相反的情况 / 倾向。在“他者化”的过程中，差异是一个重要力量，尤其是在文化的“他者化”过程中。

尽管文化他者化一直伴随着我们，在 20 世纪的殖民史中尤甚。观察法国人在北非的殖民，法国精神病学家和哲学家弗朗茨·法农（Frantz Fanon）从他个人的经验出发，认为这就是文化他者化的过程。在他的两本著作《黑皮肤，白面具》和《地球上的可怜人》中，他指出殖民者通过摧毁埋葬“当地文化的本土性”，故意在殖民地人民心中创造一种他们的文化是低人一等的印象（法农，1952/1967：18），殖民者过度简化最终摧毁“被占领人民的文化生活的独特样式”（法农，1961/1963：236）。在同样的问题上，麦米（Memmi）在他广为引用的著作《殖民者与被殖民者》一书中展示了殖民者是如何系统地贬低被殖民者，并将这种贬低拓展到生活的方方面面的。他指出，对他者的贬低正与对自身的行为相反，“无论是伦理道德、社会美学还是地理的比较，不管是明显的侮辱还是暗指的贬低，他们总是倾向于自己的母国和殖民者。这个地方，这儿的人民，不论是必然发生还是事先建立的秩序，这个国家的习俗总是低等的”（1957/1965：67–68）。

追随法农和麦米的脚步，文化理论家爱德华·萨义德（Edward Said，1978）在其影响深远的《东方主义》一书中，提出了一个关于一系列文学、历史学、社会学和人类学语境的关键解释，这种解释最早是殖民主义作家提出的。爱德华认为，关于殖民地人民的解读是非人性化的、也是充满刻板印象的；因为这些现有的理论解读将殖民地人民这个群体视作一个没有个体差异的大众群体，并在此基础上加以研究，而不是把殖民地人民视作由个体组成的社区。他认为，关于殖民地国家和文化，有许多基于刻板印象的观察被一次又一次地解读，这些刻板印象不能简单归因于作者的信念，而应是一种广泛传播的信念系统的产物，这种系统由无层次的框架构成，并由殖民主义中的权力关系赋予合法性。

萨义德用“东方主义”来指这种由西方人眼中的他者所构成的无层次领域。“东方主义”是一种系统性结构话语，通过这种话语，西方人“可以从政治、社会、军事、意识形态、科学和想象力方面来管理甚至制造东方”（萨义德 Said，1978：3）。萨义德所指的这种东方主义建立于东方和西方、我们和他们的二元对立之上。它制造了一种简化和静态的他者。维持东方主义形成了一种关于他者思想话语或结构，萨义德认为这种话语不仅仅创造了我们感兴趣的知识，而且创造了其寻求描述的事实。法农、萨义德和其他后殖民主义思想家的工作准确揭露了一个事实，即我们大脑中建构的关于他者的文化印象很可能并不是基于事实。

综上所述，我们明确了文化是一个模糊的概念。它在个人、社区和国家生活中承担了主要功能，这三者的关系对文化发展和成长既有促进作用，也有限制作用。当社区和社区作为一个整体承担守门人的角色时，正是个人和群体塑造了文化转型的轮廓。我们也了解到文化并不是一个独立的孤岛，而是相互联系的，任何文化实际上都是混合文化。文化的概念复杂而有争议，甚至学术上的表征也是过度概括、带有刻板印象和他者化的。所有这些都说明语言扮演了一个重要角色。

2.3 文化和语言

文化和语言的联系一直是学术界的一个热点话题。萨丕尔 - 沃尔夫（Sapir-Whorf）假说就是一个著名的但有争议的理论，以美国语言人类学家爱德华·萨丕尔（Edward Sapir）和他的学生本杰明·沃尔夫（Benjammin Lee Whorf）的名字命名。简单来说，这个假说认为语言决定文化，也就是说我们思考和行为的方式决定于我们所使用的语言。这个理论的基础来自于萨丕尔和沃尔夫以及他们对美国印第安部落阿帕切族和霍皮族语言的研究。萨丕尔认为“没有两种语言极度类似，以至于可以被认为代表同样的社会实体”，所以“我们看到和听到的经验很大程度上是由我们社区的语言习惯和语言的选择性解释所导致的”(萨丕尔 Sapir，1949：162)。换句话说，说不同母语的人关注现实的不同方面。

与萨丕尔一道，沃尔夫也相信语言塑造信念指导思想。在一段经常被引用的名言中，他直截了当地写道：

> 我们剖析我们母语所展现的现实。孤立于我们外部世界现象的分类和类型，我们无法发现，因为他们就在我们对面注视着我们。相反，这个世界千变万化，但必须由我们的大脑进行整理，其手段就是我们大脑中的语言系统。我们将现实切分、组织成概念，并进行归类，很大程度上是因为我们按这种方式组织达成某种一致，这种一致通过我们的语言社区所呈现，并由我们的语言实现编码。当然，这种一致是隐性的、不明说的，但这其中的术语绝对是强制的。我们无法谈论某些东西，除非这种一致性认为这个组织和分类是属于我们的（沃尔夫 Whorf，1956：213）。

将他的思想形式化成理论命题，沃尔夫提出了他的语言相对论理论，“也就是说，在非正式条件下，观察者使用的语言语法不同，他们就会观察到不同的东西，即使是相似的事物，也会得出不同的结论，因此在观察者眼中，没有完全相同的东西，最终就会造成对于世界的不同观点”(1956：221)。

以上关于语法的论述是非常有益考察的，因为尽管沃尔夫是一个人类学家，但是在不知情的情况下，他却大量采用了民族学方法来研究美国印第安人及其生活方式。他的结论是阿帕切人的思维方式衍生于对阿帕切语语法的语言学分析以及将阿帕切语翻译成英语。在说明阿帕切语语法结构时，他提供了许多例证来说明，与英语母语者相比，阿帕切人的说法完全不一样。他指出英语中“这是一个湿淋淋的春天”，在阿帕切语中的表达是“像水，像春天，洁白向下流动”。同样，英语句子“他邀请别人赴宴”，在阿帕切语是“他，或去找并吃煮好的食物”。基于相类似的语言学分析，他得出了一个自循环的结论：阿帕切人因为想的不一样而说的不一样，同样因为说的不一样，所以他们想的不一样。

很多学者指出了萨丕尔 - 沃尔夫假说的问题。认知心理学家史蒂芬 · 平克（Steven Pinker，1995 :58–59），有一段广为人知的评论，他认为并没有科学证据证明语言决定说话人的思维方式。他进一步指出:“当科学无法弄清思维是如何工作，甚至不知如何研究思维时，语言决定思维的结论貌似可信，但是现在已经知道了如何研究思维，我们就不能仅仅因为词汇比思维更易察觉而夸大语言的作用了。”平克直指沃尔夫研究方法的缺陷，质疑将句子的逐字翻译作为数据来源的做法，“他甚至指责沃尔夫为了将字面意义弄得尽可能奇怪而故意进行这种笨拙的逐字翻译”(p.61)。他认为句子“这是个湿淋淋的春天（It is a dripping spring）”可能应当被翻译成阿帕切语“干净东西—水—正在落下（Clear stuff—water—is falling）”。他还指出，英语句子“他走着（He walks）”，也可以翻译成“孤独的男子汉气概，徒步行进（Solitary masculinity，Leggedness proceeds）”。虽然对萨丕尔 - 沃尔夫假说批判很多，但这并不影响其流行于学术圈，平克还强调:“关于语言决定思维的讨论只有在充满怀疑的情况下才会发生”(1995 :58)。

语言的语法结构决定人们看世界的方式，这种观点太牵强，也太激进了。为了努力使自己远离语言决定论，一些学者也提出了比较温和的假设。其中最流行的是认知心理学家约翰 · 卡罗尔（John Carroll）的观点，他将沃尔夫的工作综合整理，重新阐释了他自己的语言相对理论，他认为“这个假说应当是人类的语言结构影响思维和行为的方式”（卡罗尔 Carroll，1956 :23）。换句话说，强势的萨丕尔 - 沃尔夫版本强调语言决定思维，而弱势的版本则认为语言影响思维。

受卡罗尔影响，其他语言学家也尝试强调我们经常将易变性看成不变的文化现实。

应用语言学家吉姆（Jim Gee）接受沃尔夫的不同的语言用不同的方式“切分世界”的观点，但他却做了适当的妥协：“语言切分世界的方式一开始会影响我们思考某件事物的思维，但是并不决定我们最终如何看待它。在压力之下，我们也会考虑我们语言范畴外的事物，因为我们可以观察别人是如何有意义地做到的。我们觉得这是有意义的，这是因为任何语言所选择的事物都是我们的大脑可以理解的，就像我们眼睛所看到的那样”（1993：11）。

但另外一名语言学家安娜・维日比茨卡（Anna Wierzbicka，1997）却是极力推崇萨丕尔 - 沃尔夫假说。尽管她也承认“萨丕尔 - 沃尔夫假说有夸张之嫌”（p.6），沃尔夫的分析评价例子并不是那么令人信服，但是她说：“语言，尤其是词汇，是文化现实的最好证据”（p.21）。她相信通过友谊、自由之类的关键词所表达的关键概念，文化是可以被研究、比较，并解释给外部人听的。她认为：“特定文化词汇是反映一个社会过去做事和思考经验的理论工具；她希望这些可以长久不衰。随着社会在变化，这些工具也在变化，逐渐被修改和抛弃。同时，社会的外表形态从来就不是由一大堆概念工具决定的，但是，很明显，这些工具影响了文化”（p.5）。

尽管某些特定的关键词确实反映了文化的现实，但是有时候这些词被打上了种族中心主义优越感的额外语义差别符号。例如我们使用“你”的时候，在不同的语言中，根据性、数、格与礼貌程度，“你”是不一样的。在法语中“tu”和“vous”就在语法意义（单数、复数或性别）和社会语言功能（正式非正式、礼貌不礼貌）上有不同的意义。在印地语中“tum”和“aap”同样如此。另一方面，现代英语在这些方面没有做严格的区分，虽然古代英语中存在表示亲近 / 随意的“thou”和正式的“you”的区别。一部大受欢迎的有关礼貌用语的语言学类小说认为，不加区分、统一使用“you”（“你”）的语言行为反映了英语社会中平等主义观念的盛行及其不带等级意识的本质。事实胜于雄辩。当我和我的大学校长谈话时，我用他的名和“你”来称呼他。我们双方都非常清楚这种操作并不会削弱我们之间等级与权力的不一致。当我在印度教书时，根据印度的社会文化传统，我的学生通常用“先生”称呼我。但是在美国时，学生会直接称呼缩写名，Kumar，并且使用“你”来称呼我。但这并不意味着我放弃了作为一名教授作决定的特权。正如海伦・福克斯（Helen Fox）所指出的那样，“这个世界上大部分学生已经被培训得对课堂中等级差异的存在感到舒适了，我假装这种等级差异并不存在，只会让他们感到滑稽和尴尬”（1994：54）。

考虑到语言文化联系的问题本质，平克甚至直接抛弃了弱势的温和假设，他认为这些假设是二元的，不足为奇。他说："语言在某些方式上影响思维的形式，这很难说是一个无法测量的例子或是难以形容的概念的例子，由此也就无从探究我们母语所创造的那些无法想象的例子"（平克 Pinker，1995：66）。社会语言学家乔舒亚·菲什曼（Joshua Fishman）也以不同的方式表达了同样的观点，他指出："我们远比沃尔夫认为的更英勇、敏捷、有经验，我们是成功的求生者和丛林猎手"（1980：33）。

从以上的讨论中，我们得出的最佳结论是语言和文化是相互联系的，但并不是捆绑在一起的。如果这种联系是解不开的，正如沃尔夫的假说所言，那就不可能从一种语言翻译成另一种语言，也无法进行任何高效的跨文化交际活动。更重要的是，由于世界英语的急速发展和新兴经济体用英语的各种变体所创作的创造性文化，例如印度英语，尼日利亚英语，我们甚至可以证明文化和语言之间的连接是可以取消的。像钦努阿·阿契贝（Achebe Chinua）和奈保尔（Napial），沙尔曼·拉什迪（Salman Rushdie）等众多小说作家，他们可以有效且优雅地使用西方语言对社会文化细微之处进行交流，这些于欧美文化传统来说，完全是外来事物。

一些语言教师尝试将萨丕尔 - 沃尔夫假说付诸实际应用。菲什曼（Fishman）用萨丕尔 - 沃尔夫假说来宣传语言多元主义。将道德和伦理纳入考虑范围，他发现，"沃尔夫认为其实只有少数基于语言的观点可以直通人类大脑，所以他也就必须大声呼吁语言多元主义的好处。如果掌握不同的语言，我们就可以更好地沟通交流思想观点，并更好地在不同观点间转换。这样的话，世界将会更加美好，在面对许多难题时，人性就能更好地解决问题。对于沃尔夫来说，其理论高度使我们将有能力从许多依靠语言的观点中作出选择，也能更好地将它们进行融合"（1980：27）。同样，福克斯（Fox，1994）敦促语言教师，尤其是教写作的教师，去学习一些文化方面的知识，因为这些文化教给了学生关于自身与世界的许多观点。她认为"当我们不仅能够开始理解确实存在文化的不同，而且能够据此去体验世界的不同，这样我们也就能更容易地明白文化中其实有很多有趣的东西，而这些东西成就了作家的人性，即性别、地位、经验、兴趣、意愿、反抗"（p.15）。很明显，语言与文化之间的联系对语言教育有极大的启迪作用。

2.4 文化和语言教育

自古以来，文化就是语言教育的有机组成部分。路易斯·凯利（Louis Kelly）在其经典著作《二十一世纪的语言教育》一书中写道:"语言教育文化目标从来就是未申明的目标"(1969:378)。"未申明",那也就是说文化并没有被考虑成为语言教育大纲中明显的一部分。人们假设文化理解是语言教育的一个副产品,当然这种假设缺乏实证研究。第二次世界大战后,随着广泛的国际商贸与交流,语言教师才明确意识到教授文化的需求。在20世纪90年代,其重要性得到进一步强化,这部分是由于大量的移民、流放者和被迫迁徙者,更多是因为人们也重新审视多元文化主义。

强调教授文化的主要推动力来自于外语教育界。最近一本名为《作为核心的文化》拉尼和佩奇主编(Lanye and Paige, eds., 2003)的论文集回顾了历史,将20世纪90年代视作文化教学政策与实践的转折点。经历的多年艰苦卓绝的工作,外语教学项目全国标准组织(1996)在《外语教学标准:迎接21世纪》(以下称《标准》)中列出了翔实的文献。它将外语教学的主要目标分成五个C,即:沟通(Communication)、文化(Cultures)、联系(Connections)、对比(Comparisons)、社区(Communities)(详细请参考拉斐特Lafayette,2003),它详细论述了11项标准,其中有四项是关于文化的:

标准2.1:学生应理解其所学的文化现实与价值观之间的关系。

标准2.2:学生应理解文化产物与观点之间的关系。

标准3.2:学生应当获得与认知到那些只存在于外语和外国文化中的信心与观点。

标准4.2:学生应通过不同文化的比较而理解文化概念。

其实第五个目标,社区(Communities)也涉及了文化,这个目标呼吁参与国内外的多语言社区活动。

《标准》在一些熟悉的维度上定义了文化,例如,大写的C的文化和小写的c的文化,它将前者定义为"正式制度(社会、政治和经济),伟大历史人物、文学、艺术和科学,传统上则被归入精英文化"(1996:40),而后者则是"社会学家和人类学家研究的人们日常生活的方方面面,如:住房、服饰、食物、工具、交通以及所有社会成员认为合适和必要的行为模式"(p.40)。《标准》将文化置于语言大纲的核心地位,认为文化教学是符合基本原理的,因此"美国学生需要有意识地去了解他者的世界观、独特的生活方式、统治他者世界的行为模式,同时还有他者对世界的贡献、他者对人类共同问题的解决方案,这种意识将会帮助我们克服主导年轻人的民族中心主义思维"(1996:39)。这些基本原理和整个标准背后的驱动力量是我们意识到生活在一个充满复杂文化的世界,并且意识到我们自身在 21 世纪公民的发展中是一个基本组成元素，我们才能真正去理解文化。

有趣的是，当美国语言教师忙于重新设计文化教学的原则和实践时，他们的欧洲同行也正从事着相类似的工作。基于欧洲各国语言教育专家数十年的研究，欧洲委员会于 2001 年出版了《欧洲语言共同参考框架：学习、教学、评估》(以下称《框架》)。《框架》的一个重要成分就是强调语言学习者跨文化能力的发展。其致力于促进跨文化意识，这种跨文化意识除了包含"起始世界"与"目标社区世界"关系的客观知识，还包含着这样一个意识，即一个社区在他者眼中是什么样的，而这通常就会以民族刻板印象的形式出现"(欧盟理事会，2001：103)。最后，《框架》还建议使用者考虑以下因素(p.105)：

- 学习者需要充当怎样的文化媒介角色与功能；
- 学习者需要区分母文化与目标文化的特性；
- 学习者体验目标文化需做什么样的准备；
- 在充当文化媒介时，学习者能获得什么样的机会。

显然，这些建议指向实现多元语言与文化欧洲的需求，这样其民众就能跨语言跨国界地交流与工作。

尽管美国的《标准》与欧盟的《框架》都提到，甚至呼吁有效的文化教学，但很多人批判他们概念模糊。关于美国的建议本内特(Bennett)与艾伦(Allen)(2003：241–242)指出，尽管《标准》所采用的文化定义与之前的定义相比是一个巨大进步，但"仍然存在缺陷，它将文化定义为可被探索和掌握的实体，反对学习者与文化语境之间的交互过程。"他们还认为尽管《标准》提供了一个看上去很不错的文化理论轮廓，但"五个目标在设计具体的文化学习时，却十分模糊"(p.242)。同样，关于欧盟的《框架》，利桑佳(Risager)认为："欧洲今日主导的跨文化方法依赖于一种文化概念，这种概念假定我们理解任何一种文化，并将之视为相互发生作用同质化的实体，而不顾地理与社会差异，我对此感到悲痛。我认为这种跨文化方法在语言教学中是站不住的，因为它枉顾了所有现存国家的实际多文化(语言)特征"(p.246)。

许多外语教学领域的文化教学问题和不确定性在应用语言学和英语作为外语教育(TESOL)也有涉及。在最近的文献中，霍利迪、海德和库尔曼(Holliday，Hyde and Kullman，2004：62)指出了本领域无论是在理论还是实践维度遭遇的三个主要难题："(1)这些研究和项目的本质意味着关注点主要是问题和困难，所以'文化'或我们所称的'文化原则'主要被使用于'交际庆祝会'。(2)文化被想象成有限制地代表资源、行为模式和固定的价值观。（3）最终这种有限制的描述变成了跨文化交际中必要和充分的解释”。立古久保田（Ryuko Kubota，1999：11）从另外的维度出发，他指出：“应用语言学和英语作为外语教育领域的研究倾向于将东西方文化进行二分处理，并在两者之间画出一条明确的鸿沟。”这些评论与阿特金森（Atkinson，1999）的结论相呼应，他认为英语作为外语教学教师的主流观点是将文化看成地理与民族的明确实体，在这一实体中，规则或标准决定了个人行为。他相信：“若我们能在英语作为外语教育领域中发展出一种同时考虑个人的文化与文化的个人的文化概念，那对21世纪的理论化工作会是大有裨益的”（pp.648–649）。

2.5　结语

本章我们试图从复杂且有争议的现实中概括出文化的定义。尽管十分模糊，但毫无疑问，文化塑造了个人、社区和国家的生活。尽管不同文化各有特点，但它们却是紧密联系的，以至于任何一种文化都可以被视作混合文化。文化与语言的联系是紧密但可更改。在正式课堂语境下教学，语言教师既面临挑战，也收获回报，挑战是因为似乎无法处理这种现实情况，回报是因为教师有机会参与学生的文化认同的建构。

由于全球化力量正在推动利益知识和文化资本的全球流动，语言教师面临的任务更艰巨了。文化全球化是一头大象，重重地踏进了语言教学领域，而语言教师尚未充分重视这一维度，其巨大影响不仅在于真实社区，还在于虚拟的网络社区。互联网技术给予普通人一种前所未有的能力来收集和转发信息，互联网已经变成世界各地人民发现社区与国家知识的巨大实体。并且他们不仅仅可以发现那些政府机器宣传的经过过滤与清洁化的文化知识，他们还可以发现所有东西，好的、坏的、丑陋的。因此，语言教育专业领域无法承受忽视加速的全球化进程的代价。

第三章　文化全球化及其进程

“您好！我是桑迪（Sandy），有什么可以帮您？”

当数以万计的北美人或欧洲人拨通电话去预订一张机票，或是查询银行账户信息，或是寻求解决一个电脑故障，或是征求一则投资建议，他们可能根本想不到，跟自己滔滔不绝通电话的这名客户代表此时正身处七八千英里以外的印度，在死寂的深夜，在挂满显示世界各地时间时钟的办公室里投入地工作。他们可能也不知道，这位自称“桑迪”的业务员真名叫做“拉克希米”（Lakshmi），21岁，经过严格的训练，终于能收起她的印度口音，以一种全新的工作形象示人，包括给自己取了个西式名字，并在工作中模仿美式或英式口音。

拉克希米，或者叫桑迪，跟其他成千上万的人一样，已成为“呼叫中心”这一全球跨国商务模式的一部分，这种商务模式不仅在印度飞速增长，在其他国家诸如中国、爱尔兰、菲律宾、俄罗斯等也如雨后春笋般生长。诸如此类的“呼叫中心”只是业务流程外包的一个方面。业务流程外包是指企业或公司把特定的商业工序外派给国内或国外的第三方服务供应商。派到国外则称为“离岸外包”。业务流程外包可以覆盖无数商业操作，如账户的管理和审计、人力资源数据库管理、离岸技术支持、处理客户投诉等。

离岸外包比以往任何时候都更能保证大企业的品质。正如《商业周刊》（2003年12月8日，pp.69–70）所说：

> 美国商业几乎尽被染指。印度人灵巧的双手潜藏于多家大公司的网站下，比如雷曼兄弟和波音公司的网站，他们在你的黄页或苹果电脑以及苹果随身听中插播广告。华尔街入睡，印度分析员却起劲地分析研究美国各公司的财务报表，以便及时在下一个交易日提交报告。印度员工也会搜索美国消费者的个人医疗和财务记录，以帮助美国万国宝通银行或摩根大通银行确定这些消费者在保险、房地产、信用卡等方面是否存在风险。

离岸外包不仅在商业和金融领域发挥着重要作用，政府（比如美国邮政和政府的食品券项目）以及医疗机构也在采用离岸外包的模式，波士顿的马萨诸塞州全科医院就会把病人的核磁共振成像发送到印度的放射科医师那里，由他们进行分析。甚至宗教领域也不甘落后，在印度出版的英文报纸《印度快报》（2004 年 1 月 3 日）上，一篇名为《天哪！离岸外包走进了教堂》的文章称，美国和欧洲甚至把宗教活动都进行了离岸外包：他们把一些感恩节和悼念亡灵的弥撒活动都安排到了印度的教区举行。

离岸外包的最主要动力当然是国外的廉价劳动力。不可否认，离岸外包是降低成本的手段，而美国的公司却在强调离岸外包的其他优势，比如它可以加速创新，刺激经济增长。例如，2003 年 12 月 8 日《商业周刊》第 66 页指出，通用电气公司 2000 年在印度班加罗尔建立了约翰·韦尔奇技术中心，"雇用了 1800 名工程师，他们中的四分之一具有博士学位，在通用电气的 13 个部门从事基础研究工作。在某一实验室，他们可能正在扭转基于空气动力学设计的涡轮引擎螺旋桨；在另一实验室，他们可能正在仔细观察一种新材料的分子结构，这种新材料可用于制作多次使用的 DVD 光盘，光盘上的电影可以几天之后自动消失；在另一实验室，技术人员可能已设计好通用电气公司位于西班牙的一个塑料厂的工作模型，并且设计出了一种方法，可以把产量提高 20%。"与之类似，起源于硅谷的美国商业软件巨头甲骨文公司也在印度设了分公司，并在 1996 年使之成为母公司的战略核心。那时印度工人们白手起家，在有限的时间里开发出了将信息存储于服务器的新型软件。通过上述事例，美国公司试图证明，离岸外包可以为新产品的开发和创投提供自由的空间，从而刺激美国经济，而最终受益者将是美国的消费者。

2004 年，计算机系统政策设计委员会发表了题为《选择竞争》的文章，文章表示美国公司必须在全球范围内雇用称职的工人以满足消费者的需求，公司还应不断提高工人的技能。同时文章也为美国政府提出建议，认为应该打破目前美国的学校体系，让美国的工人更有竞争力，而不是禁止离岸外包。这篇文章认同早期一篇《商业周刊》（2003 年 12 月 8 日，p.124）社论的观点："正如美国人在 20 世纪 60 年代对苏联发射人造卫星有所反应，在 80 年代对日本的制造能力有所应对，现在，美国也应该把提高教育、研究、创新能力的政策落到实处，要让美国迈上提高竞争力的轨道。"2004 年 1 月的一次听证会上，时任惠普公司首席执行官的卡莉·菲奥里纳（Carly Fiorina）女士对众议院严厉地说："现在没有哪份工作是上帝赋予美国人的，我们必须通过竞争来获得工作机会。"（《圣荷西信使报》，2004 年 1 月 8 日，p.2C）

对于离岸外包项目的受惠国来说，无疑它很大程度上刺激了经济的发展，但对于工人个体来说却是喜忧参半。显然离岸外包带来了工作岗位的减少，这就伤害到了普通工人的利益，尽管可能只是暂时的。离岸外包被看作是失业的根源，于是工人们开始提出抗议：20 世纪下半叶，蓝领制造业的工作机会都给了中国、日本和韩国，而目前白领服务行业的工作机会又给了中国、印度和爱尔兰。布什（Bush）总统承认这种对工人个体的伤害，他指出（《圣荷西信使报》，2006 年 2 月 23 日，pp.1A & 5A）："印度的中产阶级正在购置空调、厨房设备和洗衣机，而这些产品很多是来自美国的通用电气公司、惠而浦公司或是西屋电气公司，而这意味着他们工作机会的增长根基在美国本土。"

看起来受伤害的还不仅限于那些失业者。《印度风潮》杂志（2003 年 9 月）报道说，一大批在印度呼叫中心工作的年轻人正面临严重的心理问题、社会问题和健康困扰，而他们还是 19 至 21 岁的年轻人。由于跟美国和欧洲的时差问题，他们只能在夜里工作，不能在正常的用餐时间吃饭，年纪轻轻就遭受四五十岁人才有的疾病困扰，比如消化不良、失眠、过度疲劳以及压力过大。其中一些人甚至有人格分裂的迹象，因为工作要求他们一天八小时都在模拟虚假的美式或英式口音，都在假装自己是另外一个人。同时他们也缺乏社交活动，因为他们得白天睡觉夜晚工作。在印度的重要节日他们也不放假，所以重要的文化或宗教节日他们也不能与家人共度。但他们却可以在美国的节日放假，比如美国独立日 7 月 4 日或者感恩节，他们可以放假，而其他印度人却都在工作。

显而易见，上述现象从政治、经济、社会和文化等多方面带来了紧张局势。然而这一切都有一个来源：全球化。在这一章我对全球化进行概述，首先解释全球化的概念并梳理它的历史发展脉络，然后重点阐述文化全球化及其对现代生活的影响，最后将讨论文化全球化与语言教育的原则与实践的关联。

3.1 全球化的概念

全球化是被广泛热议的多维概念，横跨经济、社会、文化、政治、自然科学和历史等多学科。全球化这个主题深远广大且富于变化，以至于没有哪个学科的哪个理论框架能够对其进行充分阐释。正如卓越的文化评论家弗雷德里克·詹姆逊（Fredric Jameson，1998：xi）指出的那样，全球化这一概念已变成现代版或后现代版的"盲人摸象"，不同的观察家们只能从某些角度对其进行片面的解释。简言之，全球化指的是一种压倒性的推动力，使国与国之间、经济体之间、民众之间形成一种新型的内在关系。它导致了当今社会生活多层面的改变，包括经济、政治、文化、科技、生态和个人等等各个方面。

在谈论“全球互联”的进程和结果的时候，人们又常常使用“全球化”这个概念，于是这又带来了不必要的概念混淆。为了解决这种歧义，以社会学家罗兰·罗伯森（Roland Robertson，1992）为代表的学者提出，用“全球化”来指代过程，用“全球性”来指代结果。换言之，“全球化”和“全球性”表达了同一现象中的因和果。一个抓住了全球化概念精髓的表述是：“全球化是全方位立体化的社会进程，它创造了世界范围内的社会相互依存和交换并使之不断增加、延伸和强化，同时，这一进程也使民众更加深刻地认识到本土与外部世界的连接日益紧密。为了弄清全球化这个概念，有必要了解它的历史发展”（斯蒂格 Steger，2003：13）。

3.1.1　全球化的历史发展脉络

全球化的概念既古老又年轻。现阶段的全球化以其显著的自身特点，与其早期阶段完全不同。从历史角度看，由于出发点不同，不同的学者探讨了全球化的不同时期。出于我们有限的目的，我只想强调一位政治学家和一位历史学家是如何在各自的精彩著作中描述全球化的历史的，他们的著作同时出版于 2003 年。我提到的这两本书是：美国政治学家曼弗雷德·斯蒂格（Manfred Steger）的《全球化面面观》和澳大利亚历史学家罗比·罗伯逊（Robbie Robertson）的《全球化的三次浪潮：全球意识发展史》。借此二人角度，我将在本章对全球化的发展历史做出概述。

斯蒂格认为，“全球化与人类的历史一样久远”（Steger，2003：19）。他把全球化分为五个明显的历史阶段，第一阶段称为“史前期”（公元前 10000 年至前 3500 年），这个时期一小批猎人和采集者迁徙游走来到了南美洲的南端。第二阶段称为“前现代期”（公元前 3500 年至前 1500 年），这一阶段以两项重要的发明为代表：一是在美索不达米亚、埃及、中国的中心地带文字的发明，二是大约与此同时轮子在亚洲西南部的发明。斯蒂格认为，这两项“里程碑似的”发明将全球化推到了一个新的高度，“阿尔卑斯山西北麓的欧洲人从这种源于伊斯兰和中华文化并获得广泛传播的技术中受益匪浅，而他们直至公元前 1000 年之前都鲜有对科技和其他文明成就的贡献”（p.28）。

欧洲人对全球化的贡献始于“早现代期”（公元 1500 年至 1750 年）。西班牙、葡萄牙、法国、英格兰“将大量资源投入到新世界的开发和探索，并建立新的地区间的市场，他们由此获得的利益远远大于他们从‘异国贸易伙伴’那里获得的利益”（p.29）。正是在这一事件，欧洲殖民主义的种子开始生根发芽。下一阶段是“现代时期”（公元 1750 年至 1970 年），这一时期见证了自由市场经济的扩散，这一时期西方资本主义企业“通过从世界其他地区源源不断地获取物资和能源来充实和提升自己的实力和声望”（p.31）。最后一个阶段称为“当代”（1970 年至今），这是全球化历史上的“另一次飞跃”（p.35），在全世界范围内，“各地区的相互依存和交流前所未有地展开、扩大并加速”（p.35）。

斯蒂格回顾了大约 12000 年的历史，更多从政治的视角描述了全球化的历史，而罗比·罗伯森只回溯了大约 500 年的全球化社会发展史，着眼点也正如他著作的副标题：重在探讨全球意识的发展。他对“三次浪潮”做了明确的区分：第一次浪潮以西班牙和葡萄牙领导的地区贸易探索为中心；第二次浪潮以英国领导的工业化为动力；第三次浪潮来源于美国引领的战后世界新秩序。有趣的是，从文化研究的角度看，后殖民评论家沃尔特·米格诺罗（Walter Mignolo，1998：36）也提出了“西班牙帝国的基督教化、不列颠帝国和法兰西殖民帝国的教化使命，以及美帝国主义的现代化这三面旗帜下的全球化三个先期阶段。”

根据罗比·罗伯逊的理论，第一波全球化的浪潮兴起于 1500 年之后，那时西班牙和葡萄牙的海上霸权逐步凸显，他们寻求通往亚洲的贸易途径以开发利用中国和印度的资源，那时中国和印度“已经成为众多深受欢迎商品的最大最廉价的生产地”（罗伯逊 Robertson，2003：106）。1492 年，在西班牙的军事和资金支持下，热那亚探险家克里斯托弗·哥伦布启程跨越大西洋，试图找到一条通往印度的航路，没想到却到达了美洲。6 年之后，受西班牙贸易优势的刺激，葡萄牙也成功探索出属于自己的通往东方之路：达·伽马绕过非洲，打开了通往印度的海路。罗比·罗伯逊认为，第一波浪潮为欧洲帝国奠定了现代全球贸易和金融基础，也为新的商品全球体系奠定了基础，欧洲人从中获得了极大的利益。

第二波浪潮始于 1800 年之后，以工业革命的成果为标志，罗伯逊将其称为“第一波浪潮之子”，他认为，“来自中国和印度的竞争激发了对机械化的需求”（p.107），英国的瓦特发明了蒸汽机和旋缸发动机来驱动机器，这让不列颠帝国表现优异。机械化提高了生产率，降低了成本，增加了利润。罗伯逊说：“毫无疑问，机械化打破了中国和印度的相对优势，让不列颠帝国成为强有力的贸易国家”（p.116）。诸如德国、日本、美国等纷纷效仿，也从工业化带来的全球化过程中获利良多。但是，罗伯逊也看到，“对世界上大多数国家的人民来说，全球化只带来了一件事，那就是殖民主义”（p.131）。殖民主义被鼓吹成皇权的美德，对民众进行所谓的“文明教化”是统治阶层义不容辞的使命。“学校、教堂、报纸和杂志将这样的言论广为传播，在音乐作品、戏剧舞台、文学和视觉艺术作品中，甚至在明信片上都能找到这样的言论。帝国主义变成了流行文化的一部分”（p.141）。最终，霸权主义的竞争和经济的迫切需要导致了两次世界大战的爆发，而二战的结束也标志了第二次全球化浪潮的终结。

第三次浪潮兴起于1945年之后，国际合作和国际竞争进入到一个新时代。二战的两个主要胜利者，美国和苏联，试图把世界分为两大意识形态阵营：资本主义和共产主义。这引发了前所未料的军备竞赛，也给世界上几百万人民带来了不可言说的苦难。这两个超级大国都想抓住时机来确保和巩固自身的政治和经济优势，全球化的观念在各自的心中日益加深。他们争先恐后地向一些新独立的亚洲和非洲国家献殷勤，而这些国家通过自身艰苦卓绝的独立斗争，回报苏联和美国的却不是福音，而是经济和政治上的负担。尽管非殖民地化的运动风起云涌地展开，“但老牌帝国主义国家‘文明教化’的热情不减当年。在英国和美国，新的魔咒诞生了。”西方价值观、西方制度习俗、西方资本和西方技术。“原先的殖民地只有通过西化才能引向现代化的未来”（罗伯逊 Robertson，2003：182）。当然，西化主要以现代化来体现。

为了帮助那些发展中国家和被战火摧残需要重建的欧洲国家，美国组建了三个新的国际经济组织并以此取得了国际领导地位。这三个国际经济组织是：国际货币基金组织，负责管理国际货币体系；国际复兴开发银行（通称世界银行），负责为工业项目提供贷款；关税及贸易总协定（1995年变为世界贸易组织），负责规划和实施多边贸易协定。这些金融机构帮助建立了稳定的货币兑换体系，使得大多数国家的货币都与美元挂钩。这些手段都是用来在世界范围内最大限度推广美式自由市场经济的。20世纪80年代苏联解体，中国向市场经济灵活转变，印度也释放出经济宽松的信号，美式自由市场经济的发展就更为迅速了。1999年12月13日的《商业周刊》称，“这真是市场对于政府的巨大胜利”，而这正是现阶段全球化的一个显著特点。

3.1.2 全球化的现阶段

尽管全球化这个概念乏新可陈，但现阶段的全球化的目的和程度又与先前阶段迥然相异。根据1999年联合国发布的《人类发展报告》（p.29），全球化正在以三个明显的方式改变着这个世界：

> 空间在缩小。人们的整个生活——包括工作、收入和健康都在不知不觉地被地球另一端的事件影响和改变着。

时间在缩短。市场和技术正在以前所未有的速度改变，一个行动可以实时影响和改变远距离外人们的生活……

疆界在消失。国与国之间的界限正在逐渐消失，不仅是从贸易、资本和信息的角度，从思想、行为规范、文化和价值观方面更是如此。

这意味着全世界人民的经济生活和文化生活比以往更加紧密和实时地联系在一起。不管我们认识到与否，我们都已成为世界网络上的一个网格。

现阶段全球化最显著的一个特征就是全球电子信息通信的力量，即互联网。互联网已成为驱动全球经济和文化全球化的最大引擎。事实上，如果没有全球信息互联，经济的增长和文化的变革就不会“以危险的高速发展实现惊人的收获”(联合国《人类发展报告》，1999：30)。这就是为什么詹姆逊（Jameson，1998：55）把全球化称作“是一个通信领域的概念，它对经济和文化价值时而隐藏、时而彰显。”通信革命始于1990年美国网景公司让因特网向普通百姓开放，电子邮件技术和因特网成为一个世界上任何人都可用的广受欢迎的通信工具，而此前只有政府部门和科研机构才能使用因特网。这是人类历史上前所未有的发展，互联网成为独特的资源，能把世界上成千上万的个人和私人组织、教育机构、政府机构都连接起来，让远距离的实时互动成为可能。不仅如此，基于互联网的技术也大大提高了金融交易的速度。据统计，在2000年，仅美国一国网上交易的网络公司和电子商务公司的贸易额就达到4千亿美元，到了2003年底，这个数字增长到6万亿美元（斯蒂格 Steger，2003：44–45）。

现阶段全球化的另一个方面是跨国公司的兴起，如通用汽车公司、日立公司、国际商用机器公司、三菱公司、西门子公司等，这些跨国公司掌握着大部分投资资金和技术，在国际市场上占尽优势。一些跨国公司规模如此之大，以至于公司本身就能自给自足，甚至比某些国家还更有实力、更能在市场竞争中生存。据估计，世界上最大的100个经济体中，51个是跨国公司，49个是国家；不仅如此，1999年，前200名跨国公司中的142家公司同属于三个国家：美国、日本和德国（斯蒂格 Steger，2003：48）。由于跨国公司能够获取廉价劳动力，能够获取国外的资源，也能在缺乏管控的全球市场中捞取利益，所以跨国公司的经济影响力迅猛增长。尽管他们确实影响着远隔万水千山的民众，正如我在本章开头描述的离岸外包模式所揭示的，他们的最主要目的就是增加公司的利润。罗比·罗伯逊（Robbie Robertson，2003：11）认为，这些跨国公司紧紧扼住了全球经济命脉，“在20世纪终结的时候，全球主义的企业愿景占据了中央舞台。”

跨国公司实力的急速兴起也标志着单一民族国家实力的急速衰落，而这成为现阶段全球化的第三个重要特征。正是由于全球化，世界正在快速变成一个"无边界的世界"，政治和经济的力量已被在环球网络游刃有余的跨国集团所篡夺，而国家主权所得的回报少之又少（见第八章）。结果讽刺的是，不仅是单一民族国家的统治力被削弱甚至消失，正如德国社会学家齐格蒙特·鲍曼（Zygmunt Bauman，1998：64）所说，"现在有一些国家并不是被迫放弃了统治权，而是积极热切地交出统治权，让国家的统治权融化在这种超越国家之上的形式中。"一个很好的例证就是中国经过艰苦卓绝的努力，终于加入了世界贸易组织，并执行世贸组织在贸易方面的裁决。

前文所述的简史表明，全球化对国家经济的影响是令人震惊的，同样使人震惊的还有其对全世界人民社会文化生活的影响。在此我将简要列出文化全球化的紧要任务，鉴于本书主要探讨的是文化全球化及其对语言教育的影响，我将把其中的若干问题放到后文去详细阐述。

3.2 文化全球化

文化全球化指的是文化在全球范围内传播的过程，是"人与人以及人与文化、彼此的思想、价值观和生活方式的相互接触以前所未有的方式不断增加和深化的过程"（联合国《人类发展报告》，1999：33）。来自远方的文化形象竟然也能在家里的电视屏幕上或是在附近的电影院里活灵活现地展现，世界更像是个"地球村"。外国的文化也不再像以前那样陌生，当地的社区也不再是一个小小的文化孤岛。于是，全世界人民都面临着一个空前的能让本族文化大发展的机会，同时本族文化也面临着一个空前的挑战。

全球化对文化的影响已变成各派学者热烈讨论的话题。其中有三派学者深入且具有批判性的分析引起了我们的关注。一派以政治学家本杰明·巴伯（Benjamin Barber）、历史学家弗朗西斯·福山（Francis Fukuyame）和社会学家乔治·里兹（George Ritzer）为代表，他们认为美国的消费文化正在发挥影响力使其他文化同质化，这种力量占据主导力；另一派以政治学家塞缪尔·亨廷顿（Samuel Huntington）、社会学家安东尼·吉登斯（Anthy Giddens）和文化评论家约翰·汤姆林森（John Tomlinson）为代表，他们认为本族文化和宗教的特质正在被进一步加强，以这种文化异质化来应对全球化带来的威胁；第三派学者以文化评论家阿尔君·阿帕杜莱（Arjun Appadurai）、历史学家罗比·罗伯逊

（Robbie Robertson）和社会学家罗兰·罗伯逊（Roland Robertson）为代表，他们认为文化同质化和文化异质化同时发生，让整个世界都沉浸在一个既富开创性又具混乱性的紧张状态中，这导致了“全球本土化”的产生，也就是本土的全球化及全球的本土化了。

关于文化全球化的观点各种各样，我不主张把这些观点泾渭分明地划分入上述三派类别，实际上这些观点之间还有着千丝万缕的联系，在话语体系中也有相互重合和印证之处。我倒不是说各位学者的观点千篇一律毫无新意，而是说他们大都倾向于认同“全球化处于现代文化的核心，而文化实践处于全球化的核心”，“只有通过文化概念角度的解读，全球化才能真正被正确理解”（汤姆林森 Tomlinson，1991a：1）为了帮助我们更快理解正在进行的文化全球化进程，我们姑且做出上述分类。下面我们简要介绍一下各派的主要观点。

3.2.1 文化同质化

斯蒂格（Steger，2003）把第一派学者称为“全球化狂热者”，他们把冉冉升起的“全球文化”描绘成一副绚烂画卷，认为“全球文化”正在迅速改变着世界文化的面貌。其中一些人狂热而自信地认为文化全球化就是西方文化必然的、全面的胜利，西方价值观和生活方式将一统天下。他们容易得出一个简单而直接公式：全球化 = 西化 = 美国化 = 麦当劳化。也就是说，他们认为全球化就是全盘西化的过程，而西化实质上就是美国化，美国化又可以简单概括为“麦当劳化”。“麦当劳化”这个提法是美国社会学家乔治·里兹（George Ritzer）1993 年创造的，用来描述当代社会文化所遵循的快餐工业基本原则——创建统一的商品，执行统一的标准，这种文化在美国和其他地区形成了其文化的轮廓。

为了支持其观点，“全球化狂热者”指出，世界各地的年轻人穿着利维斯的牛仔裤和耐克运动鞋，戴着德士古棒球帽，身着芝加哥公牛队的长袖运动衫，经常看音乐电视，看电影就要看好莱坞大片，吃饭经常去的就是麦当劳和必胜客，这一现象证明美国的个人主义和消费主义通过全球化得以更自由地传播，被更广泛地接受。他们强调，主要由美国利益集团控制的全球通信工业为形成此种文化同质化提供了便利。据报道，2000 年，“仅美国电话电报公司、索尼公司、美国在线 / 时代华纳公司、贝塔斯曼、自由媒体、威望迪环球公司、维亚康姆集团、通用电气、迪士尼公司、新闻集团这十家大型综合性企业的营业收入就占据了世界通信工业全年 2500 亿到 2750 亿美元的三分之二还多”（斯蒂格 Steger，2003：76）。

全球化狂热者还特别强调了美国娱乐工业在传播美国流行文化时发挥的重要作用。正如1999年联合国《人类发展报告》所述，美国最大的单一出口工业不是飞机，不是汽车，不是计算机，而是娱乐。尽管印度的宝莱坞每年出产的电影数量世界第一，但美国好莱坞电影却能覆盖到世界市场每个角落，它的营业收入50%以上来自海外。到90年代末，好莱坞宣称占据了拉丁美洲83%的电影市场，占据了欧洲72%的电影市场和50%的日本电影市场。而美国的电影院却鲜见放映外国电影，外国电影在美国市场的占有率还不足3%。全球化狂热者强调，美国流行文化的传播是无法停止的，也是无可争议的，因为美国和其他国家之间，在文化传播能力方面存在弗莱德里克·詹姆逊（Fredric Jameson，1998：63）提出的"根本的不均衡性"，他自信地认为在这个领域这种"不平等性"会永远存在，因为"其他地区的娱乐产业几无可能通过建立全球性的成功模式来排挤掉好莱坞"（P.63）。

詹姆逊希望我们记住，"好莱坞不仅仅是一个赚得盆满钵满的商业名字，更代表着晚期资本主义根本的文化革命，在这一革命进程中，旧的生活方式被打破，新的生活方式正在建立"（1998：63）。换言之，好莱坞输出的不仅仅是娱乐，还有美国的文化工人精心构建的文化价值观。这无形中对民族本土文化形成了潜在威胁。这就是为什么连一些西方国家如加拿大、法国都立法保护本国文化多样性和国家特质，限制美国文化产品的进入。人们可能还没注意到，"一场博弈正在上演，巨大的美国文化利益正试图打开各国大门，让美国的电影、电视、音乐等涌入他国，而某些单一民族国家正把保护和发展本国语言和文化放在首要位置，以减少美国大众文化校准力对本国的从物质层面到社会精神层面的影响"（詹姆逊 Jameson，1998：59）。

一份联合国教科文组织（UNESCO）大会决议可以很好地证明这场博弈正在上演，大会决议采用一项新的协定"来保存和保护文化表达的多样性"（见联合国教科文组织新闻稿，编号2005–128，2005年12月20日），这项协定授权各国采取行动保护本国文化产品和服务的特殊性。这项协定以148票通过、2票反对、4票弃权通过。美国就是这两个投反对票的国家之一，因为美国担心这项协定将被用来阻碍好莱坞电影和其他文化产品的出口。根据英国广播公司的在线调查，法国文化部长雷诺·多内迪厄·德瓦布雷提出："一个国家有权力设定自己国家节目来源的配额，因为这个世界已经把85%的电影票房贡献给了好莱坞"（英国广播公司新闻，2005年10月20日）。

国家间的良性文化冲突能在诸如"北美自由贸易协定"（NAFTA）等双边或地区贸易

协定中“文化条款”部分找到相应表述，但是也有一种“不那么良性的”冲突形式是让人无法忍受的，有时会带来让人难以想象的后果。“9·11”恐怖袭击事件摧毁了位于纽约的世贸大楼，更让世界震惊的是此种文化冲突竟是以如此卑劣的手段展现。美国总统乔治·布什（George W.Bush）宣称这一恐怖袭击实际上是对西方文明的袭击。“9·11”以前，全球化狂热者简单地把世界划分为两大阵营：沉默的大多数都是欢迎“全球文化”的，只有少数人演奏着不和谐的刺耳音符反对“全球文化”。他们的世界观由社会学家本杰明·巴伯（Benjamin Barber，1996）精准简洁地把握住了，他通过撰写《圣战与麦当劳世界》这本书向世人展现了一个想象中的二元对立的世界。

尽管巴伯（1996）宣称他使用“圣战”这个词“只是作为一个通用术语，与其伊斯兰教的神学起源一点关系也没有”（p.299），但是他还是这样做出解释：“它最温和的形式表达代表信仰的宗教抗争，这是一种伊斯兰教的热忱；但它最强烈的政治展现却意味着代表党派身份的血淋淋的圣战，而党派身份有着深奥的定义和巨大的资金支持”（p.9）。尽管他调用了阿拉伯语的表述和伊斯兰教的热忱，他仍忙不迭地补充说他使用这个词语是“选取其战争方面的解释来展示一种教条的、暴力的专一主义，这是为基督教信奉者、穆斯林、德国人、印度人和阿拉伯人所熟知的”（p.9）。巴伯的“麦当劳世界”则跟里兹的“麦当劳化”异曲同工，麦当劳世界代表着“如鲜艳蜡笔描绘般的光辉未来，经济、技术、生态力量都在呼唤一种整合和统一，用这种统一的标准来丈量人民的生活——用音乐电视这种快音乐，用苹果电脑这种超级计算机，用麦当劳这种快餐把不同国家都框入同一个主题公园，那就是通过通信、信息、娱乐和商业紧紧联系在一起的同一个麦当劳世界”（巴伯 Barber，1996：4）。和其他全球化狂热者一样，巴伯认为世界人民只能立场鲜明地二选一，或是选“全球市场的世俗普遍性席卷全球”，或是选“倔强部族日复一日专一的信奉”（p.7）。然而他也指出，无论是全球化力量还是部落意识都在慢慢侵袭着公民自由和民主的价值。

3.2.2 文化异质化

如果以全球化狂热者为代表的第一派学者凸显文化全球化中的“全球性”，那么第二派学者——我称他们“本土主义者”，则把本土化特质放在首位。对本土主义者来说，文化全球化的最显著特征不是文化同质化，而是文化异质化，即由于全球化进程带来或真实或假想的威胁，门类众多的本土文化身份更应复兴，焕发出各自的魅力。他们拒绝西方文化统治世界这个命题，也拒绝承认只有西方文化才是最杰出的文化这个命题。他们看到了逐渐涌现的几个充满生机的文化中心，而不是全球只有一个至关重要的文化中心。著名的爱尔兰诗人威廉·巴特勒·叶芝（William Butler Yeats）的诗句可以贴切地描绘出他们的世界："中心已不在，世界上弥漫着一片混乱，"他在不同的时间不同的场合都有这样的表述。英国社会学的领军人物安东尼·吉登斯（Antyony Giddens，2000：20）也表达了类似的观点，他说：我们的世界"看起来已经不由我们掌控了，现在是个失控的世界。"

吉登斯认为，之所以说"失控的世界"是因为全球化正在日益变得"去中心化"。他甚至更富争议地提出了"反向殖民"。对他而言，"反向殖民意味着非西方国家的影响力正在西方国家蔓延。这样的事例俯首皆是：美国城市洛杉矶拉丁氛围浓重，印度成为全球高科技领跑板块，巴西的电视节目卖到了葡萄牙"（吉登斯 Giddens，2000：34–35）。如果他今天要重写这一部分，他一定会把最近崛起的卡塔尔半岛电视台和宝莱坞的例子也加进去。

卡塔尔半岛电视台是属于卡塔尔的阿拉伯语电视网络。在 2002 年阿富汗战争和 2003 年伊拉克战争期间，卡塔尔半岛电视台与美国有线电视新闻网分庭抗礼，他们就战争发表自己的观点，为观众提供了更多的选择，成为美国有线电视新闻网一个不可小觑的对手。他们的工作颇具成效，以致有人试图劝说卡塔尔政府要对其严格管控。根据斯蒂格（Steger，2003：4）的记述，这个阿拉伯语电视网络"为中东观众提供了异彩纷呈的电视节目，电视信号是由功率强大的卫星 24 小时不间断传送，而卫星是由欧洲的火箭和美国的宇宙飞船发射升空的。"在短短 3 年里，卡塔尔半岛电视台迅速成长，五大洲都能 24 小时观看到该台播放的节目。不仅如此，它的网站也通过巨大吸引力吸引着全世界的网民，日点击量超过 7 百万。无疑在美国主导的全球时事传播领域，卡塔尔半岛电视台的作用不容小觑。半岛电视台甚至在 2006 年开启了用英语播报的国际卫星电视频道，这标志着它的影响力进一步扩大。

正如半岛电视台成功占据了新闻媒体，宝莱坞的兴起也令美国电影工业的钢铁盔甲上裂了一道缝。《时代》杂志（2003 年 10 月 27 日）的封面故事"宝莱坞"写道："印度的电影工业规模庞大，平均每年出产 1000 部电影，而好莱坞年均产量 740 部；宝莱坞的观众遍及世界各地，从吉隆坡到开普敦，每年约有 3.6 亿观众，而好莱坞的观众只有 2.6 亿，这形势看起来西方已被远远赶超了。"杂志还指出，20 世纪福克斯电影公司决定向世界播放宝莱坞电影，其他美国电影公司诸如华纳兄弟、哥伦比亚三星电影公司也纷纷效仿。希瑟·泰洛尔（Heather Tyrrell）在一篇评论分析文章中表示："好莱坞向印度出口西方文化产品的努力几近全面失败，于是开始投资宝莱坞，而不再考虑着如何取而代之了"（1999：264），她认为："宝莱坞拒绝被好莱坞殖民化"，"这样的抵抗充满着美学、文化和政治色彩”(p.263)，也印证了“文化可以用作一种全球力量，一种霸权力量，而且这种对文化的利用不仅限于西方国家”(p.273)。

让我们转回到文化全球化对普通百姓的影响。本土主义者强调所谓的“全球邻居”并未真正带来社交性的提高，而仅仅带来如约翰·汤姆林森（John Tomlinson，1999a：105）所说的“更进一步的接近”。换言之，全球化只带来了空间和时间上的收缩，界限变得更加模糊，却没有进一步扩大公共和谐，没能让世界人民的价值观更趋一致。事实上，全球化只加强了原教旨主义的力量，吉登斯称其为“全球化之子”(2000：68)。原教旨主义，不论是佛教、基督教、印度教还是伊斯兰教，或者任何其他宗教派别，都是以满怀保护和保存本土传统信仰和实践的热切愿望为前提的，并且他们相信本土的东西正在被全球文化的大潮所威胁。

毫无疑问，全球文化潮带来了西方消费模式的最广泛传播，特别是在世界各地崛起中的中产阶级阶层，然而接受西方的产品并不一定意味着对西方的文化信仰也照单全收。亨廷顿（Huntington，1996：58）从历史的角度指出：“20 世纪 70 至 80 年代间，美国消费者消费了数以百万的日本汽车、电视机、照相机和其他电器产品，然而却没被日本化，反而加深了对日本的敌意。”他形象又尖锐地提出了一个问题：“当西方人把嘶嘶作响的碳酸饮料、褪色牛仔裤和垃圾食品标榜为自己的文明时，西方向世界展现的是一个什么样的西方？”(1996：58)。

于是，本土主义者极力消解“一个单一的、统一标准的全球文化正在形成”这一理念。他们坚称西方文化时尚的流行并不意味着西方文化将占据统治地位。相反，他们却看到西方文化衰落的蛛丝马迹，而其他文化则冉冉上升，尽管这衰落和上升显得那么不均衡。正如汤姆林森（Tomlinson，1999b：24）警告的，本土主义者的推论可能“很快让西方化的论点处于不利地位，至少是以引人注目的、充满争论的形式。然而，他们还没有完全解决现代西方文化实力的问题，这一点很容易证明，因为当全球化的一切处于舆论中心被热烈讨论，各种评论和批评满天飞，西方的文化实践和制度仍稳坐全球领航的交椅”。这成为文化全球本土化支持者的重要论据。

3.2.3 文化全球本土化

第三派思想，我称为“全球本土化主义者”，他们相信文化的传播是一个双向的过程，相互接触的两种文化直接或间接地塑造或重塑自我。他们宣称全球化的力量和本土化的力量是如此复杂，又有很多重合的部分，人们不能简单机械地从二分法的角度“非此即彼"地去理解。事实上，这两种力量是同一进程的两个方面，全球与本土紧密相连，本土也在不断修正以适应全球。为了表达这个二者紧密相连过程的实质，罗兰·罗伯逊（Roland Robertson，1992）发明了一个新词："全球本土化"。这个词来自于一个日文单词"dochakula"，其大意是"全球化的本土化过程"，这个词常常被日本的企业用于探讨市场问题，正如那句广受欢迎的名言："全球化策划，本土化执行。"

文化评论家阿君·阿帕杜莱（Arjun Appadurai）经常被引用的一句话："当今全球互动的核心问题是文化同质化和文化异质化的紧张和冲突"（1990：5）。这句话大致总结和表达了全球本土化主义者的观点。这种冲突如何解决取决于一种特殊的文化转化是否发生在一个合适的情境下，也取决于是以文化"硬"的形式还是以"软"的形式。硬的文化形式是指"那些难以打破或改变的价值、意义和具体化的实践及其相互间千丝万缕的联系"，软的文化形式是指那些"允许从意义和价值的具体展现中做出相对简单的剥离，并在各个层面完成相对成功的转换"（阿帕杜莱 Appadurai，1996：90）。

"软"的文化形式的冲突可以较为容易地通过简单调整自身来满足和适应其接受文化得以解决。成功的全球消费品市场必然包含微观市场营销，即为了适应当地的宗教、文化和民族的需要，对产品做出适当调整。例如，美国的连锁快餐麦当劳就在适应当地由文化和宗教信仰及习俗影响的饮食习惯方面保持敏感度。麦当劳餐厅遵循犹太教相关法律，在以色列供应犹太食物；遵循伊斯兰宗教传统，在伊斯兰国家供应清真食物；在大多数人都不吃肉的印度供应素食。在更深层次，"对西方的技术文化和消费文化的接受与对西方性开放和世俗表象的强烈抵制和谐共存，在很多伊斯兰社会这一现象屡见不鲜"（汤姆林森 Tomlinson，1999b：23）。

实际上全球本土化主义者通过强调"普遍性的特殊化和特殊性的普遍化这一双重过程"（罗兰·罗伯逊 Roland Robertson，1992：177–178）把大众的注意力吸引到世界大同的崇高理想上。他们相信普遍性的特殊化"有利于探寻世界真正意义的运动兴起，这些运动甚或个人将世界看作一个整体来探究其意义"，正如特殊性的普遍化"有利于对个性的追寻，对日益增长的精细身份特性的展现"（罗兰·罗伯逊 Roland Robertson，1992：178）。历史学家罗兰·罗伯逊（Roland Robertson，2003：251）希望，对全球和本土身份如此的追寻将最终展现一个"在全球化的星球上生机勃勃的伟大生命交响。"他呼吁建立有效策略来应对文化全球化的挑战，敦促教育工作者使用一切可行的教学法来帮助学校里的儿童做好充分准备面对全球化的世界，于是像我这样的语言教育学家也将扮演重要角色。

3.3 文化全球化与语言教育

与其他教育工作者相比，在帮助学习者建立自身主体性和自我认同方面，语言教师面临独特的机遇和挑战，原因正如克里斯·威登（Chris Weeden，1987：21）指出的，“社会组织的各种形式（已存在的形式和可能的形式）及其相应的社会、政治影响都是通过语言这一平台加以定义、相互角逐的。同时语言也是我们确立自我感知，建构自我认同的地方。”这在第二语言教育中表现得更为明显，在第二语言教育中，语言和文化被更紧密地连接起来。

在全球化的离心力和向心力的撕扯中，自我身份认同的建构变得异常艰难。传统和习俗的相对安全性正在缓慢衰退，“自我身份认同的最核心基础——自我感知已经改变了。传统意义上，个人主要是通过在群体中稳固的社会地位来感知自己。而今传统跑偏，各种生活方式的选择盛行，个人也难以豁免。自我身份的认同需要在更加活跃的基础上创造或再创造”（吉登斯 Giddens，2000：65）。

我的观点是，在文化全球化的今天，只有建立在对全球文化认知的坚实基础上才能建造和再造个人身份的大厦。据我所知，很少有第二语言教育的项目能认识到从领导层就狠抓对文化全球化认同的重要性。甚至《标准》和《框架》（详见第二章）即使对交际能力和文化能力的关联有清晰的认识，也没能给文化教学提供更广阔的平台，而是进行了各种限制。我将在第九章和第十章阐述在全球化的时代开展文化教学的原则和实践。

3.4 结语

在这一章，我简单回顾了全球化的兴起和发展过程，从政治、经济、社会、文化和个人的维度进行阐释。我简单梳理了全球化概念的发展脉络，特别强调了现阶段的重要性。之后我重点关注了文化全球化及其双向过程：文化同质化和文化异质化。在最后的部分，我简单提及文化全球化和第二语言教育的关系，这是个趋势，我将在后面的章节详细论述。

如果我们是在认真地帮助语言学习者做好准备以应对 21 世纪的挑战，我们就需要培养他们具有文化全球化的认同感。我们需要再次审视过去以及当前的文化教学的实际，以便看清未来的路将怎么走，这就是我将在后面的章节详细论述的。

第四章 文化刻板印象及其危害

1998 年 3 月，我在华盛顿州的西雅图市参加第 32 届英语作为外语教学年会，该协会是英语作为外语教学教师专业领域的旗舰组织。一天早晨，我经过一个报刊亭，《西雅图时报》头版的一篇名为《文化因素是否引起了空难？》的文章引起了我的注意。我曾听闻文化会导致许多痛苦和令人心痛的是事情，但从未听说文化还能引起空难。我对此感到很好奇，便买了这份报纸，兴致勃勃地读完这个故事。

这篇报道是针对 1997 年 8 月大韩航空 801 航班的波音 747 客机失事的一个后续报道，在那次的空难中，这架飞机接近关岛的阿加尼亚机场时，撞上了尼米兹（Nimitz）山山顶。那次的空难造成机上 254 人中 228 人遇难。《西雅图时报》这篇报道称，空难调查人员最终无法确定引起空难的实际原因。而通过分析驾驶舱内记录器或“黑匣子”，并没有发现任何机械故障。调查人员尝试重构现场，弄清在悲剧发生的前一刻驾驶舱内可能发生了什么：当飞机接近机场时，那位韩国机长忘记了他已经让飞机进入自动飞行状态。飞机的副机长，也是一名韩国人，注意到了这一点，也意识到，飞机以如此低的高度飞行，无法避开尼米兹山。尽管他了解潜在的危险，但他却没有提醒机长，调查人员推测，这是因为他的韩国文化传统：顺从权威。调查人员认为，从文化角度来说，副机长更倾向于服从权威，而不是质疑。因此，他对机长权威的顺从可能引起了这场空难。

让我们来假设调查人员的结论是正确的，那就是说，这位韩国副机长知道机长的致命失误，但由于其文化中对权威的顺从，而没有能够提醒机长。有了这个假设，我们可以想象，在他生命的最后几分钟之内，他的脑子里想了些什么。假设我是韩国副机长，这个航线我已经飞行过很多次了，我了解到飞机正在快速下降，很快就会到达尼米兹山，我快速地看了一下控制面板，注意到了飞机的高度和速度，也注意到飞机仍然处于自动飞行状态，而机长似乎并没有注意到即将到来的危险。

我现在很焦虑，我小声地问自己：“哦，天哪，我该怎么办？我应该立刻提醒机长吗？不，我不能这么做，他是我的上司。也许……但我是韩国人，我不能挑战机长的权威。我知道我的生命和机上乘客的生命全都处于危险之中。那又怎样？我到底该不该质疑我的上司？没门。我不能违背我的韩国文化信念。哦，我亲爱的妻子，再见。哦，我的小儿子，我的宝贝，你将失去你的父亲。但是当你长大之后，你将会了解到，你的父亲牺牲了自己以及机上253人的生命，来维持和保护韩国文化中顺从权威的传统，并且……”嘣……飞机猛烈撞击山顶，解体成一个火球，造成包括机长和副机长在内的228人死亡，这些人全都是韩国文化的受害者！

我对这名副机长那时头脑中所想的内容进行了小说性的描写，这对一些人来说，可能滑稽可笑，但对我来说，远不如调查人员的结论荒诞，他们的结论暗示这名副机长明明知道会发生什么，但由于其文化中对权威的顺从，而没有能够提醒机长。这样的结论简直是对常识的蔑视。但是，常识和文化刻板印象并不是一对“好伙伴”。文化刻板印象很常见，任何地方的人都故意或无意地以刻板印象看待其他人或事物，这是一种无孔不入的现象，不分阶级、人种、宗教、性别、语言、国籍、种族。我们对他人报以成见，反之亦然，我们既是受害者同时也是加害者。考虑到文化刻板印象是人类大脑的一种基础性的思维方式，若想要严肃地思考如何“驱逐”它，我们必须尝试弄清其实质与成因。

4.1 刻板印象的本质

“刻板印象”这个术语对应的英文词汇的本意是指一种印刷方法或过程，在这种方法中，用石膏模板浇铸出一种坚硬的碟状金属铸件，再用这个铸件来生产许多复制品，这就意味着一种很容易被复制的标准化形象。后来这个术语扩展到人类行为中，社会学家现在使用它来表示一个社会以一套死板僵硬的特征，通过“模式化”或“贴标签”的方式，来划分不同的人群，而这些人群可能并不一定拥有这样的特征。

于是，刻板印象就成了一种固定的、刻板的，并且通常是错误的形象，我们记住这种形象，用来区别某个个体或群体。刻板印象有无害的讽刺性描述（“英国人冷淡且保守”），也有有害的故意贴标签（“穆斯林是恐怖分子”）。流行的童谣（“糖果、香料、一切美好事物 / 组成了小女孩 / 傲慢、迟钝、自负 / 组成了小男孩”）或是成人阅读的畅销书（《男人来自火星，女人来自金星》）都能发现刻板印象的踪迹。刻板印象跨越了不同概念差异性，例如，国籍（“日本人很勤劳”）、宗教（“印度教徒是素食主义者”）、职业（“律师是贪婪的”）、性别（“女性是弱者”）、年龄（“年轻人是鲁莽的”）等等。

刻板印象是由社会所建构的并且会传递给下一代，人们通常用这种过分简单化的刻板印象来描述他们所不熟悉的人，大多数人在没有深入思考的情况下，会想当然地接受它。正如著名美国记者沃尔特·李普曼（Walter Lippmann，1922：54–55）所说，“对于大部分事物，我们并没有先观察再进行定义，而是先定义再进行观察。在大多数情况下，我们会选取自己文化中已经定义的内容来剖析纷繁复杂的外部世界。”因为刻板印象并不是真实的思考，也不是实际情况的真实反映，而是一种想当然的“即刻代替和浅薄”（巴巴 Bhabha，1994：82）。

刻板印象到底意味着什么？它将不可控的现实简化成可控的标签，夸大事实的某一部分直至扭曲成一种简单的印象，这种印象令我们感到安全，好像比别人略高一筹。一旦我们接受关于某人某种刻板印象，就不会对其背后的复杂性进行深刻的思考。刻板印象代表了某个社会内部特定成员的隐含信念和价值观的外部印象，在极端情况下，便会导致偏见和歧视，甚至憎恶和暴力。刻板印象就像一种可以自我复制的病毒，它会在那些不思考的大脑中复制繁殖，并传染给其他人。

但是，总会有那么一些人，他们相信刻板印象也有有益的用处。纳赫巴和劳斯（Nachbar and Lause，1992：238）就指出：“有时刻板印象在进行个人分类时，很有用处。大学校园中的‘菜鸟’一词就定义了那些刚刚入校的新生，他们对大学的社交和生活一无所知，当然有的新生并不符合这个定义，但是这种关于新生的刻板印象也促使教授对那些没有经验的新生们开设了许多介绍性课程，同时也使得兄弟会和女生联谊会之类的学生组织为新生们开展了许多集体活动。”但是作者却认为这种“有益的”刻板印象仍然是一种过度泛化的概念。

也有一些人认为刻板印象有其积极的功能。这些人以美国人对于所谓模范少数族裔的刻板印象为例。亚裔美国人就是模范少数族裔中一部分，他们接受工作伦理规范，接受良好的教育，经济自立，认同合作精神。亚裔学生被认为是“超等优秀生”“书呆子”“理科很好”“竞争性强”“平均绩点 4.0”（李 Lee，1996）。但其实这些正面的刻板印象是一种复杂的幻想。金和叶（Kim and Yeh，2002）就指出，这种刻板印象将教育和经济的成功赋予所有亚裔美国人，而忽视了其族群内部的差异。美国教育测试服务机构 1997 年一项研究，发现六个主要亚裔族群学生（中国、菲律宾、日本、韩国、南亚和东南亚）在教育背景和成绩方面存在明显差异。他们还认为这种刻板印象在“学校话语下得到强化，造成了错误和偏见，并没有真正反映亚裔族群内部的差异性”（金和叶，Kim and Yeh，2002：2）。

4.2 刻板印象的原因

为什么会存在刻板印象？要回答这个问题，涉及许多社会心理学理论，其中一个理论叫“厌恶种族主义理论”，该理论认为这种刻板印象在种族主义系统根深蒂固，而当代文化又使得其长盛不衰（盖特纳和多维迪奥 Gaertner and Dovidio，1986）。根据这种理论，在正常的解释系统显得薄弱时，即使平等主义者的不带偏见的印象也会最终走向偏见。在此种情况下，根据种族以外的一些决定因素，人们很容易为其种族偏见找到合理性。

而社会身份理论则认为，当我们意识到自尊有可能受威胁时，我们很有可能使用刻板印象。沃尔夫和斯潘塞（Wolf and Spencer，1996：177）指出，社会身份理论假定人们“有动机来维持自身正面的社会身份，并且在与其他群体比较时，我们更可能如此。”他们进一步观察发现，这种维持自身优越性的需求很容易导致刻板印象和一种我们好而别人差的态度。与社会学家和心理学家相反，后殖民主义批判者，例如阿尔伯特·麦米（Albert Memmi）和爱德华·萨义德（Edward Said），在文化刻板印象中，看到了“我们”和“他们”的二元对立，而这产生了一种关于别人的静态停滞的观点。正如第二章提到的，关于殖民地国家和文化，我们一而再再而三地创造出许多文化象征，而这只能归咎于刻板印象所建构的广泛传播的价值观（萨义德 Said，1978）。这些刻板印象结构导致其他的后殖民主义批判者，如霍米·巴巴（Homi Bhabha，1994），提出了“文化固定”的概念，“文化固化”是一个矛盾象征模型，它意味着僵化和不变的秩序（p.66），而这最终会造成僵化和抑制（p.75）。

“文化固化”不仅仅局限于公共话语和私人领域，也出现于学术圈，而文化交汇的语言教育领域也不会是例外。在下面的章节中，我们会讨论第二语言教育领域的文化刻板印象（库玛 Kumaravadivelu，2003a）。

4.3 语言教育中的文化刻板印象

回顾关于文化刻板印象的文献，尤其是英语作为外语教学方面，我们发现，尽管十分强调文化多样性，但实际上这个领域充满刻板印象，尤其是有关亚洲学生的刻板印象。很明显，我们对所有的亚洲人存在某种同质化的观念，无论是中国人、印度人、日本人、韩国人、越南人，还是其他亚洲人，我们将他们扔进一个篮子，贴上标签——“亚洲人”，但是我们却忽视了这个人群有30亿，他们之间差异性显而易见。这些行为大量制造了刻板印象，随着时间的推移，造就了一种根深蒂固的固执观念。我简单罗列了亚洲学生的文化表征，分析英语作为外语教学领域中研究的理论局限。

4.3.1　亚洲学生的表征

许多专业文献中反复提到，在研讨会和私人会话方面，有三条针对亚洲学生的刻板印象：他们盲目服从权威，缺乏批判性思维，不积极参与课堂互动。一个批判性分析会极其容易地发现这种刻板印象更多地是出现于西方学术界虚构的亚洲母国中，而不是现实的课堂中。

我的论点并不是否认我们从未遇到这样的亚洲学生，而是揭示在语言教育中我们的"刻板印象"，我们随时做好准备在亚洲学生的课堂行为与他们的文化传统中建立某种随意的联系，而不顾其模糊性与矛盾性。我还要指出这些行为不仅仅针对亚洲学生，有时也会指向主流北美学生。我从个人经验和专业知识的角度，简要分析上文的三种刻板印象。

4.3.1.1 服从权威

许多学者，例如福克斯（Fox，1994），指出亚洲文化有一种盲目服从权威的传统，因此，亚洲学生将老师视为知识的载体，服从老师，他们认为老师不可置疑。这些观点通常并不是基于严肃的学术研究而是一些历史人物的只言片语或是侨民教师的个人经验。引用著名人物的相似观点，尤其是只言片语，并不能证明现实，因为我们很容易找到相互矛盾的观点，有时甚至来自于同一个历史人物。

例如，人们常常引用中国哲学家孔子的话来证明中国服从权威。孔子珍视并倡导维持权威和等级，他严格要求中国人遵守"君君臣臣，父父子子"的等级观念。在教育方面，人们常常引用孔子的另一句名言"一日为师，终身为父"。

与这些常见的误解不同，中国哲学家也提倡不盲目服从老师、长者和其他权威人物。中国语言学家程晓棠（2000：440）就指出："孔子同样说过，'师不必贤于弟子，弟子不必不如师'，这句话的意思是老师也不一定各方面都比自己的学生高明，做弟子的不一定不如自己的老师"。孔子的名言还有"三人行，必有我师"，意思是别人的言行举止，必定有值得自己学习的地方。这些名言恰恰说明了亚洲学生并非是盲目地服从老师权威。

另外一个亚洲古国，印度，也是一样的情况。达兰帕尔（Dharampal，1983）在一项研究印度本国教育的综合档案研究发现，在前殖民时代，印度教育系统中，知识传授的特点是学生和教师之间的辩论。同样，在一项印度哲学研究中，马提拉和查克拉巴蒂（Matilal and Chakrabarti，1994：2）强调，佛陀的名言，"莫信我的话，只依靠自己的智慧”，明确地告诉了印度人对于权威应有的态度。但一些西方学者，如伊曼纽尔・埃梅诺（Immanuel Emeneau，1955：145），则认为这种彻底的智慧，对形式逻辑推理、智慧和归类的追求只是印度上层文化的特点。

我来美国前，在印度从事了十年的教学工作，以我的个人经验，印度的学校常年受所谓的“纪律问题”的困扰，我的许多学生不顺从，常常制造混乱。事实上，我在印度的十年间，常见的一个抱怨就是，无论何时，老师们在办公室总是花大量时间讨论如何应对那些不服管教的学生，而不是交流成功的教学经验。类似的情况也发生在中国，程晓棠（2000：438）发现他的许多中国学生“极度活跃甚至很好斗。”

4.3.1.2 课堂中的被动

关于亚洲学生的另一个刻板印象是，由于文化倾向，他们很少积极参与课堂讨论（萨托 Sato，1981；弗劳尔迪和米勒 Flowerdew and Miller，1995；科尔塔齐和吉恩（Cortazzi and Jin，1996）。一些实证研究对这种断言持怀疑态度。例如（徐碧美 Amy Tsui，1996）调查研究了香港大学 38 位英语二语教师的课堂行为，大部分教师认为学生在课堂中的沉默寡言主要是因为英语不好、缺乏自信、害怕出错而被嘲笑，没有一位老师归咎文化因素。尽管人们常用文化因素来解释中国学生的消极和沉默行为，皮尔逊（Pierson，1996：55）却认为中国学生的这种行为主要是由于“课业负担过重，课程安排过于集中，填鸭式教学，强调知识学习，推行应试教育，忽视真正的思考，教室人数过多以及教师本身水平不高。”

任教于香港大学的英国应用语言学家威廉姆・利特尔伍德（William Littlewood，2000：33）也持同样观点。他认为“如果亚裔学生果真如我们通常所认为的那样，那很有可能是教育体系的问题，而不是他们本身内在的倾向。”同样，刘军（Jun Liu，2001：49）认为为了更好地理解亚裔学生在课堂中的交际行为，除了文化因素，我们还应该考虑其他因素，“例如讨论话题的相关性，教师的表述材料，学生对课程的熟悉程度，学生的参与动机，学生的焦虑以及风险承受能力，学生的表达与交际能力。”

4.3.1.3 缺乏批判性思维

英语作为外语教学领域的相关文献（如，福克斯 Fox，1994；阿特金森 Atkinson，1997）也提到另外一个关于亚裔学生的刻板印象，那就是他们缺乏批判性思维，甚至认为批判性思维的内核与他们文化并不兼容。这些观点总是直接或间接地认为美国学生具有良好的批判性思维，并且相信批判性思维是根植于西方文化之中的。例如，福克斯

（Fox，1994：125）指出："我们所谓的'批判性思维'或'批判性分析'其实具有很强的文化因素。"福克斯（Fox，1994：xxi）进一步指出："人们通常假设批判性思维派生于西方文化，尤其是美国文化，他们认为世上只有少数人认为批判性思维是最严密、最先进、最有效的思维方式，而美国教育如此重视批判性思维也正是基于这个假设。"她自信地断言她的一些英语二语学生"可能会因他们的非直线型思维而感到惭愧"（p.144；"直线型思维"详见第五章）。

有的学者持同样的观点，德怀特·阿特金森（Dwight Atkinson，1997：72）就补充道："不但批判性思维是一种基于文化的概念，而且一些文化也会为许多截然相反的思维和教育模式背书。"他（p.89）自己也提出一些他认为引人注目的"名言警句"，例如"批判性思维即某种文化思维"，并且进一步指出，即使在美国，批判性思维也仅仅是特定社会群体的思维方式。根据这样的理论，他反对对那些国际学生和少数族裔学生进行批判性思维训练，并质疑学生是否能在这样的训练中有所得。这就引申出了一个有趣的问题，"我们的整个教育体系是否基于人类大脑可教育的前提？"

很明显，这些西方学者关于非西方思维方式的论述毫无新意。阿尔斯塔尔·彭尼库克（Alastair Pennycook，2002：100）援引《教育百科全书》的观点，"中国的数学和科学研究并没有什么了不得，没有什么深入的逻辑思辨，虽然会发展出一些思维方法，但却沉睡于大脑中。中国人只研究那些有用的、可以应用于生活的东西，于是他们发明了指南针、火药和印刷术，尽管他们善于经商，却没能发展成强大商业文明。"但像指南针、火药和印刷术这样基础而实用的发明却被我们忽视了，这难道不令人惊奇吗？

这种轻蔑的态度与西方对东方的殖民态度如出一辙。克劳德·阿尔瓦雷斯（Claude Alvares，1979/1991）的《反殖民化社会学家》强烈批判西方对中国和印度的偏见。他指出许多西方学者不仅拒绝承认，而且刻意丑化这两个文明古国。无独有偶，历史学家伯纳德·科恩（Bernard Cohn，1996）在其著作《殖民主义积极文化表现》一书中提出，为了控制印度，英国学者故意矮化印度本土文化。

彭尼库克（Pennycook，2002）详细讨论了中国文化对他们教育大纲的影响，尤其是语言教育大纲。他指出，在香港英占时期，由于政治与文化上的顺从，语言政策与中国支离破碎联系在了一起。有一种观点认为孔子的哲学不鼓励批判性思维，但程晓棠（2000：441）却不以为然，他指出"'知识'这个概念在汉语里是由两个汉字组成。一个字是学（学习），一个字是问（询问）。这就意味着询问和怀疑是寻求知识的不二法门。"

同样，皮尔逊（Pierson，1996）援引中国古代学说来证明其“自主学习根植于中国思想深处”的观点。

4.3.2 学生行为的一般特点

在应用语言学研究中存在一个有趣的方面，很少有研究将英语母语学生的外/二语课堂行为与亚裔学生的英语二语课堂行为进行系统研究。有限的研究（杨 Young，1990；洛克里 - 萨科 Loughrin-Sacco，1992）发现英语母语的北美学生在其外语课堂中表现也不是那么活跃。由于美国外语教师英语流利以及美国二语教学中第一语言的广泛使用，所以即使学生开始说话，通常也是以英语开头。当美国学生不得不使用他们正在学习的外语发言时，他们也会感到不同程度的焦虑。例如，杨（Young，1990）在他的一项研究中发现在外语学习中“说”是最容易引起焦虑的，学生不愿参与课堂互动。同样，在一项法语课堂研究中，洛克里 - 萨科（Loughrin-Sacco，1992：101）发现“说”“几乎对于每一位学生”来说，都是最容易引起焦虑的。

尝试探究亚洲学生和美国学生在课堂中的真实行为，龙光久保田（Ryuko Kubota，2001）明确指出目前的英语作为外语教学的文献错误地将北美学生的理想（不真实）状态与亚裔学生的预设（不理想）状态进行比较。对比普通教育文献中北美学生教室里的不理想状态和英语作为外语教学文献中的理想状态，他的结论是：“北美学生的理想状态被用来论述文化差异，而应用语言学的研究实际上很少提到那些不理想的状态，这给我们造成了美国课堂总是十分理想的印象”(p.23)。

这种倾向也出现于批判性思维方法这个术语中。我在印度教学时发现，一部分学生具有批判性思维，但是也有许多人不具备。其实在美国也一样。我在美国三所大学从事本科和研究生教学将近 20 年，遇到过很多的主流北美学生极具批判性思维，但也有相反的情况，这部分学生认为批判性思维会损害他们的大脑。也有许多教师（如，博耶 Boyer，1987；吉梅内斯 Gimenez，1989）发现一些北美学生也盲目服从老师的权威。同样，在一项跨科目批判性思维综合研究中，哈尔彭（Halpern，1997）发现与其他国家学生相比，美国学生在高级批判性思维方面落后了一截。

美国的一些其他研究（如，希思 Heath，1983）表明，与那些经济教育发达地区的学生相比，落后地区的学生在某些认知技能上存在不足，一旦某种教学方法满足了他们的需求，将极大提升他们的创造性和启发性思维。同时美国一些教师自身缺乏教学策略，这成为学生的批判性思维的主要障碍。索诺马州立大学批判性思维中心（详见网址：

www.criticalthinking.org）的研究表明，在38所公立大学和28所私立大学中，绝大多数（89%）教师强调美国学生批判性思维的重要性，他们声称批判性思维是他们的首要教学目标。但仅有少数人（19%）清楚地明白什么是批判性思维。所以研究人员建议，如果我们致力于有合格的教师“可以训练学生的批判性思维，那摆在我们面前的任务恐怕是敦促那些连什么是批判思维都不清楚的教师弄清楚批判性思维的内涵。”

以上的讨论表明批判性思维来之不易，真正的批判性思维更多地是来自个人、社会经济与教育机会的结合体，而不是文化定位。

4.3.3　研究发现的局限

很明显，二语学习者的课堂行为是社会、文化、经济、教育、机构与个人诸多因素复杂互动的结果。忽略其他复杂因素，单单将文化因素抽离出来作为影响课堂行为的主导因素，这几乎是不可能的。大多数二语课堂行为研究为了研究文化与课堂行为的联系，无论是像刘（Liu，2001）那样的实验研究，还是像科尔塔齐和吉恩（1996）那样的观点调查，将文化因素独立起来，都不是令人信服的设计，只能被打上研究不充分的标签。因此，仅仅通过文化角度研究课堂交际行为毫无意义。

伊恩·马尔科姆（Ian Malcolm，1987）的一项研究对我们很有启发意义，当时学者普遍认为“澳大利亚土著学生害羞胆小，不愿与老师互动，非常犹豫去做回答”(p.39)，但伊恩·马尔科姆（Ian Malcolm）的调查结果却显示学生的这些表现“并不是由于他们的文化传统，而是课堂中交际情景的特点所决定的”(p.56)。对于他来说，影响课堂交际的首要原因是教师的教学策略。这与我在美国的英语二语研究中得出的结论非常类似。根据我的课堂导向型研究，我假设，“由于教师的教学策略和课堂管理，以及学习者参与互动的动机和立场不同，相应地课堂互动的原则和概念也会呈现出新的维度”（库玛 kumaravadivelu，1990：53）。

看到了用文化解释课堂行为的缺陷，许多中国学者（科尔塔齐和吉恩 Cortazzi and Jin，1996；程 Cheng，2002）在他们的研究中逐渐将这些缺陷揭露出来。运用同样的研究方法，他们研究中国大学生的课堂行为。科尔塔齐（Cortazzi）和吉恩（Jin）研究了135名非英语专业学生学习英语的状况，而程（Cheng）的研究对象则是167名英语专业学生。科尔塔齐（Cortazzi）和吉恩（Jin）的研究再次验证了课堂行为中的一些常见文化因素：（1）中国学生偏爱知识结果而不是学习过程（p.199）；（2）学生被动、教师中心而不是积极参与、学生中心（p.199）。根据这些发现，“由于中国学生过早地被社会化，这些行为根植于特定的文化和社会”(p.200)。

程（Cheng）的研究则有完全不同的发现。他的研究对象“更关心学习的过程，而不是学习的结果；而且能意识到语言学习的最终目标是语言使用的能力，而非语言知识；更喜欢以学生为中心的教学方法，而不是以老师为中心的教学方法；更愿意参与互动类、合作类的语言活动”(程 Cheng，2002：113)。程（Cheng）认为，现有的常见的文化解释并不能有效地解释这两个研究所发现的不同；他认为他的研究有完全不同的发现，是因为他的研究对象受到了一些其他因素的影响，如学习动机，研究对象认为英语对其专业的重要程度等。换句话说，作为研究对象的中国学生的专业背景不同，研究发现也会有所不同。

此外，大量的社会政治文献也为学习者课堂行为研究做出了一定贡献。南非语言学家基恩·奇克（Keith Chick，1996）就对此进行了详细论述。他利用微观人类学研究方法，研究了课堂数据，探究为什么南非祖鲁族学校的数学课老师和学生在英语二语课堂中变得少言寡语，不愿参与课堂交际。在对数据进行微观人类学研究之后，他得出一个相对的结论，祖鲁族教师和学生的行为是其文化倾向的结果，他们所表现的交际方式是祖鲁语母语社区的交际方式。这个结论与他 1985 年分析南非白人教授和祖鲁族研究生之间的跨种族冲突时得出的结论一致。

但是后来，他意识到了微观人类学研究的局限性，无法解释价值观、意识形态和社会结构是如何影响微观层面的课堂行为的，因此他决定重新研究这些课堂数据。他从南非的种族主义意识形态与种族隔离入手，重新研究分析这些数据，他发现祖鲁族教师学生实际上是故意为之，是故意让我们看到这种互动形式的。他意识到“这种课堂行为实际上教师和学生反抗压迫，挣脱种族隔离限制的一种手段”(1996：37)。换句话说，祖鲁族教师和学生的这种表现并不隶属于他们的语言和文化，而只是反抗种族隔离的一种手段。

通过以上的文献综述，我们可以发现，并没有站得住脚的证据可以证实亚裔学生的文化信念与他们的课堂行为之间有某种联系。我认为，正如我前面提到的那样，这极有可能是因为想要孤立地研究文化对课堂行为的影响几乎是不可能的。尽管如此，文化刻板印象却是实实在在存在的。

4.3.4 处理未知事物

社会学、心理学与后殖民主义理论（见 4.2）也试图解释刻板印象的成因，但是这无法完全解释为何语言教育领域文化刻板印象是长期存在的。作为语言教师，我们意识到当我们在正式的课堂环境下研究二语习得的心理语言学过程时，会遇到很多未知与不可控的因素。当我们处理这些复杂的任务时，便会寻求简单甚至过于简化的解决方法。文化概念自身的复杂性也使得语言学习和教育更加错综复杂（见第二章）。所以，一旦学生的课堂行为与我们期待不符，我们便会随时用文化和文化刻板印象来解释。实际上，我们在课堂中的行为与实际的公共生活中一模一样。正如迈克尔・格斯特（Michael Guest，2002：157）指出的那样，“当我们与来自同一文化的人交流时，我倾向于不从文化的角度来解释。也就是说我们并不会用他们的文化来解释他们的行为。那我们为什么对外国人就不一样了，好像他们的行为完全是文化产物”（P.157）。

但是另外还有一个很重要的方面，那就是二语教学领域的文化出版物很多时候表现的是一种狭隘的文化视角（库玛 Kumaravadivelu，2002）。美国的人类学家通常从自己的角度解释调查对象对其自身文化的看法，同时美国的人类学研究非常重视这些自己的解释，而这些出版物正是基于这样的解释（见十一章）。这些外部的解释毫无疑问会建构某个文化社会的文化。而这些文化方面的“主流”文献及其对学习、教学和交际的影响只有与非主流文献发生冲突时，我们才会认为它是有用的。

所有语言教师都必须认识到这个事实“对于教育或批评来说，刻板印象是一个普遍真理。当我们试图寻找证据时，刻板印象无处不在。这就是为什么回国的旅行者对于他所带回国的东西的解释将会是一个有趣的故事”（李普曼 Lippman, 1992：65）。当我们深刻意识到文化的复杂与当前研究工具的问题时，我们可能会有另一种看法，也才有可能抛弃刻板印象。

4.4 结语

本章我们讨论了文化刻板印象的本质及成因。文化刻板印象已经普遍存在于我们的私人生活、公共话语和专业领域。尽管我们强烈希望理解文化，但是刻板印象却无处不在。在全球化的时代，对于国家来说，文化认同变得日益复杂，所以避免文化刻板印象也就成了一个重要而迫切的任务。下一章，我们将会探讨文化刻板印象是如何塑造文化同化的。

第五章　文化同化及其幻象

1917年7月4日美国独立日那天，密歇根州底特律福特公司创办的英语学校举办了结业典礼。这所学校肩负双重职责，一方面要教授福特公司雇用的移民工人第二语言——英语；另一方面还要帮助他们融入美国文化及行为习惯，包括“餐桌礼仪”及“牙齿保护。”

根据历年惯例，所有毕业生及包括富有传奇色彩的亨利·福特（Henry Ford）本人在内的近2000名显贵要人齐聚在底特律高地公园的户外剧场里参加毕业典礼，那里灯光明亮、装饰华美。结业典礼在晚上七点开始。

舞台上的帷幕拉开，舞台中央是一口巨大的银色蒸汽锅，上面赫然写着“福特英语学校大熔炉”。毕业生们穿着鲜艳的民族服装，拿着一小件行李，就像他们刚到这个国家时一样，悄悄地从通道的一端走上舞台，缓慢而严肃地走进大锅。紧接着，福特英语学院的一些教师拿着长柄勺，也站在了舞台上。他们将长柄勺插到锅中，开始搅拌。舞台上的灯光变成红色，锅里慢慢升腾起蒸汽一样的东西。大锅逐渐沸腾，红色的灯光越来越亮。

The "Melting Pot" of the English School of the Ford Motor Company at Detroit

图 5.1　福特英语学校“大熔炉”（底特律）

大锅里弥漫着无色、无味、可能也无害的蒸汽，先生们（是的，他们都是先生）脱下民族服装，穿上福特公司赠送给他们的崭新的蓝色西服。在背景音乐——美国爱国歌曲《扬基歌》奏响那一刻，毕业生们从大锅中爬出来，走向通道的另一端，骄傲地挥舞着美国国旗。观众们欢呼雀跃。这样一个简短的象征性仪式宣布福特公司雇用的移民工人顺利结束了他们在美国语言文化中的学徒身份。他们已经从文化层面融入接受他们的这片土地中。

5.1　文化同化的概念

这个戏剧化且富有象征意味的毕业典礼形象地展示出一个简单且被简化的文化同化过程。然而，专门研究美国移民问题的社会学著作中的批判性分析却指出文化同化绝对简单，它是一个漫长且艰苦的过程。20 世纪初美国的两位著名社会学家罗伯特 · 帕克（Robert Park）和厄尔尼斯特 · 伯吉斯（Ernest Burgess）在一个经常被提及的定义中提出文化同化概念，他们将文化同化特征描述为“一个互相渗透、融合的过程，期间，个体之间、群体与群体之间，互相获知对方记忆、情感和态度。通过分享经验和历史，个体之间、群体与群体之间融合出一个共同的文化生活”（帕克和伯吉斯 Park and Burgess，1921/1969：735）。很有意思的是，这个概念中很谨慎地避免明确提及融合过程中哪个群体需要被同化，出于何种目的，被同化到什么程度。

多年来，学者们对文化同化概念的阐释五花八门，有时是出于学者个人的政治倾向或意识形态立场。最近一本书中，哈佛大学政治理论家塞缪尔 · 亨廷顿倡导说在美国的移民都应认同开国者创立的盎格鲁新教文化，他认为这一点一直是美国身份的核心。他列举出如下盎格鲁新教文化的核心元素：“英语、基督教、宗教使命感、法制概念、统治者的责任和个人的权利；反对新教价值观包括个人主义、职业伦理以及人类有能力和责任在地球上创造天堂的信仰”（亨廷顿 Huntington，2004：xvi）。他认为：“美国创建之初就是个新教社会，如同巴基斯坦是穆斯林社会，以色列是犹太社会一样”（p.63），还令人费解地声称他“不是为盎格鲁新教教徒中的重要人物辩护而是为盎格鲁新教文化的价值辩护”（p.xvii）。

亨廷顿的描述恰好回应了社会学家彼得 · 萨林斯（Peter Salins，1999：6）此前界定的“美国式”同化概念。萨林斯认为，“美国式”同化是“一个现有居民与后来移民之间的三方协议”。依据协议规定，如果并且只要外来移民（a）承认英语是主要语言，（b）为他们的美国身份感到自豪，（c）皈依新教，他们就会被美国大家庭完全接受。尽管上述严格规定中囊括了外来移民生活中语言、文化和宗教信仰等方面，但萨林斯完全没有意识到他提出的“美国式”同化概念中的冲突，即同化过程中“他从来没有要求移民或者他们的后代融入大众或者说让他们在其他美国大众中间难于区分”（p.143）。这种故意的概念混淆让文化同化概念在很长时间内历经煎熬。激进社会学家理查德 · 阿尔巴和维克多 · 尼（Richard Alba and Victor Nee，1999：137）痛惜说社会学领域的某些学者犯了“知识性罪孽”。

社会学家犯的第一个“知识性罪孽”就是推衍各种术语来描述外来移民在移居国经历的文化变迁过程：适应、文化适应、顺应、接纳、同化、文化同化、融合等等，这些术语在意义和使用过程中有诸多重复。集中说明以下两个常用术语，文化适应和同化。社会学家赫伯特·干斯（Herbert Gans，1999：162–63）提出这两个术语之间的区别是在 20 世纪 40 年代晚期由芝加哥社会学派提出的。这个学派认为，“文化适应强调外来移民接受移居国主流社会文化包括行为方式及习惯、价值观、规则、符号等等（绝不是一个均质的、特别具体的概念）。而同化指的是外来移民脱离正式的或非正式的民族关系或其他社会机构进入移居国主流社会的去民族化关系或机构中”（干斯 Gans，1999：162）。从这个意义上讲，文化适应比同化容易且迅速得多，因为只要外来移民愿意，他们就能适应主流文化，但如果没有主流社会的协助，外来移民很难融入主流社会（后面会详细论述）。

但这种区分显得过于简单且不具有普遍性。不同领域的学者在使用这些术语的时候，有时一致，有时不一致，非常不具有连续性。干斯本人非常失望地说：“我不知道文化适应和同化两个概念区别的起源，基于这篇论述的后续研究也没有减少我的迷惑”（干斯 Gans，1999：170）。术语和概念上的混乱状态一方面是因为同化过程本身很复杂，另一个原因，于我而言，是同化过程的意识形态和政治属性。对于睿智的读者而言，相关社会学著作中用语义模糊掩盖真实意图和信念的情况屡见不鲜。

意识到这个问题，阿尔巴和尼（Alba and Nee，1999）评述说：“如果同化这个术语带有太多批评家认为的偏见和不确定性，那么这个术语就应该被抛弃，用一个新的名词来替代，即使这个新名词仅仅是重新调配了一下同化概念的意义库”（p.159）。综合与同化概念有关的所有概念性及语义性欺骗现象，社会学家鲁本·兰包特（Ruben Rumbaut，1999：172）一针见血地指出：“部分概念一直被误用或误解，或成为种族中心主义的借口。部分概念完全将现实与虚夸、理想主义观点与意识形态观念、观察到的现象与心理预设现象混为一谈。”

尽管“同化”一词在术语和概念层面存在诸多模糊性，早期的同化论者用一个隐喻——大熔炉巧妙地抓住了文化同化概念的精髓，这一隐喻沿用至今。同化概念逐渐为人熟知，熔炉理论也衍生出至少两个主要派别——理想派和现实派。如果不了解美国移民历史是无法全面理解两个派别的差异的。所以，在讨论熔炉理论之前，我们先简要了解一下美国移民历史的真实面貌。

5.1.1 移民历史概览

世界上有一些国家天然就具有多民族、多元文化属性。另外一些国家因持续不断有从世界各地涌入的外来移民而逐步具有多民族、多元文化的特点。例如，美国被称作是“移民国家”，这个称号名副其实。美国人口从1790年的仅400万猛增至2005年的3亿，大量移民涌入并繁衍后代是美国人口激增的主要原因。相较于其他发达国家如澳大利亚、英国、加拿大，美国每年都持续不断接受大量合法移民。1999年《国际移民手册》(以下简称《手册》)的编者指出“在美国居住的人口中，大部分人的祖先在2个世纪前住在其他地方。这个国家的文化、政治及经济一直被连续不断的移民浪潮扩大并重塑着。很难想象美国历史或流行文化的哪个部分没有受到移民历史的影响”(《手册》：1)。

社会学家大体上将美国移民潮分为四个连续阶段。第一次移民潮始于17世纪早期，来自普利茅斯岩的英格兰教堂，讲英语的清教徒为了寻求宗教自由，定居在美国东海岸。不久，北欧殖民者接踵而至，他们大多来自英格兰、爱尔兰、苏格兰和瑞典，部分移民来自法国和德国。截止到1775年美国独立战争爆发，据统计将近50万移民移居美国。此外，在美国南部种植棉花和烟草的农场里还有37.5万从非洲贩卖过来的奴隶。这个移民潮持续了大约150年，与重商业资本主义影响下的殖民化及经济增长同步。

第二次移民潮发生在1820至1875年，其间，来自北欧和西欧的移民大约有800万。同期，有20万中国移民涌入加利福尼亚，起初是因为淘金热，最终这些移民都在铁路、工程建设、加工制造及农场工作。这个移民潮持续了大约半个世纪，与欧洲经济崛起及工业主义在殖民地的广泛传播同步。

第三次移民潮期间有大量移民涌入，持续时间由1880年至1960年，期间近2500万新移民涌入美国。这个时期的一个突出特点是多数移民来自南欧和东欧，主要包括波兰人、意大利人、希腊人、斯拉夫人、捷克人和匈牙利人。这些移民多数是农民或工人出身。这批新移民中包含大约15万日本人，他们在夏威夷迅速扩张的甘蔗种植园及加利福尼亚的果蔬农场工作。

第四次移民潮始于20世纪60年代并持续至今，与后工业时期重合。20世纪末期，近2000万新移民进入美国，主要来自拉丁美洲(墨西哥、多米尼加、海地和牙买加)及亚洲(中国、印度、韩国、菲律宾和越南)。这个时期的移民热潮与前几次有显著的区别，主要表现在两个方面。第一，移民来源。前三次移民潮中，移民主要来自工业发达的欧洲，这个时期移民主要来自发展中国家，涉及的国家在民族、文化、语言及宗教信仰方面都呈现多元化特点。快速浏览一下20世纪后二三十年出生的外国人口情况(出生时非美国公民)就会发现上述特点十分明显。根据美国人口普查局提供的数据，截至

2000年3月，预计外国出生人口达2840万，其中一半（1450万）来自拉丁美洲。1970年，欧洲移民占外国出生人口总数的62%；到2000年，仅占外国出生人口总数的15%。相反，非欧洲地区移民外国出生人口占比由1970年的38%迅速增长至2000年的85%。这种趋势持续至今。

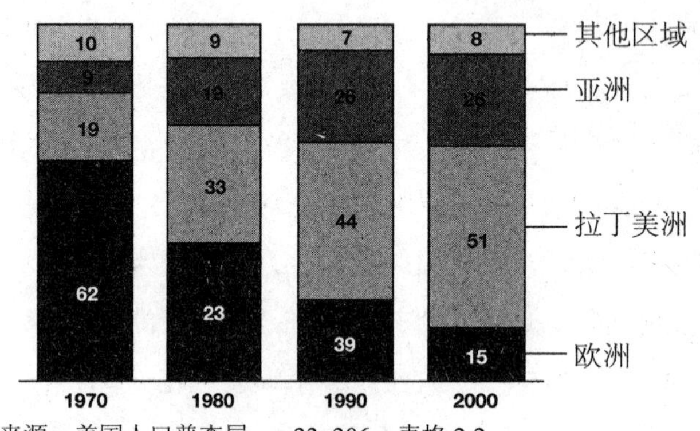

来源：美国人口普查局，p.23–206，表格 2.2

图 5.2 按出生地划分的外国出生人口

第四次移民潮的另外一个重要特征是，除了一部分拉丁美洲移民之外，大多数来自亚洲和欧洲（尽管欧洲移民仅占一小部分）的新移民在其原住国都是社会地位很高的专业人士。一份来自移民归化局的报告显示，200多万工程师、科学家、大学教授、医生、护士和其他领域一些专家都是在20世纪最后30年移民到美国。事实上，美国人口普查局最近公布的一份专门针对亚洲移民的报告指出，45%的亚洲移民在管理、专业技术领域或上述相关行业工作，与之相比，美国本土居民在上述行业工作人口占总人口的34%。这份报告同时还指出，因亚洲移民具备较高的教育及专业技能背景，其家庭年平均收入（59, 300美元）在20世纪末21世纪初已比美国家庭年平均收入（50, 000美元）高很多(《美国人口普查局2000年专项报告》，2004年12月)。

纵览移民历史，除殖民时期之外，美国政府通过立法在调控移民动向方面起了非常重要的作用。相关法案的颁布或是因为经济发展在劳动力方面的迫切需要，或是出于政治考虑如发表反移民观点等。1875年，第一个专门为控制移民的《国际移民法》出台，这部法案在一场广泛流行的本土主义运动（见后）中应运而生，主要抵制来自德国、爱尔兰及中国的移民。有意思的是，它还禁止“罪犯、卖淫者、精神病患者及白痴”进入美国。这个法案执行7年后，美国国会又于1882年通过了《排华法案》，彻底禁止中国移民进入美国，因为中国移民从美国居民那里抢走了低收入工作岗位。基于同样的理由，一个类似的禁令叫《君子协定》于 1907 年生效，专门禁止日本劳动力移民。

有政府背景的移民管控政策在 1924 年朝种族主义方向发生了决定性转变。这一年，国会决定利用移民政策强化而不是削弱早期美国人的种族主义运动。1924 年这部《民族来源限额法》，制定了更为严格的移民管控指标，法案规定来自任何国家的新移民总量不能超过该时期该国家在美国移民总人数的 3%。这个法案的唯一目的就是“严格限制东欧和南欧移民，公开维护美国盎格鲁 - 撒克逊民族、新教信仰占主导地位的共同体属性”（左伯格 Zolberg，1999：73）。1924 年《民族来源限额法》一直沿用至 1965 年，直到该年《哈特 - 塞勒法案》宣布废止移民政策中的国籍规定。1965 年法案的两个修正案（1986 年《移民改革和控制法案》及 1990 年《移民法案》）进一步放宽了移民政策。相应地，合法移民数量激增，平均每年有超过 50 万移民进入美国，这些移民大部分来自亚太地区。

除上述措施之外，美国政府还时不时地批准因自然灾害或政治迫害而离开祖国的难民进入美国。例如，在 20 世纪六七十年代美国分别接收了大量来自古巴和越南的为摆脱共产主义政权控制的避难者。此外，很长一段时间内持续进行的非法移民数量也要考虑在内。位于华盛顿地区专门研究移民问题的皮尤西班牙研究中心出具的一份报告指出，截止至 2006 年居住在美国的非法移民有 60 多万。为全面梳理目前美国人口构成情况，我们必须将 3500 万非裔美国人（占总人口的 12.3%）和 250 万本土美国人（占总人口的 0.9%）考虑在内，前者的祖先是从非洲贩卖来的，后者的祖先是美国原住民。

上述美国移民历史和真相的概况反映出民族、文化、宗教及语言等方面的多元化程度，正是上述方面的多元化特点造就出美国这样一个移民国家。美国这种多元化特点应该会持续，正如干斯（Gans，1999：169）指出的：“除非政治或经济因素禁止扩大移民，否则目前的移民群体将会进一步扩充，因为 1965 年之后抵美的移民后代大部分已长大成人。”理所当然地，当来自多民族、种族及文化群体的移民齐聚同一片领土、寻求共同命运时，必定会对社会、文化和政治问题产生种种担忧，担忧的焦点是在一个多元化国家内如何形成共同的身份认同。这些担忧集中体现在颇具争议的美国大熔炉概念上。

5.1.2　大熔炉——理想主义

早期移民到这个国家的人们，怀揣着无可比拟的开创精神和顽强意志要在人类编年史中建立一个独一无二的国家。对他们来说，大熔炉是一个非常有吸引力的意象。那些被历史学家亚瑟・塞林格（Arthur Schlesinger，1991：13）称作为“刚毅的欧洲人”，肩负着从分散族群间凝聚出美国身份这样一个艰巨任务。他们经常提出“我们是谁”这一问题，并为其困扰至今（“我们是谁”恰巧也是前面提及的亨廷顿在2004年出版那本书的题目）。

1782年一位法国移民——海格特·圣约翰·德·克雷维格（Hector St. John de Crevecoeur）首次回答了这个问题。在他的《美国农民书简》中，他把美国描述成一个没有文化规约、充满社会弊病及他那个时代令欧洲人饱受折磨的政治冲突的国家。克雷维格（Crevecoeur，1782/1912：43）试图勾勒出一个美国人形象，他宣称：“他是一个美国人，摒弃了旧有偏见和规矩，从他拥有的新生活、拥护的政府及新的社会身份中接受新的观念和规范……在这里，所有民族的个体融合出人类历史上一个新的种族，他们付出的努力及其后代终将改变世界。”

这种理想主义观点，即“各个民族的个体”在一个自愿的文化同化过程中融合成一个“新的民族”，抓住了早期移民的集体想象，激进派领袖人物约翰·昆西·亚当（John Quincy Adams）在1819年宣称“移民要摆脱欧洲习俗，绝不继续”(理信 Rishin，1976：47)。然而真正让“大熔炉”这一隐喻流行起来的是盎格鲁——犹太身份作家——以撒瑞尔·臧伟尔（Israel Zangwill）。一部巧妙取名为《大熔炉》的戏剧中，臧伟尔（Zangwill，1909/1923：33）让戏剧主人公——戴维德·奎侠诺（David Quixano）自豪地喊出：“美国是上帝的坩埚，欧洲的各个民族在这个巨大的坩埚中交融并变革！站在这儿的优秀的人……你们站在50个不同的群体中，这50个群体有50种不同的语言和历史、50种不同的仇恨和对立，但是你身处的这种情况不会持续很久，兄弟们，因为这些是上帝的火焰……德国人、法国人、爱尔兰人、英格兰人、犹太人、俄罗斯人都将进入这个坩埚！上帝正在创造美国人……真正的美国人还未出现。他只能在这个坩埚中，我告诉你，美国人将是所有民族的融合体，是未来的超人。”这部戏1908年在纽约百老汇首次演出便大获成功。演出持续数月，吸引了众多观众。这部戏如此具有吸引力应归功于其反映了早期美国人的理想主义情结。

理想主义在任何时间、地点都是很难持续的。特别是那种宣扬各个民族融合体的理想主义注定是要碰壁的。事实上，臧伟尔（Zangwill）本人也逐渐怀疑种族和宗教合一的可能性，在戏剧《大熔炉》首演8年后，他略带伤感地意识到：“宣扬既没有犹太也没有希腊的观点是徒劳的。即使用草叉驱逐，本质总会回归，更何况是用教义”(格莱泽和莫伊尼汗 Glazer and Moynihan，1963：290)。大熔炉理想主义观点的反对者被称作本土主义者。像理想主义者一样，本土主义者太过坚信文化同化。像理想主义者一样，本土主义者太想让来自不同民族，具有不同文化、种族背景的人们摆脱已有身份，创建一个新的身份。像理想主义者一样，本土主义者太满意大熔炉这个一直流行的隐喻，但所有这些观点都带有欺骗性，已被扭曲。

5.1.3 大熔炉——现实主义

前面提到过，在这个国家定居的大多数人都是17世纪和18世纪早期为逃避宗教迫害而移居美国的人们。他们会讲英语、信仰新教，并且有崇高的事业心，他们想定居下来享受“自由幸福”的生活，并把自己当作是“美国原住民”，后来他们被叫做“老古董”“早期美国人”或者更加生动地被称为“白色盎格鲁-撒克逊新教徒”(WASPs)。“他们的思维中有个固定模式，这个固有模式在现实生活中界定并制约着后来者。白人、英国血统、信仰新教这三点非常重要。一个人如果集三点于一身，那么即使他是移民，也不是真正意义上的移民，或者这种移民身份很快就能改变”(格莱泽和莫伊尼汗 Glazer and Moynihan，1963：15)。

换句话说，“老古董”美国人准备好并且愿意接受吸纳来自同样种族、有同样宗教信仰的移民。其他的移民需要被美国化。“美国化”的过程，早期用来描述文化同化过程的另一个标签，要求新来的移民要逐渐并且完全同化于接受他们的国家中主流群体的文化信仰、行为习惯、价值观。从古典文化同化论者的角度看，“老古董”美国人把任何一种不同于其自身的文化特性、本土语言及民族属性都看作是构建并夯实同一美国属性的障碍。他们还将移民带来的文化差异看作是文化缺陷。

早期的本土主义者对顺利推行他们的古典文化同化论很有自信，他们认为从英格兰及其他北欧地区来的移民与其拥有同样的核心文化价值观和宗教信仰。然而，在19世纪和20世纪初期，东欧和南欧大量移民涌入美国主要城市的时候，他们开始警惕。他们之所以警惕，是因为他们无比认同一位重要社会学家奥斯卡·韩德林（Oscar Handlin，1957：96）的观点：“从生物起源角度看，因为血统低劣，来自地中海地区的民族与北欧和西欧地区的民族是不同的。”他们将移民带来的在种族和宗教信仰方面的变化看成是向劣等方向的转变，为保持并维护其原初民族属性，他们发起了本土主义运动。

在《领地上的陌生人》这本讲述美国本土主义运动类型的权威著作中，社会学家约翰·海曼（John Higham）将本土主义运动界定为“基于自身外国出身及亲缘关系，强烈反对内在少数性”(1955：4)。他梳理出早期美国本土主义运动的三个特点：反对天主教徒，他们认为天主教徒不具备独立思考的能力，而这一点对美国公民来说是必不可少的；

总的来说，憎恶外国人，他们认为外国人都有引发政治冲突的倾向，影响美国国家稳定；忠贞于盎格鲁 - 撒克逊出身及美国民族属性。在稍晚一本著作中，海曼（Higham，1999：384）清楚地描述了本土主义与种族主义的区别，尽管他认为两者之间联系很密切。海曼认为，“种族主义将所有生物划分为不同等级的群体，更多关注在水平方向上的文明与野蛮的区别而不是国家地域界限。相反，本土主义者一直将本地者与外来者区别开来，本地者属于这个国家，外来者在这个国家中生活但不属于这个国家……本土主义预示危险，种族主义暗示退化。本土主义拥护同化，种族主义拒绝同化。”

19 世纪晚期至 20 世纪初期，本土主义者愈发受欢迎。他们的政治理念受多个组织机构如无知党和美国护卫协会等拥护，并加以宣扬。这些组织机构对美国政府游说成功，推行了一系列法案限制移民从而保留并宣扬他们的种族属性，包括前面提到的 1924 年《民族来源限额法》，将新到的欧洲移民塑造得和他们一样拥有本土主义者的使命。他们的战斗口号是文化同化。他们的本土主义情结不断塑造着美国历史面貌。就是 18 世纪这种本土主义情结构成了亨廷顿论述美国身份的那本 21 世纪书中的核心论题（亨廷顿 Huntington，2004），并引发了一场重要书评活动，期间人们将亨廷顿称作是“土著”（沃尔夫 Wolf，2004）。乔治 · 桑切斯（George Sanchez，1999：377）认为，在 20 世纪晚期及 21 世纪初，右翼政治团体一直通过支持单一英语教学反对双语教学、煽动移民经济恐慌等办法宣扬本土主义情结。事实上，结合 2006 年春天发起的关于移民改革的全民讨论及部分国会共和党人（GOP）提出的严格界限控制办法，威廉 · 克里斯托（William Kristol）作为保守运动的发言人，提示要警惕把“共和党（GOP）变成反对移民的无知党所要付出的政治和道德代价”（2006：7）。

从历史层面来说，本土主义者得出文化同化概念的途径与理想主义者有本质上的不同。理想主义者认为新的美国身份是在不同民族群体的社会文化信仰和行为习惯融合过程中得出的。每个人，包括他们自己都要有意识地经历一场文化变革。对他们来说，同化很大程度上是一个双向过程。本土主义者则不然，他们幻想着用从他们自身信仰和行为习惯中提炼出来的核心文化构成美国身份。所有的他者都要经历文化变革，对于他们而言，文化同化是一个单向过程。

尽管理想主义者和本土主义者都用大熔炉这一隐喻，但他们对这一隐喻的态度完全不同。理想主义者严肃看待这一隐喻，他们把自己视作正在沸腾的大熔炉中的活跃成分。他们已经准备好并愿意与其他民族所代表的基础金属元素融合在一起，从而形成一个全新的、坚固的合金体，这个合金体有别于每一种构成成分。本土主义者认为大熔炉只是一个比较恰当的隐喻。沸腾融化的是他者，不是他们自己，尽管他们也是大熔炉必要的组成部分。他们把自己仅仅看成是个催化剂，促成各个化学成分之间的必然反应，而他们自身却不发生任何变化。其他所有基础金属元素都将融合并吸收催化剂特征。

本土主义者认为文化同化包含语言同化。他们希望新来的欧洲移民和他们的子女能够丢弃他们的母语并开始学习、使用英语。双语教学是不受欢迎的。他们尤其担心在部分地区已经开展的德语项目。例如，截至1880年，圣路易地区的57所公立学校中有52所开设了德语项目，这个项目不仅服务于母语为德语的孩子，同时还服务于把德语作为第二语言的英语母语者（莱索 - 赫雷 Lessow-Hurley，1991）。经过协商努力，本土主义者成功控制了德语项目在公立学校进一步发展壮大的趋势。事实上，如前文所说，目前反对在美国开展双语教学的观点一定程度上能找到本土主义哲学根源。

理想主义者与本土主义者在意识形态方面的论争中，不管怎样，理想主义毅然决然地失败了。本土主义者认同的文化同化很大程度上塑造了并且持续塑造着美国国民心理。尽管美国普通民众以称其国家为“移民国家”而骄傲，美国社会总体上一直担忧移民是否愿意并且能够接受美国主流文化价值。社会学家赫希曼（Hirshman）、卡西尼特和德温德（Kasinitz and De Wind，1999：130）将这种担忧归结于“语义本土主义”，他们发现了反移民情绪的一种特别明显的连续性，即18世纪反对德国和爱尔兰移民，19、20世纪初反对南欧和东欧移民，20世纪晚期至今反对拉美和亚洲移民。这种模式显而易见。

古典同化主义者自始至终、过分简单地将同化过程假想成直线过程。即第一代移民处于劣势、受歧视；第二代移民在社会和经济地位得到很大改善；到第三代移民，民族属性和早期劳动力市场上的劣势都已不存在（波茨 Portes，1999：30）。他们还假设上述进步是“多民族群体间共享文化及平等融入社会的自然结果；同化是逐渐抛弃旧有文化和行为方式，接受新的文化和行为方式的过程；同化过程一旦启动，是不可避免且不可逆转的”（周 Zhou，1999：196）。经过200多年的社会实验，只能质问本土主义者宣扬的文化同化是否发生了？换句话说，大熔炉是否真正融化了不同民族属性？或者，本体主义者及其政治追随者们是不是仅仅用文化同化欺骗了他们自己？

5.2　文化同化及其幻象

“关于大熔炉概念的论述重点是融合并没有发生。”这是哈佛两位著名社会学家纳森·格莱泽（Nathan Glazer）和丹尼尔·帕特里克·莫伊尼汗（Daniel Patrick Moynihan）得出的明确结论（1963：209）。20 世纪 60 年代早期，他们做了一个详细的社会学研究，去追踪民族性对纽约的黑人（那时对非裔美国人的称呼）、波多黎各人、犹太人、意大利人和爱尔兰人生活所起的作用。他们发现“美国生活中剧烈且前所未有的多民族、多宗教群体混合物迅速融合成一个同质产物的这种观点并不具有广泛的适用性，也缺乏有力的实证支持”(p.v)。他们在 1963 年出版的一本很有影响力的著作《超越大熔炉》中发表了他们的研究结果。

十年后，另外一位社会学家麦克·诺瓦克（Michael Novak）研究了南欧和东欧包括波兰、意大利、希腊和斯拉夫移民后代的生活。在 1971 年出版的《未被融合民族的崛起》一书中论述了他的研究结果。他认为尽管时间推移，这些民族之所以未被融合，是因为他们一直与民族根源保持紧密联系，且心怀民族情感。诺瓦克认为他们对民族群体的身份认同已转变成“价值观、直觉、思想和观念的源泉，这些最早阐明了什么是美国”(p.290)。

尽管有众多著作论述大熔炉命运，这两本由知名学者撰写的畅销书，出版十年后才突显其为人们理解文化同化概念所作出的卓越贡献。另外一个突出特点就是这些学者为不得不做出如此结论而致歉的论调。格雷泽和莫伊尼汗认为“因公开讨论一个有争议的话题而寻求谅解的方式是要审慎而行的，但如果不伤及某些人，论点就不能传播开来”(p.vi)“需要争得那些被冒犯人的理解”(pp.22–23)。同样地，诺瓦克也公开其决定写作《未被融合民族的崛起》一书时“内心争斗数月”(诺瓦克 Novak，1971：xiii)。他们的致歉论调表明文化同化情结不断地引发强烈的情感反应。

为更充分地了解为什么古典同化论者预见的大熔炉最终只是个传说而不是现实，你不得不提出如下重要问题，比如“谁在同化，从什么同化到什么，为什么同化”(朗博 Kumbaut，1999：189)。社会学家已深入洞悉这些问题，提出多个非关联性因素，一些因素已超出本书论述话题。简洁起见，我将论及 3 个问题：(a) 文化同化的选择性，(b) 民族附属关系的持久性和 (c) 主流群体的责任。

5.2.1 文化同化的选择性

很明显，大多数古典同化论者把同化的过程看作是一个有群体导向的零和游戏。就是说，他们希望民族群体，以群体为单位，或者完全接受主流群体的文化信仰及行为习惯，或者完全不认同。但是文化同化是一个有选择的过程。这种选择性通过两种形式实现：民族群体中的个人可能接受同化，尽管民族群体本身可能不接受。甚至那些选择接受同化的个人也是有选择地接受同化，即他们可能接受主流文化中的某些方面，但拒绝其他方面。

一种理解同化本质的方法是将同化看作是一种强有力的力量，它作用于个人而不一定是民族群体。也就是说，是个案研究而不是群体研究，可以清晰地揭示文化同化的影响。如我们在第二章论述的，个体，区别于他隶属的集体，在促成文化变迁发生过程中发挥着重要作用。在移民群体中，这种作用发生了，如同周敏（Min Zhou，1999）指出的，个体是否接受主流社会的文化信仰和社会价值观取决于其自身受教育程度、与主流社会的融合度、生活愿望、语言能力、出生地点及居住时间等。在他们个人努力过程中，种族地位、家庭社会经济背景以及居住地域等结构性因素可能帮助抑或阻碍他们接受主流社会文化及价值观。从长远来看，特定群体中越来越多的个体可能会接受主流社会的文化信仰和行为习惯，这是没有问题的。因此，也给人一种整个民族群体全被同化了的印象。

为特别说明文化同化选择性在第二代、第三代移民中的表现形式，社会学家们创造了一个新名词——被隔离的文化同化。例如，阿列占多·泊兹（Alejandro Portes）和周敏（Min Zhou）指出第二代移民中被隔离的文化同化的三个特点。基于这种特征，部分移民不断努力并且最终成功地从文化及经济层面融入美国主流社会，并且有意识地丢弃他们的民族属性；其他一些人走向相反方向，他们贫穷窘迫，聚集在内陆城市的少数民族聚集区内生活；还有一部分人迅速在教育及经济方面获得成功，但始终坚持其所属民族价值观、并维护民族团结（泊兹和周 Portes and Zhou，1993）。

当然，还有很多因素导致被隔离的文化同化发生。周（Zhou，1999：210）将这些因素归纳为两类："一类是外部作用于某些移民群体的因素，包括种族层级、经济机遇、空间隔离；一类是内部作用于某些移民群体的因素，包括抵达移居国家时的经济及人力资本、家庭结构、社群组织以及社会关系中承载的文化模式。"内部作用于民族群体的因素可以保持民族附属关系的持久性，这一点很容易理解。

5.2.2　民族附属关系的持久性

民族附属关系以这样或那样的形式已经证明了它自身的持久性及令人满意的程度。即使是以往那些有很强同化倾向的民族群体，也发现保持一定程度的民族属性是有益的。举个例子，尽管在早期移民潮中移民与主流社会之间在沟通交流方面存在很多矛盾，来自欧洲北部、南部、东部地区的移民最终并入了更大的欧裔美国人群体。可是，虽然用强势犹太基督教教义规约他们，欧裔美国人还是以保持他们的民族附属关系而自豪。这些被诺瓦克称作“不可融化的民族属性”保留了那些和家族传统及民族机构有特殊关联的文化习俗。他们发现民族意识“令人兴奋并且弥足珍贵”。他们与“民族的根保持着联系，这让他们很有安全感，即使很久以前就已独立于这些民族属性”(诺瓦克 Novak，1971：272)。

民族附属关系的持久性在非欧洲地区移民即亚洲和拉美移民中更为明显。前面我们已经看到，因历史境遇不同，欧洲移民和非欧洲移民的移居过程差别很大。非欧洲移民，特别是亚洲移民，种族和宗教背景多元，其聚集的种族群体中有很强的种族和宗教内聚力。因此，他们有更强的保持民族传统、保卫民族领地的倾向。亚洲移民与其他国家移民一起宣称，他们可以成功融入美国教育、社会及政治机构并为其发展做出贡献，同时他们还能维护其民族附属关系。关于民族附属关系持久性与文化多元概念之间的关系，我们在下一章中深入讨论。

5.2.3 主流社会的责任

另一个严重制约同化大范围发生的因素就是主流文化群体发挥的作用——主流文化群体希望同化发生。同化是否能实现，一方面取决于移民群体中各个成员是否愿意被同化，另一方面也取决于主流群体是否愿意接纳移民群体。鲁本·朗博（Ruben Rumbaut，1999：185）简明扼要地解释说：“探戈需要两个人跳，同化也一样。”古典同化论者没有实现预计目标，某种程度上讲是因为他们不会跳探戈。

恐怕没有人能像哈佛社会学家纳森·格莱泽（格莱泽和莫伊尼汗 Nathan Glazer and Moynihan，1963；格莱泽 Glazer，1993, 1997）那样持续不断且有说服力地论述美国主流社会缺乏包容精神。他提出“同化已经消失了吗？”这一问题，并回答了自己提出的问题：“正确的理解是，同化仍是影响美国民族和种族问题的强劲力量，我们没有意识到这一点与黑人融入美国这一同化失败案例有关，这个失败案例引发了人们对同化意识形态的广泛抨击”(格莱泽 Glazer，1993：123)。他指出同化完全忽略了很大一部分人群，包括非裔美国人及本土美国人。他在众多论述美国历史同化问题的著作中没有能找到任何与上述两类人群有关的参考数据。他还进一步指出，尽管 20 世纪 60 年代中期，美国著名黑人领袖已被同化，非裔移民还是被同化论者排斥在同化范畴之外。格莱泽认为古典同化论者将同化欧洲中心化、忽略少数民族群体在同化中的参与性、助力非裔美国人及本土美国人各占民族领地并最终导致其他民族领地纷纷出现。古典同化论者通过上述做法自造败局。

古典同化论者不仅将某些民族群体排斥在大熔炉之外，还将他们自身也置于大熔炉之外。尽管他们自己要求移民在根本上完成文化变革，但他们自身却不希望有任何变化或者被影响。如我们在第二章中讨论的，文化碰撞的时候，不可避免地会相互影响。这一点同样适用于个体间的文化交流。古典同化论者有意识地将自己与其他少数民族的文化影响隔离开。他们对其他民族文化影响的接纳程度更多局限于表面内容，比如将意大利菜、墨西哥菜、中国菜或者印度菜列入美国菜单。但事实上，同化已经影响了他们的生活。他们很难认识到正是他们和移民一起创造出了至今还在不断完善的、共同的美国身份。

论述至此，集中说明了文化同化概念在历史、政治、社会及文化层面的特点。它还影响了第二语言教学。

5.3　文化同化和语言教育

单一语言和单一文化是本土主义的两个支柱。当前美国反对双语教学只支持英语教学的运动可以看作是本土主义余音，它明显影响了语言文化交汇地区的第二语言教学理论的发展。在这一章的这一部分，我将集中说明本土主义理论是如何以不同表现形式影响当代针对移民及外国人的英语教学理论和实践的。出于说明的目的，我讨论两个应用语言学著名理论：（a）跨文化教学中的卡普兰文化思维模式。（b）第二语言习得过程中的舒曼同化模式。虽然卡普兰（Kaplan）和舒曼（Schumann）都没有将本土主义理论作为其研究的出发点，但睿智的读者很容易就会发现本土主义哲学已深植于他们理论构建过程中，正如下文我们将看到的一样。

5.3.1　卡普兰思维模式

罗伯特・卡普兰（Robert Kaplan）是南加州大学的一名教授，在应用语言学研究领域成就显著。他是美国应用语言学协会主席，该协会是他和其他几名学者一起创办的。他还创建并主编了《应用语言学年鉴》（*Annual Review of Applied Linguistics*），这本杂志彰显了应用语言学的学术成果。他还单独或合作发表过大量学术文章。1966 年，他在应用语言学核心刊物《语言学习》（*Language Learning*）中发表了《跨文化教学中的文化思维模式》一文。在应用语言学领域，没有哪篇文章能像这篇文章这样被广泛认同并流传。事实上，这篇文章引出了应用语言学一个附属学科——比较修辞学，比较修辞学主要研究第一语言和文化是如何影响人们第二语言写作的。

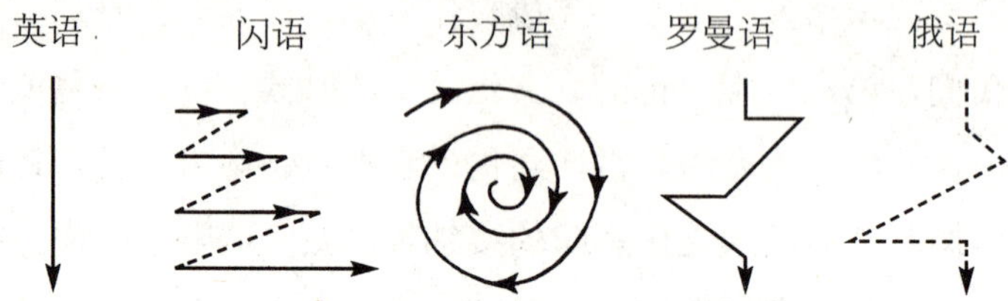

图 5.3 文化思维模式（卡普兰 Kaplan，1966）

通过对比南加州大学外国学生的英语习作，卡普兰发现即使外国学生已经掌握了英语语法，但还是不能用恰当的修辞手法进行学术写作。基于他个人的分析，卡普兰归纳出 5 种修辞方式（段落或篇章布局模式），与五种广义上的语言文化类别相对应：英语、闪语、东方语、罗曼语和俄语。卡普兰认为闪语在行文过程中呈“之”字型，与一系列平行运动混合在一起。东方语是间接螺旋型，只有到最后才会说到重点。罗曼语会偏离主题，呈崎岖拐弯型。俄语与罗曼语类似，但显得更加枝节旁生。至于英语，参照英语写作手册，他多次提及这种常用修辞手法的开门见山、直线型叙述模式。卡普兰用图表展示了他的这些观察、分析结果（卡普兰 Kaplan，1966：15）。

此后，卡普兰推断出语言修辞模式与文化思维模式之间的简单对应关系。他认为直箭头代表的是英语的直线行文方式，同时也代表英语母语者的逻辑思维方式。这种思维方式“源自盎格鲁 - 欧洲文化范式”（卡普兰 Kaplan，1966：3）。同样的，他认为东方语修辞方式是螺旋型的，因为东方人（比如亚洲人）是圆形思维方式。闪族语、俄语及罗曼语行文中都呈现出不同样式的“之”字型是因为他们思维习惯呈“之”字型（应用语言学中关于文化原型的详细论述见第四章）。

学者们包括康纳（Connor，1996），康纳和麦克凯德（Connor and McCagg，1983），科瓦尔（Kowal，1998），库伯特（Kubota, 2004），马丁（Martin, 1992），莫汉和罗（Mohan and Lo, 1985），赞梅尔（Zamel, 1983）以及其他一些研究人员都指出卡普兰的研究无论是方法论还是理论观点从根本上讲都有问题。我将他们提出的 4 个主要问题总结如下（更为全面系统的批判，见科瓦尔 Kowal，1998）。第一，卡普兰收集的文章是外国学生在第二语言课堂上的习作，他们还在学习第二语言过程中。他将这些外国学生的课堂习作与受过高等教育的英语母语者比如托马斯·麦考雷（Thomas Macaulay）——一位著名的历史学家及印度殖民地行政官员创作的文章对比，无异于拿苹果和橘子做对比。通过对比写作样本研究语言文化关系的令人信服的方法应该尽可能减少跨文化的同类文本研究，这些文本应该由同等语言能力的人在同等语境中创作。上述几点，卡普兰都没有做到。

第二，卡普兰没有考虑这个事实，即他在外国学生英语习作中发现的修辞偏误与英语母语者在学习母语写作过程中出现的修辞错误是相似的。修辞错误是一个人学习写作过程中都要经历的一个发展阶段，无论是第一语言写作还是第二语言写作。卡普兰借助“母语读者”的写作预期这一概念给自己的疏忽做出解释。他认为外国学生不能达到这种写作预期。他提出一种假设，即母语者——因其是母语者——理所当然知道如何审慎阅读，并用母语得体写作。然而这种假设是非常错误的。在提出这个假设过程中，他混淆了先天语言能力（听、说）与后天习得言语技能（读、写）之间的区别。众所周知，在乔姆斯基看来，一个人的母语能力与孩子天生具备的第一语言说话能力有很大关系。区别于说话能力，读写技能不是天生具备的。换句话说，只有母语说话者，没有母语读者或母语写作者。这就是为什么美国几乎每一个学院都设立写作项目或开设写作中心以培养或提高英语母语者的读写技能。

第三，卡普兰并没有为其归纳的5种语言-文化类别提供有意义、可操作的界定标准。他的分类方法是武断的，因为没有考虑任何一个类别里语言及文化变量因素。同样武断的是他提出的基础性假设，即可以从一篇文章或一个段落中总结提炼出复杂的语言文化关系（见第二章）。尽管他也承认外国学生的英语习作“在英语中也确实存在”，但他还是坚持他的观点，并引用美国诗人艾兹拉·庞德（Ezra Pound）的“圆型叙述”以及美国小说家威廉姆·福克纳（William Faulkner）的“枝蔓繁复的叙述”作为“文学样本”，而不是“解释性”段落的例证（卡普兰 Kaplan，1966：14）。如布莱德·道客（Braddock，1974）说明的，非文学方面的专家，尽管他们是英语母语者，但也不经常采用直线行文。列基（Leki，1991）强调说不同的话语群体（比如律师、科学家、记者等），使用一种语言但遵循不同的行文规范。

最后，从5种语言文化类别中提炼出5种文化思维模式的过程中，卡普兰似乎很少依托数据分析，而是坚持对萨丕尔-沃尔夫假说的一种特别诠释。呼应第二章，萨丕尔-

沃尔夫假说的强势假设主张语言控制人们的思维模式，另一种弱势假设认为语言只是影响人们的思维方式。根据这种假说理论，一种语言可以决定一个人或者使用同一种语言的群体的世界观。因为太过种族中心主义，这种假设经常受到语言学家及心理学家的批判。批评者马丁（Martin，1992：54）指出卡普兰尝试将修辞方式中的文化特异性视作理所当然，是因为其直接运用了萨丕尔 - 沃尔夫假说强假设观点。卡普兰自己曾用“新沃尔夫假设”来说明他自己著作中论及的基础性假设（卡普兰 Kaplan，1998：279）。卡普兰观点的意识形态基础一直困扰着应用语言学领域的一些学者。

1966 年那篇文章发表 20 年后，卡普兰在 1987 年发表的一篇文章中修订了之前提出的主张并提及 1966 年那篇文章（他称其为随意涂鸦）如同鬼魂一样纠缠着他，他说：“我承认我这件事儿弄大了，我后悔造成这样的结果，但我从不后悔做这件事儿”(卡普兰 Kaplan，1987：10)。他也承认“在‘随意涂鸦’中归纳出的几种修辞方式在任何语言中都可能存在”(p.10)，“任何一种语言的母语者都可以自由选择成百上千种语言形式表达同一种意思”(p.10)，“写作语言不同于口头语言”(p.12)，写作不像说话，处于“后生物进化阶段”(p.12)。尽管做了上述修订，但卡普兰本人似乎“更加坚信其 1966 年那篇文章中部分观点的有效性”(p.9)，完全没有意识到前后观点的矛盾性。

尽管诸多批评家对卡普兰假设的批判均有理有据，并且卡普兰本人也修订了他之前提出的观点。但这种假设在大部分英语教师中一直占有支配地位。它仍旧是用来解释外国学生思考和写作模式的权威理论（详见，帕内塔 Panetta，2001）。一些见习教师将其第二外语学生作文中出现的修辞偏误与其本国文化属性联系在一起，并将比较修辞学作为第二语言教学困境的出路。在这种情境下，阿拉斯泰尔 · 彭尼库克（Alastair Pennycook，1998）讲了一段有意思的故事来说明卡普兰文化思维模式的持久影响力。在中国教学的时候，他碰到一位盎格鲁 - 澳大利亚女士，这位女士嫁给了中国人。在中国生活期间，这位女士参与了一门在澳大利亚开设的远程课程，她的澳大利亚老师从来没有见过她，对她的了解仅限于她中国的姓氏，对她的写作作业的评价呼应了卡普兰的观点——具有中文圆型行文特点。

很显然，卡普兰提出的比较修辞学理论基础与本土主义意识形态是一脉相承的，特别是这两条基本原则：(a) 语言与文化是密不可分，相互交织在一起的；(b) 文化差异即是文化缺陷。除此之外，彭尼库克（Pennycook，1998）及库伯特（Kubota，2004）指出，卡普兰强调文化差异并默认英语语法优越性将强化文化殖民主义倾向，在自我和他者之间构建一个静止的文化两重性（见第二章）。在四分之一个世纪中，应用语言学学者一直“在卡普兰提出的占统治性地位的研究范式下”践行着比较修辞学研究（康纳Connor，1966：6）。事实上，直到1996年，一本与卡普兰论争、提出另外一种比较研究方式的专著才在市面上出现。这本著作的作者，需要提及一下，是一位非英语母语者，乌拉·康纳（Ulla Connor）。

卡普兰将语言结构等同于认知能力，并且将语言修辞风格与文化思维模式联系在一起。与卡普兰不同，舒曼强调社会心理的整合力量在成功习得第二语言过程中的促进作用。他的观点与本土主义哲学的某些观点不谋而合，尽管他自己没有明确说明这一点。

5.3.2　舒曼的社会距离说

约翰·舒曼（John Schumann），加州大学洛杉矶分校应用语言学教授，一位享有世界声誉的学者，专门研究第二语言习得（SLA）的神经学特征。他还在第二语言习得社会心理学方面做了广泛研究。1978年，他发表了一篇题目为《第二语言习得过程中的文化同化模式》的研究论文。这篇论文尝试在古典文化同化论（他用的术语包括同化、文化适应、文化合群、适应等，多意义相近）与具体的移民生活情境中成功习得第二语言之间构建一种临时的联系。不同于卡普兰的研究，舒曼的研究基于较为严谨的实验设计。然而，和卡普兰一样，舒曼的研究也有本土主义的影子，且研究方法上也存在问题，但综观两面，问题微乎其微，下面将阐明这一点。

在20世纪70年代，作为哈佛大学研究团队的一员，舒曼展开了一项历时10个月的纵向研究，调研一组西班牙母语者是如何自发习得第二语言英语的。这一组调研对象包括两个小孩、两个青年和两个成人。他特别关注了其中的一位成人——阿尔伯特（Alberto），一位33岁哥斯达黎加底层移民工人。与其他5人相比，阿尔伯特的英语学习进度很慢。舒曼将阿尔伯特在英语学习中的不好表现归结于他与主流社会在社会及心理层面上的距离。他将社会因素解释为个体学习者从文化及社会层面融入目的语（TL）群体的主观意愿，将心理因素解释为个体学习者在学习第二语言过程中的舒适度。舒曼认为与目的语群体在社会和心理层面上的接触“是文化同化必不可少的组成部分”（1978：29）。

根据迈克尔·拜拉姆（Michael Byram）主编的《劳特利奇语言教学百科全书》（2000），文化同化理论起源于社会学家林顿（Linton）于1960年出版的民族志著作。林顿调研了本土美国人为从文化上融入美国主流社会在社会及心理层面发生的变化。在该语境中，林顿提出了社会和心理距离的概念。他认为社会距离指的是两种文化实际有可能接触的机会，心理距离指的是少数群体想要融入主流文化的意愿程度。成功习得目的语是同化过程的重要组成部分。

遵循同样的逻辑，舒曼认为阿尔伯特之所以没有成功习得英语是因为他没能融入目的语群体。换句话说，他没能同化。舒曼将同化界定为“个体在社会及心理层面融入目的语群体”（1978：29），他认为：“任何一个学习者都可以被放置在这样一个连续过程中——学习者与母语者之间的社会及心理距离由远及近的过程，只有当学习者被同化的时候才能习得目的语”（p.29）。他进一步申明他的主张：“学习者在目的语群体中被同化的程度决定其习得第二语言的程度”（p. 34）。在构建社会心理距离与成功习得第二语言之间的临时关系过程中，舒曼忽略了其他一些影响第二语言习得的因素，认为那些是“不重要或微乎其微的变量因素”（p.44）。他总结说如果学习者没有从社会及心理上接近目的语群体，即使是正式教学，对第二语言学习者也没有太多效用。

尽管舒曼的同化模式将研究者的注意力成功转移到影响非正式语言学习的社会心理距离因素方面，但因其缺乏理论观点及方法论方面的理论基础而受到批判。仅从一个学习者身上收集数据，并建立一种理论研究模式本身是一种冒险行为。此外，没有可靠的办法能够客观衡量或解释社会心理距离这一重要变量（拉森·弗里曼和朗 Larsen Freeman and Long，1991）。例如，伯尼·诺顿（Bonny Norton，2000）指出为了测量阿尔伯特与主流社会的心理距离，舒曼让他基于其自身态度和目的完成一份调研问卷。阿尔伯特的反馈显示“他看起来态度很积极，目的很明确，因此与主流社会几乎没有心理距离”（舒曼 Schumann，1976：403），但是舒曼还是否认了这个事实，因为他认为阿尔伯特可能没有如实反馈信息。

为了质疑舒曼的理论阐释，诺顿认为阿尔伯特的确如实反馈了信息，他之所以没能按预期习得英语，部分原因是主流社会成员对他的犹豫态度，导致其很少有机会用英语与主流社会成员沟通。她进一步论证说：“如果说舒曼认为阿尔伯特没能习得英语主要是因为其与英语母语者之间的社会心理距离，那么这种距离产生的原因可能是社会中主导力量结构将阿尔伯特边缘化，然后再责备其不能被同化”（诺顿 Norton，2000：116）。诺顿的解释与前面 5.2.3 中社会学家提出的观点吻合，即主流社会有责任创造更多的机会促成文化同化。

舒曼的同化论模式部分回应了本土主义观点，即语言和文化是不可分割的整体，第二语言学习和文化同化是相互影响的过程。一个人越是积极融入主流群体，越容易习得第二语言。这种模式为削弱移民群体自身语言和文化重要性的本土主义倾向提供背后助力。该主张与最近的研究发现恰好相反。最近的研究表明移民儿童维持其母语能力事实上可以帮助其成功习得目的语（详见，柯明思 Cummins，2000）。这种模式同样表明文化同化是个单向作用过程，即移民接受主流社会文化价值观及信仰，如同本土主义者坚持的一样，舒曼模式将语言和文化同化的所有责任都放在移民群体身上，却很少考虑第二语言学习者与目的语者之间不平等关系所起的作用（诺顿 Norton，2000）。

在移民和外语学习的大背景下，经验主义研究参与同化模式的研究很少（拉森·弗里曼和朗 Larsen Freeman and Long，1991）。尽管这种研究本身争议颇多，但对第二语言习得过程中社会心理因素分析有重要意义。虽然它只是用来具体地说明移民生活背景，但研究者们还尝试将其应用于其他语言学习情境中。

5.3.3 文化教学

本土主义者研究文化同化的方式与早期研究文化人类学的方式极其类似。他们都给自身文化加砝码却轻视他者文化。他们都将文化差异看作是文化缺陷。在 20 世纪 60 年代至 70 年代早期，这些主张影响了第二语言教学中的文化教学模式。

在 20 世纪 60 年代之前，教授第二语言的教师主要关注大 C 的文化，即历史、艺术以及特定文化中的文学。20 世纪 60 年代，教师们的关注点慢慢转移到文化人类学即小 c 的文化方面，也就是文化的个人化特点（见第二章）。随后，学者们主张加大文化课在语言课程中的比重，其中最为著名的是尼尔森 · 布鲁克斯（Nelson Brooks），在他那本非常有影响力的著作《语言与语言学习》中，他用一章的篇幅论述"语言与文化"的关系（布鲁克斯 Brooks，1964）。他认为："语言在任何一种文化中都是最典型、最具代表性、最核心的元素。语言和文化是不可分割的；最好将语言的特殊性看作是文化本质并且意识到语言渗透在学习并使用所有其他文化元素的过程中"（p.85）。一直以来，语言教师都由母语者担任，他"被认为是一个有教养的人，学习者通过学习第二语言可以提高其文化素养"（p.83）。

布鲁克斯主张"语言学习的必然产物或附属产品就是获得文化知识"，他将文化知识界定为主题性知识，这些主题可以呈现出"可比较的文化形式中的独有属性、相似性及差异性"（p.89）。相应地，布鲁克斯还提出了一份包含 64 个话题及问题的清单，这些话题或问题可能成为语言课的"餐前小吃"（p.90），包括（pp.90–95）：

- 问候，友好沟通、告别：朋友之间见面时如何问候、简单寒暄、告别？

- 礼仪规范：最普遍的礼仪规范有哪些？什么时候运用这些礼仪规范？
- 语言禁忌：英语中哪些词汇或短语的直接义在其他文化中是不能被接受的？相反其他文化中的哪些词汇或短语的直接义在英语中是不能被接受的？
- 节日：日历中哪几天是被官方认定或国家法律规定的假期？假期有哪些主题活动？庆祝的习俗有哪些？
- 赛马、马戏及马术表演：流行的户外活动有哪些？如同赛车、赛马、马戏或其他类似大场面活动一样。

教师应该能够收集文化知识，并以即兴对话的形式呈现这些文化知识，从而在课堂中“以物质的或非物质的元素构建一个文化小岛”(p.96)。很显然，这些话题中强调的都是碎片式的文化花絮，这些不足以全面、整体理解一个文化群体的特点。同样的，这种教学策略也不能发现第二语言学习者带来的文化资本（见第九章）。

5.4 结语

这一章依托美国这个移民国家集中论述了文化同化这一概念。然而，这一概念及其衍生出的挑战不只适用于美国。它们不同程度上也适用于其他一些多民族、多元文化及多语言的国家包括澳大利亚、英国和加拿大。它们还适用于非移民国家包括印度、新加坡和南非，这些国家人口呈现多种族、多宗教特点。事实上，从前面论述文化全球化的章节中，我们已经看到即使一个国家不具备多语言、多元文化的特点，也不能保证其自身文化的单一、纯粹性。

因为对文化同一化的恐惧及维护自身文化属性的焦虑已让古典文化同化概念颇受质疑，在文化全球化（第三章中已论述）日渐兴盛的时代，这一概念尤其受到质疑。古典文化同化论已经让很多人失去幻想，让其怀疑失去自有文化属性、切断与民族文化根基之间的联系是否令人满意。尽管这是有可能做到的。人们很难接受这种主张，即除非他们毫无批判地融入主流文化核心价值中，否则就不能充分发挥其人类潜质。这些情结引出了文化多元论，该观点本身也面临挑战，具有一定说服力，但也有一定欺骗性。

第六章　文化多元主义及其欺骗性

头巾。

只是单纯的女装？还是宗教符号？文化图标？抑或身份标志？

无论是什么，穆斯林女性这件名为头巾（hijab）的布饰近来已成为一些西方国家辩论的焦点。请参考我从 2005 年 2 月 2 日的 BBC 新闻上转载的一篇新闻故事（http: //news.bbc.co.uk/2/hi/europe/4223307.stm）：

> “你是一个卑鄙的比利时人，你已经签署了你自己的死亡令。”
>
> 里克·雷默米（Rik Remmery）在圣诞节前一天早上打开邮件时，看到了这条令人胆寒的消息。对于位于比利时西佛兰德斯莱德盖姆小镇的这家不起眼工厂的老板，噩梦才刚刚开始。另外一封信件中他的头上是 250000 欧元（326000 美元）的“悬赏”标志。不久后就出现了装着子弹的包裹。
>
> 里克（Rik）犯了罪吗？他雇用了一名穿着头巾上班的穆斯林女子奈玛·阿齐兹（Naima Amzil）。她的工作包括包装大虾和工厂生产的其他美味佳肴。
>
> 里克（Rik）一再被警告说，除非解雇奈玛，否则他将面临杀身之祸。但他的立场很坚定：“她在这里工作了八年。我接受她戴头巾这一事实，我不会因为一个变态而改变心意。”
>
> 奈玛惊恐地发现有人会以这样的仇恨态度对待她的白色头巾。最初是摩洛哥，现在是比利时人，她已经做了自己所能做的一切来融入比利时社会——包括学习说法语和荷兰语。
>
> 但随着信件不断的到来，压力和恐惧也在增加。最后，奈玛决定采取行动。她上班不再戴头巾。“这非常非常困难，”她轻声说道。“就像我身体的一部分被挖空了。”
>
> 在法国度假的比利时国王阿尔伯特（Albert）在电视上看到莱德盖姆（Ledegem）事件。当他回来时，他邀请里克和戴着头巾的奈玛到皇宫，并且进行了直播。他想发出这样一个讯息，宗教不容忍是不可接受的。

与悄悄选择了阻力最小道路的奈玛不同，一对法国青年，莱拉（Lila）和阿尔玛·利维奥马里（Alma Levy-Omari）决定挑战出生地法国的世俗偏见。2003 年 10 月，来自巴黎工业郊区的欧贝维利耶（Aubervilliers）的两名姐妹因为戴着头巾被赶出学校。根据 1989 年基于法国国家原则的法院裁决，穿戴有宗教符号的服装进入学校并非不合法。但法律禁止任何构成压力、挑衅或与传教和宣传有关的宗教标志出现在公众场合。这两姐妹选择佩戴的头巾是能完全覆盖住耳朵、发际线和脖子的完整头巾。学校认为这是一种挑衅行为，因此驱逐她们。对于这两个少年，戴头巾到学校是一种宗教自由和个人身份的标志。其实这是她们的个人决定。没有人强加给她们。她们的阿尔及利亚籍母亲不戴头巾，她们的父亲是犹太人。

莱拉和阿尔玛引发的争议触动了法国的神经，法国的穆斯林人口约为 500 万。政教完全分离是不现实的，雅克·希拉克总统成立了 20 名成员组成的高级委员会，其探讨的一个富有争议的问题是，是否完全禁止头巾，不仅在学校，而且在所有公共场合。委员会在 2003 年 12 月发表的报告中建议，所有“显眼”的宗教信仰标志——特别是犹太人头盖帽、过大的基督教十字架、伊斯兰头巾和锡克教头巾——在国家批准的学校都是非法的。

委员会的提议得到了希拉克总统、法国立法者和公众的充分认可（70%的公众包括 40%的穆斯林女性支持这项提议），2004 年 10 月，这些建议得到多数议员的同意（其中支持票为 494 票，远远超过反对票 36 票）。成为法律。天主教，犹太教和伊斯兰教的几个宗教领袖表示反对。对于禁令的支持者来说，理由很简单。法兰西共和国植根于政教分离，反对法国大革命前天主教对国家的统治，教会甚至到 20 世纪初还反对自由主义价值观。信仰是一种只属于崇拜场所和私人领域的私人事物。在这个以基督教为主的社会，甚至在公立学校也不允许出现耶稣诞生的场景或圣诞颂歌。对于禁令的反对者，十字架、头盖帽和头巾都是个人自由和宗教自由的基础。但是，一旦通过法律，就达成了共识，必须以法律为准。甚至之前曾经呼吁女学生违反禁令的法国伊斯兰组织联盟现在也建议学生不要公然藐视法律。

其他西方国家以不同的方式解决了同一个问题。在德国，穆斯林人口 320 万，女性似乎已经赢得了她们的头巾之争。2003 年 9 月，德国最高法院裁定，斯图加特学校当局无权因老师坚持佩戴头巾来学校就将其拒之门外。学校认为，老师违反了国家的宗教中立原则。老师反驳说践行自己的宗教理念是宪法赋予的权利。最高法院同意了她的意见。

在英国，上诉法院法官 2005 年 3 月裁定，英国卢顿的登比高中将穿着传统穆斯林长袍的沙比娜夫人（Shabina Begum）开除是违法的。法官宣称学校违反英国《人权法》，并呼吁有更多的指导让学校遵守法律。根据2005年3月2日的BBC新闻报道（http: //news、bbc.co.uk/2/hi/uk/news/england/4310545.stm），沙比娜（Shabina）对法庭判决感到高兴，并表示："令人费解的是，在所谓的自由世界里，我必须经过斗争才能穿上这套衣服"。但是一年之后，2005年3月，英国最高法院推翻了下级法院的裁决，宣布学校有权强制学生穿校服，并禁止沙比娜穿着穆斯林长袍上学（http: //www.nytimes.com/2006/03/23）。

在美国，奥克拉荷马马斯科吉的本杰明·富兰克林科学院禁止一名六年级的学生纳沙拉·赫恩（Nashala Hearn）佩戴头巾上学。学区领导认为，她的头巾明显违反了禁止穿戴帽子、头巾或长筒靴的规定。司法部撤销了禁令，指出学校侵犯了纳沙拉信仰宗教的宪法权利。

如上述案例所示，有些国家期望他们的公民将世俗价值观置于宗教信仰之上。有些国家则强调享有表达宗教自由的宪法权利。头巾问题是某些西方民主国家面临的主要挑战。自由民主社会在多大程度上适应文化和宗教多样性？民主理想的自由与平等的局限性是什么？不会对国家凝聚力构成威胁的多元文化公民的性质是什么？少数民族文化习俗在民族国家中呈现的方式是什么？这些和其他相关问题只是影响多元社会日常生活的无限复杂叙述的一部分。为了对这些问题有一个正确的认识，我们需要了解文化多元主义的概念。

6.1 文化多元主义的概念

有几种语言和文化多元化的国家，每种都希望多元化过程是以自己的语言文化为核心。因此，有多种形式的文化多元化。即使在西方自由主义民主社会中，对于多元主义也有许多不同的解读方式和实践方式。在这一章中，我主要关注美国文化多元主义，它的起源、发展、表现及其背后的欺骗。

6.1.1 文化多元主义的起源

美国文化多元主义起源于对本土化趋势的反应，本土化的强势要求移民忠于主流社区的文化特征，同时抹去自己的文化痕迹（见第五章）。由于19世纪末20世纪初本土主义日益兴盛，几位著名的美国知识分子致力于建设一个能够认识和尊重语言与文化多样性的国家。其中最重要的是约翰·杜威（John Dewey）和霍勒斯·卡伦（Horace Kallen）。

美国杰出的教育哲学家杜威对“美国化”感到遗憾。在1916年国民教育协会发表的演讲中，他说：“无论任何人宣称如何爱国，如果他认为任何一个民族文化是其他民族文化的附庸，他就是美国民族主义的叛国者……我发现，许多对美国主义精神高谈阔论的人只是在谈论对本身有益的文化。他们妄想把自己的传统施加到所有人身上”（1916，引自卡伦Kallen，1924：131–132）。

杜威也批评那些袭击“非美国裔美国人”的人群。他认为，美国人从本质上就是没有根源的，他们是国际化和种族混合而来的。他进一步观察到：“关键是要看到融合而不是分离。这意味着至少我们的公立学校应该教导彼此尊重，并不厌其烦地向大家说明我们融合过程中的伟大成就”（1916，引自卡伦Kallen，1924：13–132）。

犹太裔美国哲学家卡伦（Kallen）更加强烈地追求同样的主题。在1915年，他撰写了题为《民主与熔炉》的文章，发表在流行的《国家》杂志上，后来收入于他1924年所著的《美国文化和民主》一书。他在文章中指出，民主的本质是鼓励发展文化意识和文化自主性，特别是在社会中的少数民族之间。他进一步质疑熔炉理论的有效性，谴责本土主义是根本错误的。他强调与民族遗产有着密切的关系，并明确宣布：“人类可以改变服饰、政治立场、妻子、宗教、哲学，但是他们不能改变他们的祖先。无论是犹太人、波兰人还是盎格鲁-撒克逊人，将永远无法改变这一点”（1924：116）。他在1924年的书中提出和普及了“文化多元主义”这一术语，并且表达了种族多样性可以丰富美国文化。他认为美国是“联邦或民族文化联盟……通过共同机构自愿和自主地合作……团结一致”（1924：122）。像交响乐团一样，每个民族都可以保护和保留自己的完整性和身份，并与其他团体一起创造和谐的音乐。

卡伦及其思想在刚提出的时候对于巩固文化多元主义的观念方面很有影响力。然而，正如历史学家戴维·霍林格（David Hollinger）提醒我们的，卡伦的文化多元主义“被定义为一个积极的计划，而不是对熔炉说循规蹈矩版本的消极反应”（1995：92）。此外，正如另一位历史学家，亚瑟·施莱辛格（Arthur Schlesinger）指出的那样，“卡伦对如何在不削弱单一社会的原始想法的情况下鼓励民族分裂主义的问题不清楚”（1998：42）。不是他对文化多元主义的观点，是其呼吁承认多样性及丰富民主社会的潜力拥有巨大吸引力。作为来自德国的犹太移民，卡伦肯定理解移民抵制文化同化，并具有维护宗教、民族文化和文化遗产的愿望，但在实践中，他所倡导的文化多元化“只不过是‘颂扬’20世纪初移民工人活动特点的文化差异”（格里洛 Grillo，1998：192）。

杜威和卡伦虽然强调通过公立学校传播文化多元化价值的重要性，但他们的想法似乎对公共教育影响不大。正如社会学家格莱泽（Glazer，1997：87）指出的那样，在20世纪20年代、30年代、40年代的公立学校系统中，“美国化是唯一的准则”。他回忆道，从1929年到1944年，在他所待过的纽约市的公立学校中，“没有发现文化多元化的气息”（p.87）。虽然这可能是正确的，但是，不可否认的是，凯伦和杜威都不赞成所谓的“美国化”项目，及其代表的文化标准化和社会工程；这为文化多元主义观念的成长奠定了基础。

6.1.2　文化多元主义的成长

文化多元主义的概念在20世纪后期进入活跃期。第二次世界大战为其稳步增长提供了即时推动力。正如施莱辛格（Schlesinger，1998：45–46）所说：“希特勒（Hitler）的种族主义迫使美国人重视自己的种族。在对抗希特勒的优等民族教义方面，能否让美国人在国内维持白人至上的教义？中国作为美国的忠实盟友，美国人能否继续禁止中国人成为美国公民？如果战争没有结束美国种族主义，至少它使许多种族偏见变得更为隐秘。反思种族问题挑战了大多数人的良知，提高了少数民族的意识。”于是，主流社会的有识之士表达了在公众中传播文化敏感性的可能途径。所谓的“跨文化教育”甚至还有一个短暂的运动，旨在向人们介绍构成美国社会的民族和种族群体。

非裔美国人社区的意识提高到一个更高的水平，超过任何其他少数民族。回头再看第五章（见5.2.3），本土主义者的同化失败部分是因为他们拒绝将美洲黑人和美洲原住民纳入美国主流社会。具有讽刺意味的是，不仅是本土主义者驱使非裔美国人离开他们最喜欢的熔炉；文化多元主义者也认为非裔美国人不值得纳入其多元化进程。正如历史学家（例如施莱辛格 Schlesinger，1988）、社会学家（例如格莱泽 Glazer，1997）和其他人所正确指出的那样，即使是自由主义的知识分子，如杜威和卡伦，在呼吁文化多元化时也没有考虑非裔美国人或美洲原住民。他们的多元化视野仅限于欧洲移民。对于他们来说，从盎格鲁为中心到欧洲为中心的文化多样性方法的过渡是多元的。完全排除在多元视野之外的是黑色、棕色、红色和黄色人种。特别是排除非裔美国人，尽管非裔美国人自己想要被接纳。

他们个人和历史的种族隔离经历以及60年代成功的民权运动促使非裔美国人的活动分子寻找有效的方式来肯定和宣扬其民族认同。作为反对美国文化建设中的盎格鲁中心偏见的抗议活动，他们恢复了所谓的非洲中心主义。他们的口号很简单：“回到根源！”

也就是说，他们通过非洲这条共同的根，提高普通非裔美国人的种族意识和民族自豪感，帮助他们重新获得身份和自尊。他们重新努力增加与非洲的接触，包括组织前往原居地的旅行。但是，他们试图寻回他们非洲生活方式的结果令人非常失望，因为他们知道他们与美国有更多的共同之处，而不是与非洲。

事实上，一些非裔美国人思想家，如弗雷德里克·道格拉斯（Frederick Douglass）、杜·博伊斯（W. E. B. Du Bois）、拉夫·埃里森（Raplh Ellison），拒绝承认非洲是非裔美国人的家园。例如，杜·博伊斯早在1940年就写道："总而言之，让我们意识到我们是美国人，我们是被最早的定居者带来的，我们所处的文明完全吸收了西方的模式和习俗；简而言之，没有什么是土著的，所以完全'像美国一样'"（1940：116）。拉夫·埃里森（Ralph Ellison）25年后也表达了同样的观点："美国黑人起源于北美，而且在特定的美国条件下发展：气候、营养、历史、政治和社会。它的特点来自美国奴隶制的经验，解放斗争及其成就；美国种族和种姓歧视的动态，以及生活在具有较高生活水平的高度工业化和高度流动的社会，明确规定了平等主义的自由观念"（1964：262）。按照同样的传统，当代学者，如亨利·路易斯·小盖茨（Henry Louis Gates Jr.）和科尔内尔·韦斯特（Cornel West），在哈佛大学建立和普及美国黑人研究系的工作中也有所作为，也拒绝了非洲中心主义。他们都非常正确地意识到，非洲中心主义与盎格鲁中心主义或欧洲中心主义一样是民族中心主义。

非裔美国人的社会运动未能起步时，选择了扩大多元化概念，包括非欧洲少数民族的概念，即承认和尊重所有人的民族遗产和民族认同。在这方面，一个重要的发展就是形成了"文化多元联盟"，它将文化多元主义定义为："在不同文化的一个国家的边界或框架内，在相互支持的关系中，在平等共存的状态下，有着显著不同的信仰、行为、肤色，在许多情况下使用不同的语言。要实现文化多元化，必须有多元化的团结。每个人都必须意识到自己的身份，并且愿意向他人提供其期望享有的尊重和权利"（格里洛 Grillo，1998：192）。

1972年，美国非裔美国人文化多元化的尝试产生很大程度的影响，美国教师教育学院协会成立了多元文化教育委员会。委员会在其题为《没有一个美国模范》的报告中，驳斥了普遍的看法，即学校应该设法消除文化差异或只允许文化的多元化。相反，它指出，多元文化教育"将文化多样性视为美国社会生活的一个事实，并且肯定了这种文化多样性是一种应该得到保护和延伸的有价值的资源……赞同文化多元化是赞成没有一个美国模式的原则……文化多元主义不仅仅是安抚种族和少数民族的临时住所。这个概念旨在基于每个社会的独特优势，提高整个社会的存在感和整体性”（布利万特 Bullivant，1983：124–125）。

欧盟委员会交替使用“文化多元主义”和“多元文化主义”，从而表明两者之间的重要概念联系。在这本书中，我还将多元文化主义视为文化多元主义的延伸，并交替使用。显然，为了区别于仅包括欧洲来源的文化多元主义的原始概念，多元文化主义的概念在坚持多元主义的基本哲学的同时，也认为包括非欧洲起源的人。从非裔美国人的社区角度看，新成立的多元文化意识产生了具体的成果，其中包括将二月作为“黑人历史月”，在一流大学建立非裔美国人研究项目。由于这些发展，非裔美国人已经开始从自己的角度介绍生活史，并在美国艺术、音乐和文学的贡献方面发挥重要作用。

非裔美国人在发展多元文化主义中发挥的作用至关重要，因此被称为“多元文化主义战斗中的风暴军”（格莱泽 Glazer，1997：94）。然而，当文化多元主义的扩张版本变为多元文化主义时，也被视为一个全包的概念，其他移民社区，特别是亚洲和西班牙裔，加入了多元文化的大潮。不久之后，美国的主流社区也是这样。多方创造的紧张局势和多样化的进程反映在多元文化主义的许多表现形式中。

6.1.3　多元文化主义的表现形式

多元文化主义至少在理论核心上强调了一些崇高的人文主义原则。多元文化主义超越了宽容与不同文化的共存，多元文化主张认为，保护民族遗产是多元社会所有成员的基本权利和责任。在不将民族认同和民族认同视为矛盾实体的情况下，多元文化主义力求促进公众，真正了解文化多样性塑造民族认同的整体价值。它认为，离散的民族特性可以在统一不同民族群体的更大的民族认同中保存下来。它还强调平等在公共领域的重要性：文化平等、地位平等、待遇平等和机会平等。因此，它呼吁政府、政治、社会、文化和教育机构积极参与创造必要条件，促进个人和不同族裔群体之间的有意义的交往，使他们都能走向共同的命运。

鉴于这些广泛的原则，多元文化主义吸引了不同人群，并迅速成长为一项大型运动。在 20 世纪 80 年代和 90 年代初，多元文化主义成为学术、政治和社会活动的热门议题。其持久的影响可以在学术界一窥端倪。按照非裔美国人的研究模式，其他种族如亚裔美国人的研究和拉美美国的研究在几所高等教育机构中萌芽。多元文化主义在学校一级的影响更大。加利福尼亚州和纽约州两个最大州之间的几个州开始提供 12 个年级的新课程，大大增加了种族历史和文化的学习和教学上课时间。多元文化主义对学校教育的重要性，被认为是“今天美国教育的形成力量之一”(格莱泽 Glazer，1997：33)。

多元文化主义的成功和传播震惊了一部分主流社区。专栏作家帕特·布坎南（Pat Buchanan)、评论家林恩·切尼（Lynne Cheney)、政治家纽特·金里奇（Newt Gingrich）以及黛安·拉维奇（Diane Raritch）这样的教授们所代表的政治右翼的有影响力的声音大力嘲笑多元文化主义，同时大力捍卫欧洲中心主义。他们在多元文化主义中看到一种力量，通过注入非洲西方文化中的不需要的元素来稀释美国的欧洲遗产。其中有些人甚至认为，摒弃与多元文化主义流行原则相关的积极情绪，他们也是多元文化主义者，因为根据他们的说法，当美国主流文化从盎格鲁中心的重点转移到欧洲中心的重点时，这种主流的美国文化变得多元化。他们的恐惧是，如果欧洲中心论的基础被削弱，精心建构的美国文化大厦就会崩塌。

令人惊讶的是，被认为是自由主义知识分子的施莱辛格（Schlesinger，1998）也是这种保守观点的拥护者。他认为多元文化主义是“民族热潮”(p.49)，是“邪教”(p.49)。他认为，这种“种族歧视夸张分歧，加剧怨恨和对峙，进一步加深种族和民族之间的可怕隔阂”(p.106)。他警告说，这种“种族啦啦队”最终会导致美国的分裂，他认为公立学校不应该背负“让孩子们了解其种族之美的使命。如果它们有真正的活力，种族亚文化将被家庭、教会和社区充分灌输给儿童”(p.96)。然而，讽刺的是，他在公立学校的任务中没有看到任何这样错误，因为公立学校旨在教授美国主流社会的文化价值观。史蒂芬·梅（Stephen May，1999：20）指出了这样一个论点的明显矛盾：“一方面，施莱辛格嘲弄地将基于群体的联盟描述为仅仅是‘种族啦啦队’，并认为他们基本上是保守主义者而不是变革主义者。而另一方面，就像我们所看到的那样，他最终还是在公开场合选择与大多数同步。”

因此，保守派和自由派都赞扬并根据自己公开和隐蔽的目的谴责多元文化主义的不同方面。值得一提的是，美国多民族主义所采取的发展道路，即公开反对文化同化、仪式化和种族化交涉，以及自由和保守的对抗，都与澳大利亚、英国和加拿大等移民国家有着显著的相似之处。部分由于对多元文化主义不断演变方式的不满，来自澳大利亚等多民主国家（如比尔·科普和玛丽·卡兰茨 Biu Cope and Mary Kalantzis），英国（如史蒂芬·梅 Stephen May），加拿大（例如威尔·吉姆利卡 Will Kymlicka），以及美国（例如彼得·迈凯伦 Peter McLaren）开始传播一种称为“批判性多元文化主义”的新多元文化主义。

全面拒绝保守主义及自由主义版本的多元文化主义和批判性多元文化，其实是在质疑激进政治相关的差异化和认同感的建构。它反对建立在一个保守主义和自由主义版本的多元文化盛行的“共享的”或“普遍的”美国基础上的单一种族的新帝国主义浪漫。（迈凯伦 McLaren，1994：53）。具体到北美，迈凯伦认为：“保守派攻击的多元文化主义，因为这些分裂主义者和民族中心主义者以白人盎格鲁选民所坚信的那个错误假设为自己的理念基础：即北美社会从根本上就是缺乏一致的社会关系。自由主义的观点被认为强调了北美社会主要是一个有着不同少数观点的共识论坛。我们在这里谈论多元主义政治，这在很大程度上忽视了权力和特权的运作”（迈凯伦 McLaren，1995：126–127）。换句话说，广泛实行的多元文化主义并没有改变社会地位的不平等，也没有改变主流社区与少数民族社区的不平等权力结构。

确定实现理想变革的最佳方式是通过教育，多元文化主义者人代表人物要求与社会政治接轨的教育改革，主要基于巴西教育家保罗 · 弗莱雷（Paulo Freire）的教育学理念，多元文化主义者认为课堂现实是社会建构、政治动机和历史决定的。因此，任何认真的多元文化教育都必须努力改变在更广泛的社区中运作的课堂与社会政治力量之间的关系。虽然他们的重点有微妙的差异，但他们普遍认为，教育应该减少信息，更具表现力。为此，他们要求在教育中：

- 多元文化伦理教育是通过日常生活的实践进行的，不是仅仅阅读文本的实践（迈凯伦和托里斯 McLaren and Torres，1999）；
- 鼓励学生接触和了解各种民族和文化背景，让他们认识和探索自己与其他民族和文化认同之间发生的复杂互连、差距和不和谐，以及这些身份在更广泛的权力关系框架中如何定位（梅尔 May，1999）；
- 相对于学生而言，课程和教师是权威的，而不是专制的，教师在其专业领域有权威，但不专制地否定压制分歧的批判性对话，而不损害这些差异的完整性（卡兰茨和科普 Kalantzis and Cope，1999）。

这些想法仍然是学术界热烈讨论的一个要点，并不清楚它们在多大程度上抓住了教育当局和课堂实践者的想象力，得以应用于实际。

迄今为止的讨论证明了文化多元化的形式和阶段，即使是目前的多元文化主义形式，也表现在很多方面。不同文化多元主义的支持者在复杂的文化多样性问题方面争论不休，无法或不愿意确定什么样的多样性是可取的。令人惊讶的是，由于多种方式和众多的选择，多元文化主义缺乏共识上统一的原则。正如克里斯托弗·克劳森（Christopher Clausen，2000：158）所说的那样，考虑到多元文化主义“作为诺亚方舟的现代复制品——并被证明更加强大，它是不可抗拒的。”因此，多元文化主义被认为是具有欺骗性做法的欺骗性概念。

6.2 文化多元主义及其欺骗性

各种形式的文化多元化（也可称为“多元文化主义”）的欺骗性本质可以从排他性、肤浅性和不平等性的角度来理解。回想起多元主义早期的支持者，如约翰 · 杜威和霍拉斯·卡伦，公开地将非欧洲少数民族从其多元化中排除。然而，后来的多元主义似乎以不同的方式接受排他性：通过确认特定文化或种族社区的信仰和做法，并为每个人提供刚性和排他性的身份标识。这里所说的是文化社区在信仰和实践中的重叠，塑造和重塑彼此的文化生活。“裔”的使用，如非裔美国人、亚裔美国人和西班牙裔美国人，表明人们具有重叠的文化认同。

这种排他性的一部分原理来自于文化本质主义。它将文化视为不可改变的，因为在历史和社会背景下稳定。它没有认识到文化边界是流动的而不是固定的（详见第二章）。多元文化主义尽管希望多样化，但却进入了一个无助于促进民族文化差异性的整体语境。即使是多元文化主义的最积极的方面——帮助边缘化的少数民族保护和保留他们的文化遗产——也假定文化固定。正如基维斯托（Kivisto，2002）所说，真正的多元文化社会需要广泛共享的社会文化规范来维持，只有文化团体借由着共同的生活观点，这样一个社会才能发展。把每一个文化社区当成一个有独特性质的自我的整体，不阻碍也不促进，形成一个多元化融合的社会。

作为其本质主义方法的结果，多元文化主义者对个人身份的群体认同高度重视。他们将个人视为具有明确和可识别特征的离散社区的成员，忽视个人可能发展多种身份、财产和忠诚的可能性，其中一些甚至可能彼此矛盾。此外，通过假设自我和社区被概念化的二元对立，多元文化主义“对特定的传统文化的兴趣和热情，有时可能掩盖个人渴望通过新的、外群体的关系逃避的偏狭”（霍林格 Hollinger，1995：107）。以文化多样性的名义，多元文化主义巩固文化排他性，损害个人文化成长。

甚至呼声很高的文化多样性活动也只是表面上的。对多元文化主义实践的详细分析显示，很多一开始的大型项目退化为单纯的民族仪式。将少数民族作家撰写的民族故事纳入学校课程，被认为是多元文化主义的标志。仪式庆典的差异已成为目的本身。例如，加利福尼亚的几家公立学校会通过一月份的越南春节，二月的黑人历史月，三月的中国灯笼节（取决于农历），四月的日本樱花节，墨西哥的五月五日节，六月土著美国人的巫师仪式等庆祝多样性。学生们很快习惯了这些节日。他们知道这几个月会有什么值得期待的活动，他们对于参与这些活动热情高涨。庆祝活动结束后，他们回到自己的文化圈子，然后在下一年继续参加这些活动。因此，多元文化主义被“审美化，包装成为白人、黑人、男男女女手牵手，本着后历史的同时代精神”（拉达克里希南 Radhakrishnan，2003：40）。

这种多元文化主义的表面和灵魂形式被文学评论家斯坦利·菲斯（Stanley Fish，1999）所称为“精品多元文化主义”。精品多元文化主义者“欣赏或与之交谈（至少）‘承认’自己以外的文化传统的合法性；但精品多元文化主义者总是不会赞同其他文化，特别是他们内在的一些价值观念促使他们做出一些违背文明正当性的行为，正如他们已假定或宣称过的那样”（p.56）。他们将反对少数民族文化的力量，“恰恰是对其坚定忠诚的成员最重要的一点——非裔美国人试图使他的文化内容成为他的儿童教育的内容，一个美洲原住民想要践行他的宗教，因为古老仪式指示他这样做”（p.57）。不愿意妥协的他们相信是独一无二的文化价值观；不能抵制社会舞台上多元文化主义的经验和实践，多元文化主义理论的大腕儿们总是搞所谓的政治正确——就像鹦鹉重复无意义的话语，而不是透露自己的真实意图：一方面，他们不愿意对他们自己的文化价值观有任何的妥协，因为他们相信他们的文化价值观是独一无二的文化价值观；另一方面，他们又不能抵制社会舞台上多元文化主义的经验和实践。

此外，像凯姆·安瑟尼·阿皮亚（Kwame Anthony Appiah，1991）所指出的，多元文化主义已经成为商品化的对象，种族多样性被视为商品被用来买卖。即使被边缘化的群体也经历着这种商品化，通过以新颖和抒情的方式操纵和营销民族艺术和文物，以便将它们卖给有需求的顾客。学术界和企业部门也将多元文化主义作为商业手段；他们通过举办广泛宣传的多样性研讨会以及旨在提高对多样性的敏感度的培训会议，定期委托“多样性大师”帮助各企业部门、学校和学院成员按周期的方式驱赶在身体和灵魂中居住的恶魔。戈德堡（Goldberg，1994）称这个品牌是多元文化主义的“管理型企业多元文化主义”。这项任务在此被视为设计机会主义战略之一，旨在“从官僚和行政技术的角度来看，保持多样性，否则可能无法管理和压倒一切”(p.29)。

不仅仅是表面和肤浅，多元文化主义成为一个令人失望的概念，没有以任何有意义的方式解决主流社区和少数民族社区之间存在的社会政治不平等。将多元文化主义与早期形式多元化区分开来的基本原则之一正是其强调平等。尽管有很好的意图，但是多元文化主义终于“改变主流或改善历史上被剥夺权力和特权的人的机会”(卡兰茨和科普 Kalantzis and Cope，1999：251)。批评家既批评保守派，也批评自由主义者，认为两派都忽视了多元主义的平等视角。梅尔（May）说，“这是一个很重要的反讽，保守和自由的评论家没有认识到种族冲突和分裂最常出现的时候不是种族群体之间作出妥协，或者当正式的种族、语言和 / 或宗教权利得到某种程度的承认的时候，而是在历史上被避免、压制或被忽略的时候”(1999：20–21)。

还有人指出，多元文化主义只是为了促进平等。在美国多元文化主义的背景下，文化评论家（郑明 - 哈 Trinh Minh-ha，1989，引自尤瓦 - 戴维斯 Yuval-Davis，1997：55）评论说，社会和文化多样性有两种：一种威胁着主流权力结构，一种没有威胁。美国的多元文化主义旨在滋养和延续主流社会与其他族裔之间的社会分层，并不改变主流社会长期以来所享有的权力和特权。同样，迈凯伦和托里斯（McLaren and Torres，1999）也提出，美国的多元文化主义还没有被同情与社会正义的原则伦理所了解。从英国来看，保罗・吉尔罗伊（Paul Gilroy，1987）等人观察到，英国的多元文化主义并没有有效地解决少数民族社区面临的结构性不平等，少数民族社区的生活机会并无好转，多数社区的霸权主义者也没有遭到挑战。同样，安德鲁・雅库博维奇（Andrew Jakubowicz，1984：42）指出，澳大利亚政府追求的多元文化主义政策“使民族社区保持和培养政府帮助他们完成不同文化的任务，但不关心歧视性政策的斗争，因为这些政策会影响到个人或一些阶层。”

总的来说，多元文化主义的欺骗性本质在于其所有信徒为了满足自己的目的，以自己的方式来解释这个概念。因此，多元文化主义的“浅层”版本是其追随者注重民族仪式而不是民族权利；而“深层”版本，其信徒用鲜艳服装来掩盖其隐蔽的民族中心主义；“关键”版本中，其信徒们在学术界占据一席之地，至今无法说服社会政治平等的话语。因此，多语言主义的概念已经变得如此分散，以至于领先的社会学家们相当高兴地宣称：“我们现在都是多元文化主义者”(格莱泽 Glazer，1997)。但是，他赶紧补充道：“当然我们不全都是多元文化主义者，而是现在很难……找到不是的人。‘我们现在都是多元文化主义者’这个表达方式已经被夸大了，他们认为那些令人不快的东西是不可避免的；它不是用来表示一个全心全意的拥抱”（格莱泽 Glazer，1997：160）。教育工作者，特别是语言教育者从这样一种欺骗性、扩散性和分裂性的概念中寻找课程灵感。

6.3 文化多元化与语言教育

虽然语言文化联系长期以来一直受到语言教育工作者的重视，但多元文化运动为他们提供了更为明确的连接的动力。20 世纪 80 年代和 90 年代，外语教育领域着重于将文化定位为语言课程的核心任务。1986 年出版的《ACTFL 能力指导方针》和 1996 年的《国家标准》明确了文化作为课程内容的核心作用。同样，在英语作为外语教学的（TESOL）领域，文化认知和跨文化比较正式成为语言教学的必要组成部分（斯特恩 Stern，1983）。因此，多元文化问题被认为是英语作为外语教学教师知识库的一部分，教师们应该在其教学材料中包括“某些表明语言与文化之间联系的活动或材料”（布朗 Brown，1994：25）。

在一种典型和流行的文化教学方法中，斯特恩（Stern，1992）提出了一个包括认知、情感和行为组成部分的“文化教学大纲”。认知部分涉及各种形式的知识——地理知识、关于目标文化对世界文明的贡献的知识、关于生活方式差异的知识，以及对第二语言社区中的价值观和态度的理解。情感部分涉及第二语言学习者关于目标文化同情的哲学。行为部分涉及学习者解读文化相关行为的能力，并以文化适应的方式进行自我介绍。文化教学大纲的重点集中在六个主题上，这六个主题涵盖了大多数学习者最有可能习得的文化知识的主要方面:（1）地点——描述“母语者如何看待地理”（斯特恩 Stern，1992：219）;（2）个人和生活方式——母语人士的日常生活接触，因为只有“观察、提出问题，学习者才能适应社区的风俗习惯”（p.220）;（3）人与社会整体——识别“表现社会、专业、经济、年龄差异的重要群体以及反映区域特征的群体”（p.220）;（4）历史知识——知道“历史重要标志、显著事件和趋势，主要历史人物以及关键问题”（p.221）;（5）机构——理解“政府中心、区域和地方的教育制度、社会福利、经济机构、军队和警察、宗教机构、政党和媒体的制度，包括电视、广播和出版社”（p.221）；最后，（6）艺术、音乐、文学等重大成果——“学习和欣赏艺术家、音乐家、作家及其作品”（p.221）。为了帮助学习者了解这六个内容领域，斯特恩倡导一个解决问题的教学方法，其中“学习者不仅仅是被提供信息，而且是能了解文化相关的重大情况，比如，初次到访的外国人通常会面临哪些问题。这些通常是习俗的问题，例如在某一社会情况下什么该说或什么不该说”(p.226)。

“在某种社会情况下什么该说或什么不该说”这个短语恰恰体现了第二语言教育者对于文化教学（主要是以社会语言学研究为主）所采取的基本方向。这些研究（见卡斯珀和布卢姆 - 库尔卡 Kasper and Blum-KulKa eds.，1993；罗斯和卡斯珀 Rose and Kasper eds.，2001）集中在言语艺术表现的文化方面，以便与目标语言中的礼貌公式语形成鲜明对比，从而确定目标语言中的礼貌公式语的基本语言结构，与学习者第一语言中的礼貌公式语和 / 或在他们仍在发展的第二语言（例如中介语）。目标是为了预测第二语言学习者的文化适应的范围，并给出教学干预的策略。这些研究无疑帮助我们了解学习者的中介语表现的实际方面与语言和文化之间实现某种言语行为的方式有关。但是，这些研究没有探索文化信仰和实践的复杂性（见第九章）。

此外，教学文化的认知、情感和行为成分的焦点一直是目标语言的母语。斯特恩（Stern，1992）重申：“文化教学最重要的目的之一是帮助学习者了解母语者的观点”(p.216)。这是第二语言学习者“对目标语言社区中个人和团体心态敏感的问题”(p.217)。那么老师的任务就是帮助学习者“创造一个类似于母语者被唤起的精神联想网络”(p.224)。那么文化教学的总体目标就是帮助第二语言学习者以文化上适合的方式发展使用目标语言的能力，这主要是为了增进学习者与目标语的本族语者的交流。

这种方法体现的是对多元文化主义的浅层理解，这表现在以下两个方面。首先，它将文化认同与国家认同或语言认同相结合。也就是说，它将属于一个国家（如美国）讲一种特定语言（如英语）的所有人视为属于特定的文化。它忽略了国家或语言边界内的多元文化和次文化差异。第二，它也忽略了学习者带到语言课堂的丰富多样的世界观。正如斯卡尔切拉和奥克斯福特（Scarcella and Oxford，1992：186）指出的那样，“英语作为第二语言课堂通常是世界的一个文化缩影。英语为第二语言的学生不但会接触到美国文化，而且还会接触全世界许多地区的文化。”此外，即使像大多数其他教育背景一样，一群学习者似乎属于一个看似相同的国家或语言实体，这些学习者的生活价值观、生活选择和生活方式，以及他们的世界观，可能会有很大的不同。在这个意义上，大多数课堂不是单一文化的封闭空间，而是多元文化的集合。由于它专注于同质化的目标语言社区及其文化生活方式，所以该方法未能充分利用大多数第二语言课堂的丰富的语言和文化资源。

尚未得到足够重视的另一个多元文化教学领域是设计文化上适合的教材。正如我在其他地方所说的（库玛 kumaravadivelu，2003b），教科书不是一种中立的媒介，它们代表文化价值观、信仰和态度，反映了“可能对教师和学生施加的社会建构，间接地构建了对文化的看法”(科尔塔齐和吉恩 Cortazzi and Jin，1999：200)。隐藏在教科书中的文化价值很少得到承认和纠正。关于加拿大使用的英文教科书，正式批准了多元文化教育的原则，尼科尔斯（Nicholls，1995：113）指出：“中产阶级、盎格鲁为中心价值观的一致性仍然反映在这些文本的主题和人物中。所以，虽然这些文本中的加拿大人现在更有可能成为少数民族的成员，但这些人物几乎总是接受加拿大盎格鲁多数成员的价值观、礼貌和习俗、宗教信仰和社会经济地位。”加拿大语境的真实情况也适用于其他英语为第二语言的语境。

事实上，偏重于目标语者的文化取向不是英语为第二语言中使用的教科书所独有的。对于亚洲英语课堂，迪库（Tickoo，1995）感到遗憾的是，在亚洲多语言/多元文化国家的跨文化背景下，缺乏用于教授英语的适当文化材料。正如麦凯（Mckay，2000）指出的那样，来自同一语言文化背景的教师和学生使用大量外来文化的教科书，如泰国或韩国课堂，当地教师使用在美国或英国所著的文化材料。对英语作为外语学习者的调查普罗德罗莫（Prodromou，1992）显示，学习者本身对于在课堂上使用的文化不当的材料不满意。他们期待能找到比他们在教科书中所能发现的更丰富的跨国、多元文化的输入。

面对这些限制，第二语言教师发现自己没有足够的准备来实现多元文化教育的目标。认识到这个问题，并声称：“21 世纪的教学准备要求所有教师获得所有听课学生的赞赏，”沃特金斯和巴特勒（Watkins and Butler，1999：27）曾尝试发展他们所说的在职和职前教师的“文化影响角色”。角色扮演（通常是由一位知识渊博的同事扮演推动者的角色）的目的是“向教师介绍以课堂为代表的文化模式”(p.28)。具体目标是：

- 使教师对持有社会现实不同观点的儿童带到课堂环境中的微妙文化意义敏感的地带。
- 为教师提供机会，探讨他们对课堂环境中种族和社会经济差异的反应的影响。
- 为教师提供调查和分析各种对文化影响和学习风格的反应的机会。
- 关注与学生接触或加强学生教育的文化问题。

角色扮演使用来自不同语言和文化背景的学生的预选文化类型（有些人可能称之为文化成见），并包括与非语言交际相关的信息，如眼神交流、沉默、点头和身体接近。根据作者的说法，角色扮演可以帮助教师认识到，“需要开发对一系列文化现实做出反应的教学技巧，超越他们在理解学生行为时的理想假设，并且更适应学生。这种意识可以为尊重差异和综合相似性提供基础，这将有助于课堂成为真正的学习者社区”(1999：30)。

总而言之，尽管有一些值得称赞的意图，但是多元文化主义的语言教育也有几个缺点。它提炼文化。它提供零碎的文化活动。它使主流文化信仰和实践得到加强。像博物馆展览一样展示少数民族文化。它忽视第二语言学习者带来的文化资本。它传播对少数民族社区成员的教育的能力，就好像主流社区的成员几乎没有学习和获益。它忽视文化教育的过程，使文化教学成为我们今天面临的关键和挑战性任务。

6.4 结语

在本章中，我主要讨论美国文化多元主义。我简要追溯了文化多元主义概念的起源及其逐渐演变为多元文化主义的过程。我也讨论了多元文化主义在许多方面的表现。受到多元文化主义的吸引，其支持者——无论是弱势还是强势一派——都以自己的方式解释了这一概念，并将其适用于自己的公开或某种隐蔽的目的。因此，多元文化主义已经成为一种欺骗性、扩散性和分裂性的概念，挑战着各地的教育工作者。卡兰齐斯和科普(Kalantzis and Cope，1999：269) 有着最佳总结：“正如地缘政治转移一样，学校必须服务语言和文化多样性。他们的根本作用已经发生了变化。识字教育学的意义已经改变。地方多样性和全球连通性不仅意味着没有标准；它们意味着学生需要学习的最重要的技能就是谈判方言、注册和符号学差异、代码转换、跨语言和混合跨文化话语。”

对今天宣称和践行的多元文化主义的观念不满意，人民、思想和货物在国家和文化边界的分散，将殖民地和后殖民主义思想传播到语言教育领域，这些现象使专业人士注意到了另一种文化观念：文化杂糅。

第七章　文化杂糅及对其的批评

交汇的点
久远之前的融合，原初又原初
在那儿回忆，或念想，都与我无关
在那儿我不是彩绘、鲜茄或者钢鼓
但
也不能释然

无尽的汇聚
像炖在咖喱汤里，缓慢，绵长
无论是孜然、豆蔻、风琴，还是丁香
都难再分离

杂糅
就好比“家猪和野猪下的崽，
自由民和奴隶的后代”
一种乱搭，一款新品苋菜汤
斑驳杂色奇形怪状生猛新鲜

加尔各太华八行
柿子、芒果、柑橘、葡萄、梨
石榴、苹果、李子、落镰、刀地
戈勒克布卡拉帕柴玛、温哥华、拉罗曼、渥太华

在那儿无论是尼泊尔来的太姥姥

还是母亲、爱人、官方，都定义不了我

但是

我

也不能释然

这首诗名为《杂糅》，由沙尼·穆托（Shani Mootoo，1999：106）所写，沙尼·穆托出生于爱尔兰，父母来自尼泊尔和印度，并在加勒比海特立尼达岛长大。她后来迁往加拿大，定居至今。作为视觉艺术家、电影人、诗人和小说家，在她所有的作品中，穆托明显地表达着与杂糅身份相关的真实性和矛盾性问题。

诗人将身份认定为不可逆转的杂糅体，这是一种多样化和不同文化的融合。穆托冥想自己成长的过程，挖掘自己的意识。在这个过程中，她发现了一段家族史，追溯至尼泊尔曾祖母的后代，一个被英国殖民主义强行断根的契约劳工，从印度次大陆到加勒比地区。在新的地点，尼泊尔人、非洲人、美洲土著人、欧洲人杂糅在一起，孕育着新的人种。因此，诗人将她的意识置于由这些文化组成的空间之中。

穆托在诗中使用了几种烹饪隐喻。她把自己比作咖喱汤。咖喱汤是一种通过将各种食材一起煮沸制成的菜肴，即使还是看得出以及吃得出本来的面貌。她通过发明反映文化融合过程的复合词，创造出了一些新颖的语言混合物。她优雅地结合了与促成她身份的不同地点相关的地点和水果的名称：

加尔各太华八行

柿子、芒果、柑橘、葡萄、梨

石榴、苹果、李子、落镰、刀地

戈勒克布卡拉帕柴玛、温哥华、拉罗曼、渥太华

在这样做的时候，她把融合的过程表示为自然、自发、“无缝”的融合过程。这种杂糅没有造成紧张感，也没有大肆庆祝宣扬。只是安静的身份认同，一个属于自己的身份。杂糅取其精华，去其糟粕，不仅使诗人独特，而且使她能够超越所有限制性定义。因此，“曾祖母、母亲、配偶和政府都不能”随意定义“我”，这并没有产生一种失落的感觉，诗人的这种不属于任何一种文化的感觉实际上使她自由地属于任何地方。

诗人如此优雅地表达杂糅身份的形成，但其实并不像她所描绘的那样没有一点问题。事实上，杂糅身份的形成长期以来是学术论证的主题。个人和社区对跨文化体验挑战所采取的斗争和策略，被不同流派描述为杂糅、战略本质主义、世界主义和批判性的世界

主义。为了研究其复杂性，我将这些见解融入文化杂糅的讨论之中。

7.1 文化杂糅的概念

"hybrid 杂交、混合"一词源于生物学和植物学。《牛津英语词典》释义为"不同物种的两种动物或植物的后代或（较不严格）品种；半品种"(1971：1354)，而且从本质上来讲，这种半品种不能繁殖。这个词直到19世纪才开始成为常见词，当时它被延伸到包括人类，并迅速具有了种族，或更准确来说，种族主义色调，旨在保持种族内的纯度和阻止跨种族伙伴之间的联盟。关于"种族融合"的辩论集中在不同种族的人实际上是不同物种成员的问题——这个论点被阿道夫·希特勒（Adolf Hitler）充分利用。阿道夫·希特勒认为，自然规则由"地球上所有生物物种的内在隔离"组成，如果这个规则被侵害，那么自然就会抗拒，而他"最明显的抗议就是拒绝承认物种间进一步传播及杂交的能力及限制后代的生育力"(希特勒Hitler, 1925/1969：258，引自杨Young, 1995：8)。

在20世纪，杂糅的生理现象越来越多地应用于文化舞台。虽然正如我们在第二章所讨论的那样，每一种文化本来就是一种杂糅文化，某些历史力量则以明确方式加速了文化杂糅的形成。殖民主义与"文明使命"是其中之一。不足为奇的是，文化杂糅的概念与殖民地和后殖民地的研究密切相关。事实上，这个概念已经得到了很多学者的认同，"它现在已经获得了一个常识术语的地位，不仅在学术界，而且在文化上更普遍。它已成为文化批评、后殖民研究、关于文化竞争和占有的辩论以及与国际大都会的理想相关的关键概念"库曼斯和布拉赫（Coombes and Brah，2000：1）。因此，这里我们探讨如何在殖民主义、后殖民主义和世界主义的话语中处理杂糅的概念。

7.1.1 殖民主义与文化杂糅

在殖民地研究的背景下，杂糅被定义为"在殖民地产生的接触区内创造新的跨文化形式"(阿什克罗夫特、格里菲思和蒂芬 Ashcroft，Griffiths and Tiffin，2001：118)。殖民地遭遇不同种族的文化杂糅造成的冲突和后果，为社会学家和人类学家构建了一个关于文化杂糅理论的理想场所。拉丁美洲就是其中之一，其社区和文学话语连接点即是"梅斯蒂索人（*mestizaje/mestizo*）"的概念——这是一个普遍的术语，指的是具有明显的欧洲和美洲印第安人血统的种族。为了理解这些杂糅所产生的文化上的杂糅信仰和实践，一些拉丁美洲文化人类学家严谨地研究了这种梅斯蒂索人现象。其中最重要的是著名的古巴历史学家和人类学家费尔南多·奥斯蒂斯（Fernando Ortiz）。

文化纯洁和种族生物决定论的概念在欧洲、美洲和其他地方的统治时期，正是在这个时期（也就是20世纪中早期），奥斯蒂斯（Ortiz）概念化并创造了“文化嫁接”一词，而且旗帜鲜明地支持梅斯蒂索人和杂糅。《古巴对位：烟草和糖》是1940年首次以西班牙文出版的人类学经典，1947年在英语国家发行，杜克大学出版社在1995年重新出版。奥尔蒂斯批评了盛行的文化适应性概念，因为它无法捕捉到紧张局势的特点，人们在激烈文化接触中的转变。在殖民地或美国，奥尔蒂斯在不同种族和肤色的人中间看到了长时间的文化嫁接，比如棕色人种（印第安人、美洲大陆）、白人（“征服者”西班牙人、伊比利亚半岛）和黑人（大西洋的非洲沿岸地区），——“所有这些人都从原来的社会团体中被割裂出来，原有的文化在移民地文化的重量下被摧毁和压碎，就像在工厂滚筒里压碎的甘蔗一样”（奥斯蒂斯 Ortiz，1995：98）。所有这些人“都不得不让自己适应新文化融合”（p.98），同时又“施加影响力并受到影响”（p.98）。

与传统的人类学家不同，奥斯蒂斯摒弃了对文化杂糅的种族考虑，转向他所谓的“事物的社会生活”。对他而言，梅斯蒂索人不仅仅是肤色的杂糅；更是一种不同生活方式的综合。他认为，文化嫁接是一种对文化接触中的人们的生活产生影响的现象，无论他们是殖民地还是被殖民地社区（移民环境下的主流或少数族裔社区）的成员。他明确宣布：“我认为，‘文化嫁接’这个词更好地表达了从一种文化向另一种文化过渡的过程的不同阶段，因为这不仅仅是获得另一种文化（而这正是英语中文化适应的真正含义），而且这个过程也是必然涉及以前的文化的流失乃至根除，这可以被定义为文化萎缩。此外，它还带有随之而来的新文化现象的创造，这可以被称为新文化”（1995：102–103）。请注意，奥斯蒂斯的文化嫁接意味着完全脱离自己原来的文化环境，对传统文化特征的消除，以及获取新的文化信仰和习俗。所产生的文化角色在很大程度上是过去历史和现实融合的产物。

墨西哥社会学家内斯特·加西亚·坎克里尼（Nestor Garcia Canclini）在奥斯蒂斯之后，在文化嫁接中看到了传统与现代之间的张力和紧张关系。加西亚·坎克里尼（Garcia Canclini）在其1990年出版的西班牙文版《文化杂糅》，1995年翻译成英文版的《文化杂糅》一书中，对拉丁美洲的社会文化形成进行了全面而重要的分析。根据他对“拉丁美洲传统还没有消失，现代化还没有完全到来”的理解，他认为“现代性的意义和价值的不确定性不仅源于国家、民族和阶级的分离，而且来自传统和现代杂糅的社会文化杂糅体”（1995：2）。当代拉丁美洲社会是印第安传统、殖民地天主教文明至上主义和现代政治及教育实践相互交织的产物，加西亚·坎克里尼（Garcia Canclini）认为，现代文化不仅没有取代传统文化，而且实际上已经对传统文化进行了重新界定。

跨文化杂糅的拉丁美洲观点在某些知识界得到了适当的认可，其中“包含着重于边界、移民、多元化和多元文化，以及越来越需要概念化跨国语言和文学”（米尼奥洛 Mignolo，2000：220）。然而，后殖民主义批评家又提出了跨文化交涉的另一个观点，出现了英语版的文化杂糅。

7.1.2 后殖民主义与文化杂糅

和美国人类学家詹姆斯·克利福德（James Clifford）、英国文化评论家斯图亚特·霍尔（Stuart Hall）一样，印度出生的后殖民主义者霍米·巴巴（Homi Bhabha）是文化杂糅最有影响力的理论家之一。在其 20 世纪 80 年代发表的一系列文章，以及 1994 年的作品合集《文化定位》中，巴巴将种族主义和种族主义制度的杂糅概念从以往的种族主义和种族主义制度中分割出来，用精神分析研究殖民主义的内在机制。巴巴在殖民地看到的不仅仅是影响殖民者和被殖民者的“杂糅生产”（1994：112），没有把殖民地权力看成“殖民主义权威或是沉默镇压本地传统”（p.112）。从这个角度来说，巴巴与费尔南多·奥蒂兹的观点一致。

简而言之，巴巴假设，在殖民地文化冲突的背景下，统治者和被统治者经历了微妙和持续的文化转型。在移民背景下，类似的现象可能会以一种不那么有力和直接的方式发生，其中个体从一片文化土壤中隔离自己并被移植到另一片文化土壤。据巴巴说，这些现象的最终结果是“第三文化”或“第三空间”。第三空间表明，“文化的意义和象征没有原始的统一性或固定性；即使是相同的符号也可以重新分配、翻译和重新历史化”（巴巴 Bhabha，1994：37）。它为人们提供自由，不断地谈判和翻译所有可用的资源，以便构建自己的杂糅文化，从而重建自己的个人身份。通过取代构成它的历史，杂糅创造出了新的和可识别的位置。

对于巴巴来说，杂糅不是自己拥有的物品，也不是实现的目标。它不是最终的产品；相反，这是一个持续的过程。这是一种理解和感知不明确的文化转型的方式，不具有可察觉性。他认为“对发音间隙的理论认识可能开启了概念化国际文化的方式，不是基于多元文化主义或文化多样性的异国主义，而是文化杂糅和表达。为此，我们应该记住，在翻译与谈判的前沿，两者之间的空间话语——杂糅肩负着传递文化意义的使命”（p.38）。

在践行这一使命的时候，杂糅不能解决两种接触文化之间的紧张关系，也不承认文化多元化或文化优势。相反，它代表了一种矛盾的状态，所有这些都被认为是自由的。而不是被监禁在一个文化空间，可以归属于任何地方。因此，巴巴的后殖民解释的杂糅性明显地将其视为后现代个人和后殖民社会的积极力量。穆托（Mootoo）上面提到的这首诗也清楚地反映了这样的观点。

在阐明文化杂糅的过程中，巴巴重点关注主导与被主导之间的辩证关系。杂糅被认为扭转了“殖民主义者拒绝的影响，从而使其他‘被拒绝’的知识进入主导的话语，并远离权威的基础——其承认的规则置于其中”(p.114)。他声称，因为杂糅性“没有假设或强制层次结构就会产生差异”(p.4)，而且由于它破坏了以等级关系为根的权力不对称，所以它只是另一个“统治过程的战略逆转的名称”(p.112)。殖民地（或移民）中出现的这样一个乐观的代表人物是否会遭受历史的审视，这是我们之后讨论的一个问题。

不像以精神分析研究杂糅的巴巴，霍尔分析增加了社会学层面，但没有偏离巴巴的精神。他专注于以多元文化侨居为特征的当代后殖民社区，即流离失所（例如犹太散居者），流亡（例如库尔德人）和移民（例如印度散居者）等杂糅和少数民族社区。感叹“杂糅”这个词被广泛误解了，霍尔强调，不像巴巴，“它不是指杂糅的个人，而是可以与传统和现代的对比形成对比。这是一个文化翻译的过程，它是令人激动的，因为它是持续不断的，没有终点的，并带有不可判定性”(2000：226)。杂糅的本质就是“既不保留在一个界限内，也不超越边界”(p.226)。霍尔通过引用当代英国社会来说明他的看法：“这位西装革履的亚洲特许会计师……住在郊区，把他的孩子送到私立学校，读《读者文摘》和《薄伽梵歌》；或是舞厅里的黑人青少年DJ，播放丛林音乐，但支持曼联队；或者是穿着宽松、嘻哈、街头牛仔裤，但从来不缺席星期五祷告的穆斯林学生，都是在以不同的方式‘杂糅’”(2000：226)。

据他所言，这些杂糅的个体不是简单地从“慢速过渡到完全同化”(p.221)，而是事实上“代表着一种新型的文化配置——‘世界性社区’，标志着广泛的文化”(p.221)。克利福德（Clifford，1993）早些时候在当地民族志信息提供者的背景下表达了类似的观点，他们与“本地人”的陈述相反，一直是多方面的和跨文化的。通过指出这一文化背景是“重新寻找家园、相互影响的、相互作用的大背景”(p.101)，克利福德把文化这一概念当作“旅行”——无根基且有不确定性。克利福德和霍尔的这种分析唤起了已是世界主义标志的特殊和普遍的文化重构。

7.1.3 世界主义与文化杂糅

世界主义并不是什么新鲜事物。在西方的传统中，它与18世纪的启蒙是密切相关的，最好的代表是康德的永久和平概念。它力求促进超越种族或国家边界的“世界公民”，并拥有普遍价值观。与多元文化主义或文化多元主义（见第六章）不同，世界主义拒绝将文化固有和冷冻的本质主义概念赋予多数人和社会中的少数群体。正如霍林格（Hollinger，1995：3–4）所说的那样：“多元主义尊重族裔传统的传统，将个人置于一系列民族种族群体的一个或另一个以得到保护和保留。世界主义对传统的封闭性更加谨慎，有利于自愿参与。世界主义促进多重身份，强调许多群体的动态和变化特征，并对创造新的文化组合的潜力做出反应。多元主义在世界主义中看到对身份的威胁，而世界主义则认为，多元主义是一个不愿意参与当代生活中实际呈现的复杂困境和机会”。巴巴、霍尔等人认为，杂糅是一种激进的世界主义的形式，散居社区就是最好的例子。

世界主义的激进形式可能被看作是杂糅的原因和结果。也就是说，与流亡、移民或流离失所有关的紧急情况和经验可能会触发个人或个人群体的国际意识，反过来可能加速杂糅过程，这可能进一步巩固其国际化的前景。此外，杂糅理论家声称，不断的杂糅过程可能破坏周边地区发生的中心文化强制，并扰乱可识别的可隔离的民族文化基础上制定的民族国家观念。正如彭・谢哈（Pheng Cheah，1998：297）解释说，“世界主义的杂糅复兴因此有两个步骤：反本土主义者 / 反国家主义者的论据，以及新兴激进的世界主义者已经存在的论据。”第一个认识到要求或将自己脱离地方或民族精神，使人们享有所提供的自由以及肩负这种脱离所需的责任。第二个承认跨国、跨文化的移民个体的存在，可能被称为“文化杂糅”，如霍尔提到英国特许会计师、黑人青少年和穆斯林学生。

在这场关于世界主义的辩论中，美国历史学家戴维・霍林格（David Hollinger）提出“后西方观点”，指出，世界主义者已经“自豪无根”（p.6）。霍林格呼吁：“在今天对更大敏感性的背景下，对世界主义的批判正在复兴”（p.6）。他将他的后西方视角与根深蒂固的世界主义统一起来，他倾向于自发地发展国际化的本能，大多数人发展了许多身份，生活在许多圈子里。据他介绍，正是在“我们”的各个层面上，将自己定位在“最明显地区分了后现代主义与未建构的普遍主义”（p.106）的过程中，正如其他杂糅学者一样，他承认“边界是必要的”（p.172），但是说个人“有责任决定在哪里画什么圈子，与谁画圈子，围绕什么”（p.172）。

必须记住，世界主义的杂糅复兴不是不变的、统一的概念。波洛克（Pollock）、巴巴（Bhabha）、布雷肯尼（Breckenridge）和查克拉巴蒂（Chakrabarty）的"概念内容和务实性，不仅没有明确规定，而且还总是摆脱正面和明确的规范，正是因为肯定地指认世界主义，绝对是一个不成体系的事情"(2002：1)。他们呼吁将世界主义视为复数形式。据他们说，以复数形式理解世界主义的最好方法并不是沉迷于广泛的"哲学思考"，这只能让我们知道"我们正在寻找什么"，而是"跨越时间和空间看待这个世界，看看人们如何思考以及行事"。

7.2 文化杂糅及对其的批评

巴巴和其他人阐述的杂糅概念有几个缺点。首先，批评者指责杂糅的概念错误地将边缘置于中心位置，这样做会淡化被压迫者和压迫者之间的区别。回想起巴巴的说法，即"杂糅性只是统治过程的战略性逆转的另一个名称"（Bhabha，1994：112），而不是假设或强加等级制。应该记住的是，巴巴后殖民观点出现在殖民地遭遇之外，特别是在印度的英国殖民主义。在殖民地的背景下，他看到殖民者的颠覆和抵制的潜力，以及殖民者的渴望和否认。殖民主义的核心概念之一就是将自己（殖民者）的形象重塑为另一个人的意识形态。鉴于这样一个总体目标，根据巴巴的说法，杂糅行为是为了实现殖民目的的"战略性逆转"。

说明这样一种"战略性逆转"，雷瓦提·克里希纳斯瓦米（Revathi Krishnaswamy, 1998）讨论了印度的英国殖民主义如何在殖民者和殖民者之间产生文化上的杂糅主题。英国化印度人和印度化英国人的出现可能被视为殖民当局瓦解的标志。但正如克里希纳斯瓦米（Krishnaswamy）所说，尽管殖民者和被殖民者都进行了杂糅，但"印度的这种杂糅是有系统地强调和嘲讽意味的，而英印的双重文化被默默地压制了"（1998：39）。英国化印度人被讽刺、嘲笑和定型为狒狒，这是一种病态的柔弱、荒谬且真实的形象。显然，并不是所有的杂糅都平等。

克里希纳斯瓦米认为，社会背景可以确定是否杂糅，有时可以被认为是能实现的和具有颠覆性的。英国人和印度人之间的殖民地遇到的杂糅特征与英国人和阿拉伯人之间殖民地遇到的杂糅特征截然不同。正如她指出的那样，阿拉伯的劳伦斯被认为对殖民当局采取了"白皮肤黑面具"的做法，他选择穿阿拉伯长袍，与殖民主义有密切的关系，但文化和气质上依然是一个白种男人。其实也可以从语言角度来看待同样的观察。也就是说，虽然印度的英国殖民地出现了印度英语，被认为是一个具有自己的语音、句法和语用功能的系统化和标准化的语言品种，但没有出现称为阿拉伯语英语的品种。看来，杂糅的产生和实践不一定是殖民地文化交往的自动结果，也不能有效地导致巴巴所谓的“殖民抹杀”。

此外，巴巴的“殖民抹杀”观点忽视了边缘化的概念，就算没有完全否定这个概念。毕竟，除了“文明使命”之外，殖民主义特征的两个截然不同的话语实践是对其他人的自我和边缘化的批评。正如法国社会学家米歇尔·福柯（Michel Foucault，1980）所说，权力是由人们依赖于彼此相对位置而行使的。显然，殖民者和被殖民者处于不平等的地位。在这样一个不平等的关系中，杂糅不仅是“强制性的”（芬克 Fink, 1999：250），而且还可以“成为消除差异、促进同质、抹去历史的另一个工具”（芬克 Fink, 1999：249）。在很大程度上，在多语言和多元文化社会中存在于主流社区和少数民族社区之间的社会政治权力差异也是如此。

事实上，这种权力差异并不仅限于社会文化习俗，语言表现方面也存在着类似的权力不平衡。“正如在群体之间的关系层面，话语的价值在于说这种语言的群体的价值”，法语社会学家皮埃尔·布尔迪厄（Pierre Bourdieu）曾说过，“在个体交流的层面上，也是一样，话语的主要价值体现在说话人的价值”（1997：652）。无论是文化翻译还是语言交流，面对历史和社会政治现实，都是将控制机构的平等权力归因于主导者和被主导者两方。因此，杂糅理论不能解释统治文化进程中的权力关系的霸权结构（艾哈迈德 Ahmad, 1992）。

同样，后殖民评论家佳亚特里·斯皮瓦克（Ggyatri Spirak，1993）认为，将发达国家的散居社区与发展中国家的下层社区的杂糅行为等同是具有误导性的。杂糅理论家主要侧重于自觉或不自觉地远离文化根源的散居社区。社会学家齐格米特·鲍曼（Zygmut Bauman, 1998：100）认为：“全球的文化融合，可能是一种创造性的解放经验，但是当地人的文化权很少；首先混淆两者，这是一个可以理解但不幸的倾向，这是将自己的各种‘虚假意识’作为对第二个人的精神障碍的证明。换句话说，并不是所有的杂糅都是平等的，因此，‘杂糅’作为理论上的手段来书写不平等历史和实体的现实是最虚伪的”（拉达克里希南 Radhakrishnan，1993：753）。

杂糅概念的另一大缺点是，它是一种文化现象，局限于世界各地的公民，无论是学术界的大都市知识分子还是跨国公司的谈判者。正如普宁娜・韦贝尼尔（Pnina Werbner 1997：11–12）的生动描述所说，他们是“全球文化旅行的多语种美食师，在社交世界之间轻松愉快品味文化差异。全球文化温室中的华丽蝴蝶，与跨国蜜蜂和蚂蚁在外国建立新的蜂巢和巢穴，成为完全不同的社会物种。”因此，他们所代表的杂糅文化“可能与中国文人的精英一样”（戴维斯 Davies, 1998：129），只有在文化跨越国界的背景下才有意义。但正如乔纳森·弗里德曼（Jonathan Friedman，1997：79）所说的那样，“这种文化迁移是真的吗？在后殖民地边界交汇者的世界中，始终是诗人、艺术家、知识分子维系这种流离失所，并体现于文字”。换句话说，这种转型的文化杂糅只限于特定的国际一流人物，不会发生在社会现实的下游。

除了精英话语，杂糅也是一个性别化的概念（斯皮瓦克 Spivak, 1993：尤瓦 - 戴维斯 Yuval-Davis, 1997）。也就是说，它掩盖了性别差异。正如尤瓦 - 戴维斯（Yuval-Davis，1997）所提出的，虽然男性的文化杂糅受到欢迎，甚至被视为世界主义的标志，但却没有女性的身影。在时间和空间上，女性以纯粹的形式被构建为国家集体文化认同的承担者。她指出，“一位女性的形象，通常是一位母亲，象征着许多文化中的集体精神，无论是俄罗斯母亲、爱尔兰母亲还是印度母亲。在法国大革命中，它的象征是‘La Patrie’（祖国），一位生下一个婴儿的母亲；在塞浦路斯，路边海报上的一名哭泣女子难民是土耳其入侵后希族塞人集体痛苦和愤怒的体现。在农民社会中，人们对‘地球母亲’生育力的依赖无疑促成了集体领土、集体认同与女性之间的密切联系”（戴维斯 Davis, 1997：45）。女性作为文化监护人的这种表现在其他文化中也很常见。

尽管有如此多的不足，杂糅的概念仍保有直观、甚至是演绎的吸引力，因为它有能力捕捉持续不断的文化和人民杂糅过程，产生新的文化信仰和实践。它仍然是具有战略价值的概念，可以帮助个人走向文化转型的道路。因此，语言教育者试图利用这一概念的理论基础，以指导教学实践，这并不奇怪。

7.3 文化杂糅与语言教育

20 世纪 90 年代，外语教育领域的跨文化交际理论得到了长足发展。斯坦福大学教授玛丽・路易斯・普拉特（Mary Louise Pratt），是语言教育中关注跨文化教育学意义的代表人物。她在所谓的“接触区”中研究生活，“在这个地方文化相遇、冲突和互相碰撞，往往是发生在诸如殖民主义、奴隶制或其后遗症等高度不对称的权力关系的背景下，这种现象在当今世界的许多地方都存在”（Pratt，1991：34）。保持传授文化是接触区的现象，普拉特认为这个概念不仅与她的人类学研究有关，而且也是她的教学活动，从概念上讲，她创造了一种跨文化的方法在斯坦福大学教授“文化、思想、价值观”的课程，摆脱传统的关于语言、沟通和文化的学术话语，因为这种学术话语假设语言存在于统一和均匀的社会世界中。她指导她的学生成为能够以文化身份检验自己生活的“自传作者”。“课堂上所有的学生都有这种经历，听到自己的文化被人以一种可怕的方式探讨和具体化；所有的学生都看到他们的根源中的荣耀和耻辱；所有的学生都经历了面对面的无知和不理解，偶尔有敌意；其他人……几乎每个学生都仿佛看到了自己在所描述世界中的场景。随着愤怒、不理解和痛苦，出现了令人振奋的奇迹和启示，相互了解和新的智慧——这就是接触区的乐趣”（1991：39）。在这种情况下，“没有人被排除在外，没有人是安全的”。她认为，没有一个人是安全的这个事实，促成了学生和教师的高度信任和共同理解。

来自加州大学伯克利分校德国教授克莱尔·克拉姆施（Claire Kramsch）将文化杂糅的理论观点应用于外语教育。在一系列出版物（例如1993，1998，2003）中，克拉姆施一直强调，语言学习者需要跨文化交流。为了开始这样做，他们应该学会建立一个“跨文化领域”，使他们从局外人和局内人的视角了解和接受第一文化（C1）和他们的第二文化（C2），跨文化构成位于C1和C2之间的交叉点的第三文化。在这个交叉口，“语言学习者的主要任务是为自己定义他们寻求的这个‘第三文化’将是什么样的，不管他们是否是有意识地去这么做。没有人（包括教师）可以告诉他们那个地方在哪里；每个学习者的位置不同，在不同的时间会有不同的感觉”（克拉姆施Kramsch，1993：257）。

虽然教师不能告诉学习者第三文化是什么，但是克拉姆施提出教师可以采用相应的策略，以帮助学习者定义和设计它。比如，指导学习者考虑文化边界而不是建设文化桥梁，因为“我们可以教文化边界，但我们不能教授建设桥梁”（p.228）。换句话说，对文化界限的深刻理解将有助于学习者发现，“这些文化中的每一种都不如原来所认为的那样整体化”（p.234），进而努力成为跨越界限的人。就具体的教学策略而言，克拉姆施建议在两种文化现象的对比和比较中扮演角色。例如：“你是在德国的美国销售人员。知道许多德国人对自然和生态的感受，可以帮助你向德国‘绿色’买家促销水果、天然产品或美容产品”（p.229）。这种活动有可能做到的一点是引发“本土文化的熟悉意义与目标文化意想不到的意义之间的冲突，使得那些被认为是理所当然的意义突然被质疑、挑战、问题化"(p.238)，进而可以帮助学习者更好地了解跨文化。

克拉姆施研究中所提及的跨文化能力概念，被迈克尔·拜拉姆（Michael Byram，1997）进一步发展，他将跨文化言说者定义为“一个运用自己的语言能力的人，他们能在语言与语境的关系中运用社会语言意识，管理跨文化界限的互动，预测价值观、意义和信仰差异引起的误解；并应对与其他人的接触的情感以及认知需求”（1995：25）。正如拜拉姆一样，克拉姆施（Kramsch，1998）质疑了传统文化教学，传统文化教学基于母语者和非本地人之间的区别，并认为这种区别对于语言使用和文化习俗的母语者规范而言是一个重要的区别（见 6.3）。她指出，“母语与非母语者之间的对立已经过时了”（1998：27），并试图设计出一种教育理念，把所有的跨文化的说话人都当成教育主体——无论是本地母语者还是非语言学习者，因为他们“可能属于多个语言社区”(p.27)。这样的教学法不仅让学习者，而且让教师，因为在质疑、挑战和问题化的跨文化意义的过程中，学习者“很可能让教师遇到没有预料到的情况，教师觉得自己准备不足。因此，允许学生成为跨文化的发言者，这意味着鼓励教师将自己看作是各种文化之间的桥梁”（1998：30）。

在比拉姆、克拉姆施等人的领导下，一批澳大利亚学者进一步探讨了如何将杂糅概念应用于语言学习和教学。在一本名为《寻找第三位置：通过语言教育提高跨文化能力》的学术著作中（Lo Bianco，Ciddicoat，and Crozet，eds.，1999：5）他们将第三位置界定为一个介于不同力量、不同文化、不同价值观念之间的中心位置。像克拉姆施一样，他们的假设是“跨文化交往既不是维护自己的文化框架也不是同化自己的互动的文化框架的问题。这是一个在这两个位置之间找中间位置（第三个位置）的问题。在这样做的过程中，参与者是一个体验者，而不是一个观察者。找到第三个位置的能力是跨文化能力的核心”（Crozet, Liddicoat, and Lo Bianco，1999：5）。

澳大利亚学者为了让学习者知道如何在自我和他者之间找到第三个位置，遵循了所谓的跨文化语言教学（ILT）。根据克罗泽和利迪科特（Crozet and Liddicoat，1999：117）的说法，“跨文化语言教学意味着，语言教学不再是对另一种语言文化的教学，而是通过与语言文化的目标对话，来教授语言学习者关于他们本国的语言文化。语言学习通过将语言学习定位为双重努力来扩大语言教学的传统界限，学习者不仅可以学习外语的隐形文化特征，而且还学习如何将自己与母语 / 文化环境隔离开来。时间只是一个可能的世界观，而不是唯一的世界观。”

跨文化语言教学方法将语言教学的中心目标从交际能力转变为跨文化能力，因此基本上遵循美国外语教学委员会（ACTFL）在 1995 年提出的与文化教学相同的三维方法：（a）学习文化的意图，（b）比较文化，（c）跨文化探索。克罗泽和利迪科特（Crozet and Liddicoat，1999）以“问候”为例，给出了三维教学方法的具体示例。而不是将“问候”的教学限于通常的词汇（例如“早安”“再见”等），而是将其扩展到非语言代码（例如法国的吻面礼或日本的鞠躬），以及除了“你好”和“再见”之外人们说什么，话语的顺序（例如询问健康或亲属等等）。通过对比学习者之间的问候（第一和第二文化），反过来又可能导致跨文化探索。比如：

> 在我们的例子中，这将涉及讨论什么样子的问候顺序会让学习者可能会感到舒适，学习者将学习在自己的本土文化中感觉到自然和不要冒犯母语者之间建立个人平衡。在这种情况下，解决冲突情况可能是一个非母语的人明确承认文化差异及其对此反应的声明，可以直接说：“我知道吻面礼（或鞠躬）在你的文化中很重要，但我不太喜欢”。这个表达更有可能吸引同情心，而不是拒绝母语者，从而使双方都感到舒适（1999：119）。

他们认为，三维方法将增进对文化界限的认识，从而使学习者受益。

虽然十多年来外语教育领域一直在尝试跨文化和杂糅概念，英语作为第二语言 / 外语教学似乎是最近才出现的。约翰 · 考伯特（John Corbett，2003）在他的《跨文化英语教学方法》一书中强调了跨文化交际方式的民族志、反思性组成部分，“成功的学习者成为‘跨文化外交官’，在对比世界的家庭和目标文化观点之间进行谈判”，而不是“成为‘少数民族精英’，他们吸收了足够的目标文化来复制其信仰、社会结构和不平等”（p.208）。

他曾提出的一个涉及形成文化交往的、旨在促进跨文化意识的说明性的课堂活动。一个这样的集合可能涉及具有特殊文化意义的食物，如表 7.1 所示。考伯特认为，“寻求、学习和了解这种信息可以帮助人们了解目标文化中的文化典故和笑话”（p.109），同时也照亮了跨文化的相似之处，如“作为农民主食的哈吉斯和咸八宝饭”上升到“国菜”。例如，拿哈吉斯来说，“苏格兰情感中，这种动物内脏做成的食品与对国家美好的祝愿联系起来”（p.110）。考伯特指出，像这样的活动“可以成为将普遍现象视为具有文化意义的第一步”（p.110）。

从更深的层面来讲，考伯特建议从现有文献中提取使用沟通模式差异引起的关键事件。学生有机会考虑引发价值观、目标或意义冲突的事件，或者解决冲突并不明显，有争议的事件。例子："一位美国教师在一个短暂的多元文化夏季课程中决定为她的学生举行一个派对，她邀请学生到家中。日本人下午八点到达，吃了很多东西，十点离开了，这时意大利人刚到。大约午夜时分，拉丁美洲人到了，这时食物已经吃完了，但他们留下来，唱歌跳舞，直到午夜四点，而沙特人根本没来。她应该再次举行派对吗？"（考伯特 Corbett，2003：112）。考伯特认为，"尽管刻板印象存在着固有的危险性，在这样的重大事件中，刻板印象是了解文化差异的有效手段"（p.112）。

正如上述讨论所表明的那样，与文化同化和文化多元化的早期概念相比，文化杂糅可以让语言学习者和教师更深入地了解跨文化交往的本质。

通过突出文化交织的特征以及跨文化交往的复杂过程，这个概念"推动我们提出有关我们的教学目标和研究方向的问题，并探讨未经考虑的假设"（赞梅尔 Zamel, 1997：350）。仔细检查我们的教学假设，可以很容易地让语言教育者对于帮助学习者在学校课程与他们的生活经验之间建立切实的联系。如果认真对待，还可以为语言教师提供修改课堂投入和互动的机会，以便在课堂上引入更多不同文化世界的复杂性。

表 7.1　文化意义食品

食品名称	巴西	苏格兰	美国
	咸八宝饭	哈吉斯	热狗
成分	盐、猪肉香肠、火腿、腌舌头、猪脚、猪蹄、黑豆、洋葱、香菜、西红柿、大蒜	羊的胃、心、肝、肺和气管、加上洋葱、燕麦、盐、香草	法兰克福香肠（牛肉或牛肉和猪肉）、椭圆形的长面包、可选的芥末、番茄酱、泡菜
正餐或小吃	正餐	正餐	点心
吃的地点和时间	周三和周六	1 月 25 日	体育比赛
佐餐	米、曼陀罗面粉、切片的羽衣甘蓝、切片的橘子、辣椒酱	土豆泥和萝卜	无
起源	农家菜	农家菜	运动方便食品
吃完后的活动	躺下、打瞌睡、聊天	舞蹈、听演讲、歌曲、诗歌	继续看比赛

跨文化适应的复杂性质对于任何有意义地实施语言教育的基于杂糅型跨文化语言的方法构成严重挑战。“虽然杂糅是目前在扫盲和教育方面的讨论流行词，”坎伯利斯（Kamberlis，2001：88）告诫我们，“这些讨论几乎完全是理论性的。很少有研究描述或解释话语杂糅如何实际上可以改变和增强教室中的教学效果”。还有人指出，教师与学习者之间以及本土文化与目标文化之间的权力差异很容易影响语言学习和使用的跨文化层面（利迪科特・克罗泽和洛・比安科 Liddicoat Crozet and Lo Bianco, 1999）。此外，第三文化的形成可能是参与者，特别是在课堂社区中的不安定的经历，因为它与现有的规范和参数发生冲突，这些规范和参数表征了我们行事和发挥我们文化生活的潜力（卡尔 Carr, 1999）。这些担忧显然与前一节讨论的基本理论缺陷有关。

另一个挑战涉及全球化时代的文化认同问题，更加棘手。正如我们在第三章所讨论的那样，文化现在比以往任何时候都更密切，而且以一种复杂的方式在相互影响。在这些大环境的影响下，跨越边界不是一个“所有人都能享受到的免费午餐。所谓的免费午餐也只是诱饵而已。一些边界逐渐消逝，可是还有很多边界存在，甚至还有新的边界不断出现。随着国界和政府权力的侵蚀，民族、宗教的界限以及消费模式和品牌名称的边界出现了”(迪特尔斯 Dieterse, 2001：239)。这种全球化的发展正在推动创新、但是也在使世界陷入混乱的紧张局势之中，使人们在文化错误线上相互分离。

这种全球发展的结果之一就是加剧了身份政治，促使人们对自己的文化生活方式发现了一种真正或被认为的威胁，迫使他们采取积极措施来保护他们的传统文化身份。文化全球化造成的复杂身份形成是一个挑战，我相信，混合理论家和混合型语言教育者都不会认真考虑这个挑战。这个挑战世界各地的语言制订者对这个挑战一定都深有体会，因为如利迪科特・克罗泽和洛・比安科（Liddcoat Crozet and Lo Bianco，1999：184）所说：“语言是身份的强大象征，身份与语言联系的方式可以提升或妨碍语言学习，这取决于语言在学习者和目标语言社区的民族认同中的语言表达。”

根据定义，杂糅的概念旨在通过基本上稀释基于自己的本土文化的个人身份的特征来促进研究遗产文化和学习文化之间的第三空间。在一个对文化同质化持谨慎态度的全球化世界中，这种立场在许多国家的教育工作者中引起了可以理解的焦虑。拜拉姆（Byram，1999：94）引用了来自某些伊斯兰国家的政府教育文件，强调“对外语学习的明显恐惧，即担心外语学习对学习者的文化认同有不利影响”。担心英语学习可能会成为拒绝自己文化的根源，海湾国家明确表示以下为外语目标："对英语人士有很好的了解，条件是上述将不会导致对学生的阿拉伯 / 伊斯兰文化产生敌意或冷漠的态度。"（拜拉姆 Byram，1999：94）。

中东也出现了一批英语教学专业人士，他们组建了一个名为英语作为外语教学的伊斯兰组织（TESOL Islamia）。这个以阿布扎比为基地的专业组织的主要任务是以最有效地服务于伊斯兰世界的社会政治、社会文化和社会经济利益的方式推动英语教学。据他们的网站（www.tesolislamia.org）介绍，他们的目标之一是"在穆斯林世界中促进和维护英语教学中的第二语言或外语教学中的伊斯兰价值观"。为达到目标，他们希望从事"主流的英语作为外语教学活动，特别是在语言政策、课程设计、资源研发、语言测试、教学方法、课程评估和第二语言研究方面"。即使在"讨论论坛"中粗略的阅读文件，也揭示了文化全球化对其语言和文化认同的影响。

7.4　结语

本章的目的是讨论文化杂糅的概念及对其理论观点的批评，以及对语言教育的影响。杂糅是一种传统和现代的概念。在某种意义上，它是常规的，意味着长期以来人类学认为所有文化都是杂糅文化。在现代生活中，它将现代生活的一个重要特征纳入一个特定的国际大都会人群当中。

在承认其诱人的吸引力及其战略价值的同时，我讨论了这个概念的几点不足。我也认为，杂糅没有能力应对最近的文化全球化现象，向心性、离心式、均质化和异化倾向，也没有说明民族主义的激化导致世界语言，特别是文化全球化的文化和种族地位的复苏。简而言之，它没有解决在这个全球化时代的日常生活实践中的某些困难现实。这些现实是什么？在这个文化全球化时代，他们如何塑造个人身份的形成？我在下一章探讨这些和其他相关问题。

第八章　文化现实主义及其需求

1998 年的美国与墨西哥之间举行的“黄金杯”足球比赛纪录显示有 91255 名球迷在现场观看了这场比赛，洛杉矶纪念体育馆满是球迷。另外，还有 6941 名观众在附近的洛杉矶体育竞技场通过闭路电视见证了这场盛会。绰号特瑞科 - 洛尔（Trico-lores）的墨西哥队利用美国防守队员阿莱克西 · 拉拉斯（Alexi Lalas）在自家门前的失误打进了本场比赛的唯一进球。墨西哥队的路易斯 · 埃尔南德斯（Luis Hernandez）用头球完成了这一进攻。

第二天，大多数报纸对于比赛本身并没有进行太多报道，而是聚焦于观众。观众中有大量的拉丁美洲人。报道形容这些观众中的一部分人喧闹、粗暴。报道指出美国队员被投掷了水瓶和啤酒瓶。《洛杉矶时报》的记者写道：“这是非常丑陋的景象”（琼斯 Jones, 1998：C1）。

除了这一丑陋的景象，引起争论的是一部分观众为比赛结果感到“高兴”。美国球员马上发现“美国国家队在洛杉矶踢球根本享受不到主场的待遇”（琼斯 Jones, 1998：C1）。比赛结束之后，拉拉斯（Lalas）抱怨（引自琼斯 Jones, 1998：C7）道：“你适应不了这儿，每一次都让人生厌，我是土生土长的，知道你们来自哪儿，并且尊重你的故乡，但是明天早上所有的人都将起来且在美国工作和生活，享受着在美国生活的便利。除了美国，我永远不会为其他队效力，因为我知道它给予了我什么。”政治评论员和学者也加入了这次争论。这场比赛的记忆也并没有消退。很久以后，塞缪尔 · 亨廷顿（Samuel Huntington，2004：5）用它作为例子来谴责在美国少数民族社区中出现的“地方性身份”趋势，他警告道：“这会引起对美国国家身份的挑战。”

有意思的是，在英国竞技体育也被用来表达民族和国家身份引起的相同的情绪。1990 年，议会的成员之一，诺曼 · 泰比特（Norman Tebbit）勋爵，成为英国保守党的主席，他发起了一项“忠诚测试”（又叫板球测试），作为文化集成的测量。他宣称无论什么时候英格兰组织一场与以前的殖民地国家，例如印度、巴基斯坦或者西印度群岛的板球比赛，只有那些在祖先时代就回到英格兰的人才可以被真正地称为英国人。15 年之后，即2005年7月7日，一位在英国出生的自杀式袭击者袭击了伦敦地铁站后，泰比特指出，如果忠诚测试能够实行的话，“这一类的袭击将很有可能减少”（www.epolitix.com, 2005年8月19日）。他还补充说：“我所提到的忠诚测试是一个检验集体是否融合的测试。”泰比特早期极力推荐的“忠诚测试”，虽然在英国饱受指责，但是引起了对于“英国人风格”及英国国家身份构成的持续讨论。

以上所举的关于美国和英国的例子，都是围绕着身份这一主题。身份具体是什么？国家身份和个体身份有什么关联？那些对国家身份不构成任何威胁的个体身份或者民族身份的特点又是什么？文化全球化对于身份形成以及身份政治有什么影响？对于从文化全球化中产生的机遇和挑战会有什么现实反应？在这一章，我会在文化现实主义这一标题下，讲述这些话题以及和这些话题相关的内容。我们首先从身份和身份政治讲起。

8.1 身份和身份政治

身份，根据其词源来看，有“相同”之义。不管是从国家、民族、种族、宗教、等级、职业还是性别来等社会分类来看，身份都是构成成员关系的首要的条件。举个例子，一个美国黑人基督教女性，涉及美国、黑人、基督教以及女性这四个已经定义了的社会分类。有些从类型学上做的身份分类是先天的（例如种族身份），有些是后天的（例如职业身份）。在日常生活中，我们普遍地使用身份标签用以定位和区分我们自己。

虽然现在身份已经是一种日常现象，但是曾经的很长一段时间里身份也是不确定的。了解它的其中一种方式是从现代、后现代和后殖民地时期的观点中去寻找，很多学者就是这么做的（例如，阿帕杜莱 Appadurai，1996；吉登斯 Giddens, 1991；霍尔 Hall, 1996；詹明逊 Jameson，1991；斯皮瓦克 Spivak，1993）。这个问题很复杂，但也是个体和集体关系、个体协调自己和集体关系的决定性因素。简要地说，在现代（一般是指封建社会后的欧洲到20世纪初期），个体构建他们自己的身份是和早已存在的并且不变的国家与社会规范一致的。也就是说，个体身份是和家庭及集体紧密相连的。当个体遇到本质化的身份概念时，一些灵活的变化是可能的，但是他们也不得不从中找寻个体的意义。

在客观的外部世界施加给个体的社会分界的前提下，个体除了种族起源及个体出生这两个明确的特征之外，没有其他有意义的选择。因此，现代身份“在现代生活多产的结构下，注定会在明显的社会角色和社会关系中找到它的载体。这些结构已经为身份提供了确定的界限，关乎内外以及个体和别的个体的差别。这些界限也定义了个体和外部世界的隔离与联系的分界线”（邓恩 Dunn, 1998：64）。换句话说，现代身份更多是外部赋予的而不是内部构建的。

如果说现代身份代表本质主义，那么后现代身份就可视为代表着建构主义。也就是说，后现代主义把身份当作是在不断变化的基础上构建的。它把身份当作是碎片式，不是整块；多元化的而不是一元化的；广阔的而不是被局限的。后现代身份被吉登斯（Giddens，1991）称为“非嵌入式的”过程，原因是个体接替了一些决定自我感知的机构。霍尔（Hall，1996）把这个后现代主义者立场描述为“战略和位置的立场”（p.3）。他认为，后现代的身份概念“不表明自身核心的稳定，从历史变迁的开始到结束都没有改变；而是自身的某一点一直保持着‘相同’”（p.3）。身份信息，不仅被文化这一类传统因素，也被历史这一类外部事件力量等意识形态结构以及个人能力和实现自主决定的意愿等因素约束。

后现代身份的一个重要方面是“差异性”的概念。虽然对于差异性的强调在后现代领域是很突出的，但是差异和相同之间的复杂联系很早就已经成为哲学思考的问题。引用德国哲学家弗里德里希·黑格尔（Friedrich Hegel，1770—1831）的著作，詹明逊（Jameson，1998：75–76）说道，“黑格尔告诉我们怎样控制同一性和差异性这一类可能出现的令人烦恼的分类。他说，你从同一性开始，只会发现它总是根据它和别的事物的差异定义；你从差异性开始，就会发现一些关于同一性的想法。当你从观察同一性转变为观察差异性，并从差异性回到同一性，你就抓住了两者作为不可分割的对立存在，你就会知道两者不可偏废其一。”

美国哲学家查尔斯·泰勒（Charles Taylor，1989：36）也持类似论点。他认为，自我身份只存在于他所称的“对话网络”中。“仅仅当我与某一个确定的对话者有关系时，我才是一个自我；一方面是和那些帮助我达到自我定义的谈话对象有关，一方面和这些对我继续掌握自我了解的语言非常重要的人有关，当然，这些类别可能会重叠。”

虽然差异性和同一性同时存在，但是大多数时候，经常只有一个用来标记一个人的身份。没有哪一个身份是可以缺少差异性的，因为一个人的身份很大程度上是从他区别于别人的特征上定义的。我们每一个人都能很有道理地说“我是我，因为我不是你”，或者，用阿明·马卢夫（Amin Maalouf，2000：10）的话来说，“我的身份的存在是为了阻止我变得跟别人一样。”即使我们把自己匹配到一个基于种族、宗教或者其他关系的特定的群体中，我们仍然会努力通过把我们自己放在一个和这些群体中的其他人对立的位置来保持我们自己的个体身份。因此，最好把后现代的身份看作是“一个结构化的展示，它通过消解负面以达到正面效应。它需要解构其他身份，穿越阻碍，其自身方能得以建构。”（霍尔 Hall，1991：21）。这需要的是身份能够通过一种有意义的方式被理解，这种方式就是理解其他人并且承认和强调自己与别人的差异。

因为他一直强调差异性不同于现代性，更少地关注一个持久的身份的形成。相反地，后现代性认为身份是不固定的、不可持续的，是一直处于创造和再创造之中的。正如鲍曼（Bauman）简洁地区别道，“如果现代‘身份的难题’是怎样构建一个身份并且使其保持稳定，后现代身份的难题主要是怎样避免固化并且让其保持开放。在身份的例子里，跟其他的例子一样，现代性的口号是创造；后现代性的口号是回收”（鲍曼 Bauman，1995：18）。

后现代对于身份的观点也被后殖民地时期的学者所认同。关于差异性的讨论，他们提供了一个新的维度。他们指出过去的殖民主义，也有人或许会增加一条，现在的新殖民主义，通过设计一个更高的自我来扭曲、诋毁别人的身份。如我们在第二章讨论的，后殖民地时期的评论家萨义德（Said，1978）指出的关于东方主义的论述如何成功地在我们和他们之间建立起了二元对立，产生了一个精要的、静态的他者的身份。后殖民地时期关于身份的基本论述是，他者的身份是被霸权主义力量利用的。斯皮瓦克（Spivak，1993：63）也承认萨义德关于他者身份的错误的陈述的观点，并且称之为“解放了的社会干预”来纠正它。对于她来说这不仅仅是“一个通过对（阶级、性别或者民族文化）身份的声明来纠正受害者。这是一个关于提高警觉性的问题，这种警觉性主要体现在系统的适用性和不被承认的‘差别’的社会产物上，该差别则是进入阶级或者性别身份认同的文化政治的基础之一”（p.63）。

后现代和后殖民地时期对于身份的批评已经进入了身份政治。可以预见到的是，已经有政治领域的各方都表达了有意识地和有协商地来把身份标签放到宗教、国家服务和国际政治中去。最初，身份政治是被用来作为描绘被忽视的群体为了争取公平和正义而发起的社会政治运动。在这种情况下邓恩（Dunn，1998：20）把它描绘为“个体们通过在群体中的身份认同或者同盟关系来定义他们自己一项策略，这种认同和同盟关系来源于被边缘化的感觉和经历”。但是实际上，身份政治不会被边缘化的群体限制；它被社会主流群体主导。事实上，之前提到的美国人和英国人的体育事件是一个很明显的迹象，即身份政治实际上是每一个人的游戏。另一个例子是（亨廷顿 Huntington, 2004）最近的论文，带此国家身份的民族团体对美国的国家身份形成了挑战。毫无疑问，身份政治已经被特权阶级用来促使人们在我们和他们之间制造一个政治的楔子。

正如这个简要的解释所建议的，身份已经演变成了一个复杂的概念。最近的后现代和后殖民地时期的发展已经让它变得更加不确定。现在，迅速打开的全球化进程以及当代现实的存在使得一个更大的更棘手的问题正被置于其上。

8.2 当代的现实和身份的形成

在我看来，现在至少有 4 个因素在影响着身份的形成：全球因素、国家因素、社会因素和个体因素。

8.2.1 全球因素

今天的全球因素是在经济全球化和文化全球化两个并存的进程中出现的，两者都是被信息技术革命所推动的。这两个进程的发端和结果在第三章已经详细阐述过了。因此在这里我不再赘述。简单地回顾一下，我们知道了当代世界的特点是空间变小、时间缩短、界限消失，由此带来了一个横贯全球的史无前例的经济资本和消费商品、文化价值的潮流。正如历史学家弗朗西斯 · 福山（Francis Fukuyama, 1999）指出的，文化的改变很明显是由经济的改变驱动的。但是，用一种意想不到的、不被期望的方式动摇国家和群体的却正是前者而不是后者。掌控着被经济全球化弱化的经济和贸易问题，全球的国家都充满能量地从事着保护自己国家文化遗产的挑战。

我们在第三章还知道在文化同质化和文化异质化之间一直存在着不间断的张力，前者是为了弱化文化和宗教身份，后者是为了加强他们。这种张力正催生着一个创造性的“全球本土化”进程，即全球被本土化、本土被全球化。这个进程从表面上看，指的是现在在全球有一个文化产品和信息服务的自由潮流，看起来人们为了自己的目的一直在接受它们并且使用它们。因此，文化产品的供应商不得不向国外的土地开拓。例如，谷歌这个卓越的美国搜索引擎，为了获得中国快速增长的市场已经同意接受中国对其服务的审查。据 BBC 报道（“谷歌为了中国审查自己”，2006 年 1 月 25 日），谷歌能够“限制成千上万的敏感术语和网站……”。为了捍卫自己的立场，谷歌首席执行官埃里克 · 施密特（Eric Schmidt）说道：“我们已经决定了我们必须尊重当地的法律和文化。因此我们不会提供一些违法的或者不合适的不道德的诸如此类的信息”（《圣荷西信使报》，2006 年 4 月 13 日，p.3C）。类似地，美国的媒体巨头维亚康姆（Viacom）不得不在其节目中做出妥协，以便其 MTV 和五分钱娱乐场等青年网络可以进入中国。实际上，中国政府还是禁止五分钱娱乐场使用自己的标识。除此之外，中国学者刘康（1998：166）指出，MTV 已经迅速地被吸收并且成为一个传播儒家价值观和社会主义的有效工具。

承载着全球文化意象的新的信息技术同时也传播着必要的知识。事实上，对于知识而言，是不可避免地会跟全球的种族联系上，包括文化知识。在《纽约时报》专栏作家托马斯·弗里德曼（Thomas Friedman）的《世界是平的：一部二十一世纪简史》一书中，有一个这样的观点，世界已经由圆的变成了平的。他解释道，“世界扁平化意味着我们现在把地球上所有的知识中心连接成了一个单一的全球网络，这个网络——假如政治和恐怖主义不介入其中——可能会带来一次难以置信的繁荣和创新”（2005：8）。开放的全球网络使世界上的千百万民众在自己的区域平抑阶级制度成为可能。弗里德曼（Friedman）赞许地引用谷歌共同创始人，出生在俄罗斯，谢尔盖·布林（Sergey Brin）的话：“假如一个人拥有一个网络咖啡屋的宽带，拨号，或者入口，不管是在柬埔寨的孩子、大学的教授、还是我们这样的运行着搜索引擎的人，都有和其他人一样拥有的各类研究信息的基本入口。这是一个总均衡器”（p.152）。

弗里德曼（Friedman）把全球的轶事编成一张织锦，想告诉人们平抑阶级和运动场的历史有多长。虽然这样一个乐观的说法被数以百万计的被剥夺了政治力量和经济繁荣的人们合法质疑，但他说的关于全世界部分人们之间文化知识的入口只是部分正确。毫无疑问，国家、社会和群体在文化连接上史无前例地靠得最近。人们现在有更好的机会去了解别人生活的文化方式——好的、坏的和丑陋的。他们也有更好的机会去直接地或者间接地影响他们自己的文化群体以外的文化变化。因此，世界上的很多人都会看到文化成长的前所未有的机会，同时也会看到对于他们的文化身份的前所未有的威胁。

文化知识迅捷的传播速度以及由此产生的影响，加速了全球化的进程。正如弗里德曼（Friedman，2005：325）写的那样：

> 你让一种文化越多地自然地全球本土化——也就是说，你的文化越容易吸收外国的观点并且用自己的传统来实践和融合——你就会在这个平的世界里有更大的优势。全球本土化的自然能力已经成为印度文化、美国文化、日本文化、意大利文化

和中国文化的力量之一。例如，印度人认为蒙兀儿人来，蒙兀儿走，英国人来，英国人走，我们都取其精华，去其糟粕——但是我们仍然吃咖喱，我们的女性仍然穿纱丽，我们仍然以紧密的家庭单元居住在一起。这就是全球本土化的最好状态。

显然，在这样一个全球本土化的环境中，个体和集体面对的任务是去了解迅速变化的全球因素并且迅速适应他们的需求。这样一来，在国家因素的压力下，他们又要面对调整对全球因素的看法这一任务。

8.2.2　国家因素

从历史观点来说，我们现在知道的国家的概念离我们并不远。它是在18世纪后期才形成的。那个时期欧洲本土化的政治力量形成的封建系统正被挑战，这种挑战是为了建立自主统治的国家的主权与领土的原则。世界应该包括并且应该被分为拥有地理分界的独立自主的国家以及可能拥有明显的国家身份的地区。这一观点通过第一次世界大战后建立国际联盟得到了加强，并且在第二次世界大战后建立联合国得到了进一步加强。20世纪五六十年代，殖民主义在一些亚洲国家和非洲国家被终结，20世纪80年代苏联解体，实际上增加了世界上国家的数量。出于一种绝对的巧合，我写了这一段关于联合国成立60周年（2005年10月24日）的文字，此时联合国成员国已经由1945年的50个增加至191个。

自从国家形成后，国家的概念对于我们所有人来说都有一种神奇的控制。我们都属于一个国家，并且引以为豪。我们向国旗致敬，我们高唱国歌，我们在国家军队中服役，我们守卫着国境，我们维护着它的身份，我们把爱国主义的最高情怀灌输给我们的孩子。教育和政府机构一直致力于国家建设的任务。我们坚信国家有自由和高贵的能力。但是我们很少意识到，它也存在邪恶的镇压、种族灭绝、民族清洗。事实上，它是一个强大的控制力量。

然而，正如历史学家本尼迪克特·安德森（Benedict Anderson）一段著名的描述所说："一个国家是一个想象的群体，它之所以是想象的，是因为哪怕是最小的国家的成员都永远不会了解、碰到甚至听到他们大多数的同胞，但是交流的影响存在于每一个人的脑海里……它被想象成一个群体，因为不管事实上的不平等和可能的剥削，国家总是被构思成一个深刻的、同一阶层的同志关系。最终这种友爱让它成为可能，过去的两个世纪里，数以百万计的人们为了这一有限的想象之物宁愿献出自己的生命。"（1983/2005：

49–50）。显然，一个国家能够让人们跨越宗教、种族、阶级、性别和其他可能疏离人们的困难团结在一起。

虽然国家被认为是一个想象的群体，它确实有不可否认的现实方面。它闯入了我们的日常生活。我们平常使用的硬币和钞票就是典型的象征国家的符号。我们在重大节日场合会听到我们的国歌。国旗作为不可能被弄错的国家象征，是普遍存在的。“9·11”恐怖袭击之后美国民众把国旗挂在窗沿、门前就是一种自发地用国家符号来表达他们和国家的凝聚力的形式。护照、签证固定和严格的入境许可都是另一种对国家因素的提醒形式。通过强调这些普遍的经历，历史学家麦克尔·比利希（Michael Billig）质疑国家是在一个想象的群体的观点，并且争辩国家的想象是不小心产生的，被国民们通过日常的没有意识到的或者很少意识到的习惯复制。他用“平实民族主义”这个术语来参考国家主义的本质，并且把它描述为一个“国家的世界用来观察自然世界的意识形态——好像不可能有一个没有国家的世界存在”（比利希 Billig，1995/2005：184）。

一个没有国家的世界现在看来是难以置信的，但是一个没有边界的世界是可能的。上一部分论述的全球因素引出了国家政府和国家身份。它把国家政府的形象削弱成为一个地基不牢的摇摆的摩天大厦，推动了历史学家、社会学家、政治科学家和其他人去重新争论国家和国家主义。有些认为全球化已经弱化了国家政府的主权，将其变为一个过去形象的幽灵。这些人中的佼佼者有戴维·赫尔德（David Held），埃里克·霍布斯鲍姆（Eric Hobsbawn）和罗比·罗伯逊（Robbie Robertson）。根据赫尔德（Held，1988）所述，“任何把主权概念看作不可分割的，没有边际的，排外的和独有的公共力量的形式体现在个人的国家中都是永久的。”他认为主权国家已经成为“决定的接受者”和“决策者”。赋予像联合国和世界贸易组织这样超越国家的机构决策的权威，正是他的论据。更早时候，霍布斯鲍姆（Hobsbawm，1990：192）宣称，国家政府的现象已经到达了它的顶峰，并且开始下滑。他欢快地宣告：“黑格尔说，带来智慧的米勒娃的猫头鹰在黄昏时候飞出去了。这是一个环绕在国家和国家主义周围的吉祥标志”（p.192）。罗比·罗伯逊（Robbie Robertson）也高兴地持同样的观点，他因下述的可能性而欢呼雀跃：“小型本土文化将要回归人类，18 世纪末尤其是在 19 世纪，为了创造所谓的国家文化身份被国家政府废止的行为表达的多样性将会重生。由于国家政府弱化，被遗忘的边缘化的本土文化将会重新浮现”（罗伯逊 Robertson，2003：251）。

毫无疑问，全球化在弱化国家政府的过程中正扮演着一个关键的角色。它的影响表现为越来越多的宗教团体在国家政府中大胆地去寻求自治。正如吉登斯（Giddens，2000：31）所说，“全球化是世界各地本土文化身份复兴的原因。例如，假如有人问，为什么苏格兰人想在英国获得更多的独立，或者为什么在魁北克会有分裂运动，答案不仅仅只能在他们的文化历史中找到。本土的国家主义是对全球化趋势的回应，因为老的国家政府弱化了。”结果是，在一个国家的框架内承认地方身份是非常必要的。争取彻底的独立的分裂者，例如斯里兰卡的泰米尔人，加拿大魁北克省的法兰西人，都希望在国家宪法范围内协商和解决更多的政治、经济和文化自治问题。另一方面，国家政府正制定法律来授予地区实体更多的自治权，正如英国的苏格兰议会和威尔士议会的建立，以及近期的西班牙议会给予加泰罗尼亚东北地区更多的自治权。根据BBC的网上新闻，在西班牙议会上一直能够重复听到的关于加泰罗尼亚的口号是“时间会变，法规也应该要变”（BBC新闻，2005年11月6日）。

虽然有了以上这样那样的发展，还有一些杰出的历史学家和社会学家相信国家政府的概念仍然是有效的充满活力的。例如，麦克尔・曼（Michael Mann，1933）指出，国家政府并没有消亡，他们只是多样化了，他们仍然在日渐成熟。同样的，威尔・金里卡（Will Kymlicka，2001）提出“国家政府仍然有相当大的自治权，他们的公民仍然在用有特色的方式实践自治、表达自己的国家政治文化，公民们仍想像国家集体一样来面对全球化的挑战，表达他们具有历史意义的团结，渴望分享彼此的命运”（p.320）。在他看来，这些事实为国家和国家主义的概念提供了永久的意义和更新的重大影响。

从上述的讨论中可以很明显地看到，不管由全球化带来的政治、经济和文化规则多强，国家主义因素都不会被抹去。同样显而易见的是巨大的压力不仅来自以上（如，全球因素），也来自后面将要讲到的（如，社会和个体因素）。

8.2.3　社会因素

国家是群体的集合。宽泛而谈，一个群体可能由一些拥有共同的种族、宗教、文化或者是语言等将他们连接在一个社会网络里的因素的人组成。这些集合体外显为一个群体公认的价值观和信念，还有公认的可以帮助成员从神话中获得意义、从程序中获得理由、从符号中获得感官的基准解释。一个群体的成员被归属感和需要感团结在一起，并且作为一个拥有各种角色、关系和荣誉的社会人物存在。换句话说，每一个群体都创造了自己的社会因素。如社会心理学家杰赛普・蒙托瓦尼（Giuseppe Montovani，2000：16）所说，这个社会因素远远超出了个体间的关系。它“建立了个体间的纽带，把他们

放在一个框架中，这个框架连接着特定的价值观，这些价值观则被人们编制在用来探索现实的特定的地图中”。(p.16)

对于社会因素的探索常常被一些用来给人们定性的标签所推动。民族就是这种标签之一。从一个社会学的观点看，我们都属于一个民族群体或者另一个民族群体，我们和我们的群体有共同的宗教、历史和文化。通常情况下，“民族”这个术语是被用来指一个少数的或者“有标志”的人群分类，这个群体是和主流的或者“没有明显标志”的人群分类不一样。例如，在西方世界，任何非西方的事物，或者任何非白色人种的人，都被定性为民族的。这就是为什么我们听到民族食物、民族服装、民族音乐和民族节日——所有的少数民族的物品和时间。

在美国的拉丁美洲人或者中国人，在英国的苏格兰人和爱尔兰人，在斯里兰卡的僧伽罗人和泰米尔人，他们的民族标签不仅被描述为一个群体中的秩序，也被归因为这个群体中的成员的一系列特征。这些标签促使我们承认并且认为每一个民族都有自己的生活方式，做礼拜的地方以及自己的社会组织等。正如文化评论员奎迈·安东尼·阿皮亚(Kwame Anthony Appiah)所说，“一旦人们被打上标签，关于什么符合这个标签就拥有了社会和心理效果”(2005：66)。换句话说，人们不仅用这些标签来规定他们怎么看别人，也用来规定他们怎么看自己。阿皮亚还认为，“我的生活被一些想法所塑造，这些想法是通过一些合适的目标和方式表现起来像美国人、黑人和哲学家”(p.66)。换句话说，当一个群体的成员在协调他们的社会因素时，他们都被自己身上的标签影响着。

另一个定义人们的社会印记是语言。每一个民族群体通常都使用同一种语言。实际上，“整个身份的现象可以被理解为语言的现象”这一观点一致都被人们讨论着(约瑟夫 Joseph，2004：12)。一些著名的社会科学家(例如，安德森 Anderson，1983/2005；霍布斯鲍姆 Hobsbawm，1966)把语言和国家身份联系在一起，认为语言是国家主义者的意识形态构成的基础。例如，在法国“法语说得不好，破坏法语语法规则或者频繁使用外语词汇都在某种程度上被认为是不爱国的”(洛奇 Lodge，1998：30)。这个观点最近因为一件事情尤为让人理解。当法国总统雅克·希拉克(Jacques Chirac)在欧盟的一个首脑会议上，听到法国的商务部领导在用英文介绍代表团的时候，他愤而离席。BBC 新闻(希拉克被英文演讲惹恼，2006 年 3 月 24 日)报道称他被法国人用英文来演讲“深深地震惊了”。

在美国的“只说英语”的运动显示，每一个地方的国家主义者都试图定义并且培养一种国家语言。在现实中，虽然大多数国家都是双语或者多语种的，但是在同一个国家的不同的社会网络主要在一种语言的基础上运作。有时候，当群体间的政治经济压力达到顶峰的时候，语言就成为分裂运动的首要根源，例证为加拿大魁北克省的法语者、斯里兰卡北部地区的泰米尔语者发动的长期的斗争。这些特殊的案例证明即使当其他共性在一个国家中出现时，语言仍然是一个强大的有影响力的因素。例如，在美国的海外印度人团体不顾他们共同的文化和宗教遗产，把自己组织成为一个以语言为基础的社会组织，像古吉拉特语组织、坎纳达语组织、泰米尔语组织、泰卢固语组织等。

当民族、语言或者宗教在社会因素中运行得更为广泛时，其他的要素在更低的层次运作。人们可能会基于他们的政治观点（保守党、自由党），性别取向（男同性恋、女同性恋），体育兴趣（足球妈妈、汽车竞赛爸爸）等走到一起。社会学家用“实践群体”这个术语来指这些基于意识形态或者基于兴趣的社会网络，将其定义为“围绕着共同的约定而努力的人们的集合”（埃克特和麦康奈尔 - 吉内 Eckert and McConnel-Ginet，1992：464）。艾蒂安 · 温格（Etienne Wenger，1999）指出，一个实践群体是由相互约定、共同的事业以及一致的技能锻造在一起的。第一个指的是成员间意义和目标沟通的方式；第二个指的是将成员凝聚在一起的活动；第三个是让成功的实践变为可能的共同的资源。

需要记住的是，不管是在更广的还是更窄的水平上运作，群体都不是稳定不变的实体。他们实际上有重叠的界限。此外，没有群体可以隔绝它的成员和外界的联系。甚至在一个群体内的成员，也有很深的隔阂。正如温格指出的那样，“在现实生活中，成员间的相互关系是力量和依赖、高兴和痛苦、专家和无助者、成功和失败、得到和失去、合作和竞争、轻松和努力、独裁和共同决策、生气和温柔、吸引和厌恶、有趣和无聊、信任和怀疑、友谊和憎恨”（温格 Wenger，1999：77）。为了建立和保持他或者她的个性，个体不得不去应对的，正是这个复杂的社会因素。

8.2.4 个体因素

每一个个体都被认为拥有自我感知。正如在 8.1 中描述的那样，现代主义已经预设个体有固定的、一致的自我核心。而后现代主义则认为个体是在历史事件和社会空间中保持多样的、矛盾的、动态的和一直变化的。后现代的观点假设，搞清楚自我的意思蕴含着“反身意识”。“反身意识”让人联想到“自我意识”（吉登斯 Giddens，1991：25）这个术语。正是反身意识促使一个人去问“我是谁？”，并且在不同的时间不同的地点给予不同的回答。个体通过保持包含这合理选择的反思活动构造了一个自我感知。虽然个体在自我身份的构建上有一个显著的选择，国家和社会因素也经常在那些努力中扮演一个促进和约束的角色。

在全球化的时代中，个体被一系列充满迷惑的挑战和机遇困扰着。“自我和社会在全球环境中相关，这是人类历史上的第一次”吉登斯（Giddens）宣称（1991：32）。经济全球化和文化全球化随着电子媒体的发展极大地提高了全球互动的机会，对于个体的成长和发展而言，带来了无限制的可能。另外，相同和差异的界限也面临着巨大的挑战。身份政治现在已经延伸到吉登斯所说的“生活政治”中去了。生活政治被看作拥有将个体从文化固定性和等级统治中解放出来的潜力。生活政治“关注产生于后传统的环境中的自我实现进程中的政治主题，这些主题里，全球化影响了自我的反身项目，自我实现的进程影响了全球策略”（吉登斯 Giddens，1991：214）。

个体、社会和全球环境的复杂联系正迅速地将个体身份转变为一个消费者。在一个无情的被称为“与文化相称的经济和与经济相称的文化”（詹明逊 Jameson，1998：60）跨国商业进程中，消费者不断地被诱人的虚伪的声音轰炸，恳求他们在他们最喜欢的文化符号中塑造他们自己的形象。结果是，身份形成的过程通过四个基本的方式发生了变化：

> 第一，个体被转变为消费者，对于标识和形象的消费者。尽管社会身份保持不变（例如雇员、父母、学生），这些身份现在被归入了消费的角色，这些角色塑造并且制约了个体的社会方向和关系。第二，身份认同形成变化的来源，作为真实的、基于角色的关系，是从属于脱离视觉形象的大众文化的。第三，身份形成是在这样的一种感知中提取出来的，这种感知是从内在的自我变成包含商品化的文化的外部世界的事物和形象。第四，结果是，自我失去了从外部世界自治的感知。（邓恩 Dunn，1998：66）

由于世界范围内共产主义的变革以及自由市场经济的传播，文化的商品化正在加速前进。

自由市场经济所追求的全球市场理论是如此微妙的和诱人的，以至于它们生产和传递被我称作“人造身份”的东西。甚至在社会中，例如美国，个人主义被期望会处于统治地位，由市场推动的个人主义看起来十分兴盛。广告公司擅长给个体营造力量和控制的错觉，而实际上身份形成的本质是被利润驱使的消费品行业影响着。吉登斯（Giddens，

1991：197）指出，“由市场统治的个人选择的自由，正成为包围个体自我表现的框架。”

虽然在身份形成的过程中，个体不得不应对全球的、国家的和社会的因素，但是假定他们没有选择只能向更高的力量投降这种想法是错的。如帕夫连科和布莱克利奇（Pavlenko and Blackledge，2004：27）指出的，“个体是施事者，在不断寻找新的社会和语言的资源，用以抵抗使他们处于不希望的身份和地位的事物。”全球经济交流体系，例如互联网，让重要的知识对于寻找它的人来说成为可用的。这些系统也向那些不同于我们的人的想法和理想打开了一扇窗。通过使用这些设备，个体能够尝试理解他们自己和别人的生活方式。总之，“理解我们自己才创造了身份”（斯皮瓦克 Spivak, 1993：179）。

总结一下这部分，全球的、国家的、社会的和个体的因素是紧密联系起来的。他们在整体大于部分之和这样的协作的关系中互相塑造并且互相重新塑造。这种关系被看作是互动的，它的影响可能会在不同的时间、地点和情况下，在同一个个体中产生很大的变化。正是这个辩证的关系在当今世界的大部分地方指引着身份形成。在今天的环境中需要的是被强大的常识启发的现实主义的逻辑，这将有助于我们驾驭复杂的文化轨迹。

8.3　文化现实主义的概念

用一个正式的定义来开头，文化现实主义是这样一种概念，在这个已经全球化和正在全球化的世界上的任何有意义的文化成长都是可能的，前提是以个体、群体和国家适应身份形成的实用主义的方式，这种身份形成需要真正了解全球的、国家的、社会的和个体因素的竞争力量，并且有真正的意图去把这种理解转化为可运作的计划。就文化现实主义而言，有这样一个简单明了的预设：伴随着世界上人口、商品和想法的持续增长，全球化正在创造着一个新奇的“对话网络”，这个“对话网络”正有效地挑战着个体和国家身份形成的传统概念。这个改变正将世界放在一个创新的也是混乱的紧张气氛之中，这种气氛既团结了人们又隔离了人们。它也正在导致无计划的意外的针对在民族、种族、宗教和国家意识上有贡献的部落的运动。

文化现实主义的概念如何在个体或者国家的生活中起作用，可以在如欧盟这样的跨国实体的成功和痛苦中看到。欧洲一体化的想法有很深的历史渊源，例如，可以在19世纪的法国小说家维克多·雨果的激动人心的话语中看到：“这一天终会来临！当，你法国人，你，俄罗斯人，你，德国人，你，这块大陆上的所有人，在不丢失自己独特的品质和荣耀的个性的前提下，将会在一个更高的集体中融合在一起”[引自《经济学人》(*The Economist*)2003年12月30日]。欧洲不得不等候了很长一段时间来实现这个梦想的碎片。只有在第二次世界大战之后，才可能迅速地将政治和经济用一种牢固的方式系联起来。事实上，1992年，《马斯特里赫特条约》的批准完全形成了欧盟的机构框架，包括欧洲议会、欧洲部长理事会、欧洲法院、欧洲货币（欧元）。这些机构的设立是为了保证会员国的国家主权，同时也是为了要求他们遵循特定的原则来管理整个欧洲的政治、经济和社会生活。

政治、经济融合的胜利表现在欧盟由最初15个成员国，已经扩大到25个，并且有更多的国家希望能够加入，将它的领域由大西洋扩大到俄罗斯和西亚。自由的民主国家和自由的资本市场的建立促进了这片大陆上资本和服务的流动。这也为欧洲公民提供了更好的教育和工作机会，也提高了经济上升的流动性。正如《经济学人》(2005年12月8日）报道，欧洲的“值得表扬的”迁移已经引起了“人才流失周期”，技术工人正离开自己的国家去寻找“更高的收入和更好的生活”，高水平的专业人士在别的国家获得大量的经验后正回到他们的国家。通过这一切，廉价航空让旅行变得更便宜更高效。这样人们能够和他们的家庭、语言和文化保持联系，可以“更容易选择去多远，去哪儿”。大家都关注这些一体化的发展。例如，在2005年夏天的全民公投中，法国人民和荷兰人民拒绝了《欧洲宪法草案》，这样一来减缓了一体化进程。类似的是，当大多数国家已经把欧元作为货币时，英国、丹麦和瑞典却都没有实行。

欧盟面临的一个更大的挑战是社会文化一体化。人们希望政治经济联合最终会带来社会文化融合。《马斯特里赫特条约》有一项关于“欧盟公民权”的条款，所有成员国的公民都是欧盟的公民，这个条款是为了推动积极的公民身份，一个欧洲的身份。事实上，条约授权每一个成员国，通过培养他们的公民欧洲身份的意识来推动欧洲身份。条约的第128款为它的文化任务提供了一个前言：“共同体支持成员国的文化发展，尊重他们的国家和地区多样性，同时强调共同的文化遗产”（萨拉特 Zarate，1999：44）。这个定义清晰地表示每一个国家都可以自由地保持自己的文化身份，同时也必须促进欧洲身份的形成。

不像政治和经济议程那样成功，共同的欧洲身份这样的想法看起来很难，因为它触及了文化和宗教信仰的基石。欧洲主要是基督教人口（虽然有各种各样的宗派），和犹太-基督教信仰拥有文化共性。但是，每一个国家都自豪地凸显自己的文化，包括语言、文学、音乐、艺术和哲学。但是，人们齐心协力地在欧盟中努力去推动文化多样性。其中的一项努力的措施是组织一个年度文化论坛，在这个论坛上艺术家、知识分子和执掌文化事务的政府部长在一起构想在欧洲推动文化理解的策略。2004 年，第一次论坛在柏林举行，2005 年在巴黎和布达佩斯，2006 年在马德里和里斯本。欧盟也建立了“全球多样性奖”来表达多样性主题不止在欧洲也在整个世界的立场。于是，2005 年的奖项欧盟选择了两个非欧盟的名人作为全球多样性的代表：印度女演员艾西瓦娅・雷（Aishwarya Rai）和中国男演员成龙。这两个人在欧洲都成了文化印记。

尽管欧盟有全球多样性盛典，它仍面临着两个强调身份形成的当代因素的挑战。一个是土耳其的正式成员国问题。土耳其有七千万穆斯林人口，在 1963 年的时候成为了非正式成员国，并且于 1987 年申请成为正式成员国。虽然它很长时间都属于其他西方组织，例如北约（NATO），并且对于欧盟管理一些特定的社会问题的法律法规（例如死刑）很敏感。但是土耳其正因为它的伊斯兰身份面临强烈的反对。第二个主题，也是相关的，是欧洲国家越来越多的穆斯林出现了。根据最新的估计，有一千五百五十万穆斯林在欧洲生活，包括法国的五百万，德国的四百万，英国的一百五十万和意大利及西班牙的一百万。出于文化以及超出这本书的范围的其他理由，伊斯兰在欧洲的出现，以及主流社会对于其的反应正在形成一种不稳定的形势，这种形势将焦点聚集到身份形成上。一个典型的例子是 2005 年 11 月，在法国由穆斯林年轻人引起的骚乱。根据法国总统雅克・希拉克（Jacques Chirac）表述，这不亚于是“身份危机”。

法国人和其他欧洲国家面临的身份危机不局限于内部的发展。欧洲人认为全球玩家——美国流行文化正威胁着他们的文化身份。他们指出，好莱坞控制了欧洲 72% 的电影市场；50% 的欧洲电视节目是来自美国；90% 的畅销小说是用英语写的。由于这类威胁，所有的欧洲人最近都支持一个由法国人领导的在联合国教科文组织（UNESCO）发起的运动。这项运动旨在促成一个关于文化多样性的公约，来促进其拨款支持世界范围内的国家支持自己的文化，保护大多数文化交流免于受像世界贸易组织（WTO）这一类国际机构采用的自由交易的规定的制约。顺便说一句，这个公约在联合国教科文组织以绝大多数赞成（148 票赞成，2 票反对，美国投了其中一张反对票）得到了通过。这表明其他亚洲、非洲和拉丁美洲国家也都很关注文化全球化和它对自己的文化遗产的威胁。

把欧盟的跨国项目的政治经济的成就和社会文化的焦虑与东盟（ASEAN）进行比较是有益的。东盟是在 40 年前成立的十国联盟，这跟欧盟有点儿类似，主要的目标是通过共同承担风险促进区域性的经济增长、社会进步和文化发展。但是，它没有明确地表示东盟是为了形成一个“亚洲身份”，虽然像“亚洲价值观”这样的术语已经被用来解释和说明一些政府计划。缺乏共同的文化身份可能正被认为是跟欧盟不一样的地方。欧盟是一个巨大的基督教国家的团体，而东盟的国家则包括不同宗教文化背景的国家：佛教文化（柬埔寨、泰国），儒教文化（新加坡），基督教文化（菲律宾），伊斯兰教文化（文莱、印度尼西亚和马来西亚）。政治上也是这样，欧盟国家是民主国家，而东盟国家则包括共产主义国家（越南和老挝），军事政权统治国家（缅甸）[①]，一个伊斯兰君主制国家（文莱），以及多种形式的议会民主国家。

如果这样的话可能会更可靠，因为东盟是被经济和教育而不是被共同的文化议程黏合在一起的。像欧洲一体化进程中的文化动乱在东盟国家中是很少的。即使在一个像新加坡这样的多语言和多文化的国家中，对新加坡人的国家身份的强调不会减少华人、马来人或者印度人的民族身份的价值和生活方式，这些次国家的身份也不会被看作是国家身份的威胁。这些民族群体中的任何一个都有自己的社会因素，这些社会因素通过家庭、文学和文化协会、礼拜处所等社会机构来调节。在他们的语篇中，这些群体都用自己的母语来保证身份、传统文化和他们的价值观。正是社会因素，通过紧密结合的交织在一起的安全的网络，在他们面对全球和国家因素的挑战时为个体提供了一个减震的缓冲，来创造并保持他们的个体身份。

欧盟和东盟的尝试为我们提供了一个关于文化现实主义逻辑的例子。形成一个共同的欧洲身份在内的理想主义的项目正引起跨国家的、国家的、社会的和个体的利益之间的紧张形式，而不是政治的、经济的，甚至更大的宗教共性。相反，更实用的、更没有野心的东盟项目，以其国家的多样性政治、文化和宗教信仰，已经展现出为了本国公民经济和社会的流动性而凝聚在一起的能力，看起来也加强了国家、社会和个体身份，并且对公民和他们的文化价值观没有任何威胁。

不仅像欧盟、东盟这样的跨国家的实体说明了文化现实主义身份形成的复杂性，像新加坡这样的多语言和多文化的国家实体的例子也说明了这个问题。像美国和英国这样拥有大量的移民及其后代的国家，全球的、国家的、社会的和个体的因素正拓宽居民身份这一概念，直到最近才和国家政府联系起来。跨国公民正成为一个因素，而且在法律

① 缅甸现为总统制国家。2008 年 5 月，缅甸联邦共和国新宪法获得通过，规定实行总统制，并于 2011 年 1 月 31 日正式生效。

上越来越得到巩固。像巴西、墨西哥、印度和以色列这样的国家允许已经在别的国家，例如美国，获得居民身份的人保留双重国籍。一些国家甚至还给他们在母国保留选举权。公民身份的形式和意义正在从根本上改变，王爱华（Aihwa Ong, 1998）用“弹性公民权”这个术语来指那些可以从不同的国家政权中选择不同的投资、工作和安家的地点来获益的策略和影响。

跟共同的信念相反，文化的复杂性带来的挑战不止出现在移民国家。根据联合国发布的《人类发展报告》(2004年，以下简称《报告》)，这个世界上几乎没有一个国家是文化同质的。《报告》指出，世界上将近200个国家包括了5000多个民族部落。三分之二的国家有至少一个大的少数民族——一个民族或者宗教团体占全国人口的百分之十以上。跟这些社会一样，“我们看到大量的复杂的、后国家的社会结构诞生。这些结构围绕金融、招募、合作沟通和再生产等原则组织起来。这些结构本质上是后国家的，不仅仅是多国的或者跨国的”(阿帕杜莱 Appadurai，1996：167)。上面的例子表明不管是什么级别——超越国家的、国家的或者次国家的——文化现实主义都在对所有参与者发挥巨大的要求。

据大家所说，个体看起来正以一种丰富他们的日常生活实践的方式努力和复杂的、后国家的社会结构进行协商。越来越清楚的是，承载着文化形象的美国媒体和娱乐的全球传播，并没有带来对西方文化价值的全盘接受。食物和时尚也是这样。非西方人很少会因为他们穿西方昂贵的衣服或者享受西方的快餐，就被认为在文化上被西化了。同样，经常光顾中国、印度和日本餐厅的美国人，或者享受流行的咖喱鸡块（顺便说一句，已经被称为英国的国民食物）的英国人，也不会被认为拥抱了亚洲的文化价值观。反之，如联合国《人类发展报告》(2004：88）指出的，仅仅因为民族团体的成员想保持自己的文化身份，这“并不意味他们对自己的新国家不忠诚。在德国的土耳其血统的人，在家里可能会对下一代说土耳其语，但是也会说德语。在美国的墨西哥人可能会为墨西哥足球队欢呼，同时也在美国军队中服兵役”。这些例子让我们有理由相信，不管身份政治被既定的利益所实践着，个体之身可能会同时在几个文化领域中进进出出。但是，也有不可否认的事实，即文化现实主义对于个体有不同寻常的需求。

8.4　文化现实主义及其需求

文化现实主义要求，在受教育的国民中要对全球化带给他们的力量——即文化评论家阿里夫·迪尔利克（Arif Dirlik，2003）所说的“全球现代性”——有更高的意识产生。自相矛盾的是，当代世界不仅不得不和跨国利益为了寻求控制作斗争，还要和保守的原教旨主义的复兴和文化传统作斗争，此外还要和跨国的全球资本主义联盟做斗争。关于全球现代性的特殊地方是“准确地说是跨国性的要素：美国在全球经济和政治中的分量是毫无疑问的，统治阶级在美国的利益实现的最好方式不是对立，而是和其他地方的统治阶级的利益进行合作，通过包括全社会代表的跨国组织，和他们有差别的、矛盾的但是又有共同点的声明——在它的核心是全球化的资本”（迪尔利克 Dirlik，2003：213）。不像现代性和后现代性，这两个都是和欧洲有关的，全球现代性是和跨国有关的。

个体最需要的，用以理解文化现实主义以及它对身份形成的影响的是全球文化意识。文化现实主义有能力提供位于全球文化意识的发展中的策略。这样的一种意识需要一个重要的反思性思维，这个思维能区别真实和非真实、信息和假信息，想法和意识形态的差别。只有这样一个重要的思维能够帮助个体提高知识、技能和必要的战略来应对当代因素的挑战。

发展全球文化意识是一个复杂的进程，要求持续不断的自我反思。在这样一个自我反思中引导个体的是他或者她基于自己文化遗产上建立的价值体系。一个人在其他文化中学到的知识和经验不仅仅拓展了一个人的文化视野，也巩固和认识了自己的文化遗产。这个重要的自我反省帮助一个人去定位并且理解在自己的文化中，以及其他文化中什么是好的、什么是不好的。它最终会带来一个更深刻的文化转型，不仅是表面的文化信息。理解其他文化的过程中，我们也更好地理解了自己的文化；理解了我们自己的文化，能更好地理解其他文化。我们用这些更深刻的理解去丰富我们以及我们所爱的人的生活。当我们这样做的时候，并且做得正确的时候，我们不是文化融合。我们不是文化杂糅。我们实际上是文化成长。

真正的文化成长，严格说来，是来之不易的。它必须是个体通过在生来继承的文化和后天实践学习的文化之间进行有意义的沟通，并且自觉地系统地建构起来。继承的文化应该可以和学习来的文化进行自由互动，这样才会相互丰富起来。丰富的关键是个体的生活经验。全球文化意识要求所有的个体像自动调节的人类一样运作，这类人必须有接收、理解、交流和判断文化信息的能力。这样一种意识会成为自我反省和自我重建的工具。

在低估了个体能力的现代主义者和高估了个体能力的后现代主义之间，文化现实主义通过承认文化身份是被社会习俗化的、被个人建构的，来表示一种矛盾的、对抗的忠诚。在自我傲慢的稳定和他者可怜的边缘化之间，文化现实主义引出了社会急切需要的现实，即没有文化能表现所有，只有最好的或者最坏的人类文化体验。每一个文化群体都有让人自豪的美德，每一个文化群体也有让人感到羞耻的恶习。说这些不是为了信奉文化相对主义，而是为了接受文化现实主义。不同之处是，鉴于文化相对主义盲目相信不存在普世的人类行为或者社会道德的标准，并且没有价值判断可以对其他文化的信仰和实践进行评判，文化现实主义固执地认为没有个体或者群体对于自己而言是一个孤岛，不管是在文化的充足性还是在人类的生存能力方面，尤其是在全球化的领域。如神学家乔纳森·萨克斯（Jonathan Sacks）说的那样，“每一种文化，都会为人类智慧这个总体作出贡献”（2003：64）。

简单迅速地总结一下，远离有争议的民族同化论，或者温和的多元主义，或者实用的跨文化主义，文化现实主义追求的是在它的现实中抓住文化的多样性，并且给予个体在文化转型中的能力。通过利用这样一种方式，文化现实主义通过持续地在相互冲突的信仰体系中进行协商，来强调一个人身份的形成和重塑。

8.5　结语

前面几章讨论的一些流行的关于文化同化、文化多元主义和文化杂糅的概念没有充分地解释全球、国家、社会和个体因素之间是如何紧密相连，或者这些关系如何质疑传统的身份形成的概念。怎样处理当代因素引起的挑战是一个令人烦恼并且没有充分说明的问题。在这一章，我试图通过假定文化现实主义的概念来说明这个主题。我认为真正了解了文化全球化对于当代世界身份形成带来力量是多么复杂和矛盾，有助于我们应对这些力量带来的混乱局面。我提出的命题，创造全球文化意识是抓住文化现实主义挑战的一条路。在下一章，我会呈现一些确定的教育可能性，可能为我们的读者创造全球文化意识打开可行之路。

第九章　文化现实主义和教育学原理

我已经成为了一个奇怪的东西方混合体，每一个地方都不合适，每一个地方都不自在。

—贾瓦哈拉尔·尼赫鲁（JAWAHARLAL NEHRU, 1936：596）

我不想让我的房子被围墙环绕，我不想我的窗户紧闭。我想让各地的文化自由地进出我的房子。但是我拒绝被任何一种文化吹离地面。

—莫罕达斯·甘地（MOHANDAS GANDHI, 1921：170）

两个领导者的故事

一个是出生在富裕的、世界性的家庭里。他的父亲在殖民地时期的印度是一个成功的律师，同时也是一个有影响力的政治人物。在当时印度最有声望的学校接受了教育之后，他又到英国最好的学校之一——剑桥大学——深造。在英国生活了七年，成功地通过了律师资格证考试之后，他又回到印度。为了避免走他父亲从政的老路，他开始实践自己的法律知识。在英国逗留期间的经历将他的思维西化了，这体现在语言和行为方面。不是西方的生活方式对他来说都是陌生的。实际上他在出生和成长过程中，正如他在家喻户晓的自传中写的那样，“变得越来越西化”（尼赫鲁 Nehru, 1936/1980：5）。

另一个出生在印度一个传统的中等阶层的家中。他的爸爸如他在自传中提到的，“没受过教育，把这个当作是一种经历”（甘地 Gandhi，1927/1997：4），“从来没有积累财富的野心”（p.3）。通过长年的工作，他的爸爸成为州财政长官、一个省级官员。甘地自己在早期的学校中并不是一个出色的学生，但是他还是努力去英国练习做律师。在伦敦大学学院成功地完成三年的学习之后，他回到印度来实践法律事务。数年之后，他出现在南非的法庭中。在那儿他的生活经历了巨大的变化，因为他决定发起并且领导一个民权运动来为个体的尊严抗争。在那儿他尝试了“非暴力不合作运动”，后来在印度取得完美成果。他的生活有国外生活的烙印，但是，这种经历更加固化了他的印度文化。

甘地和尼赫鲁用历史性的非暴力抗争方式从英国殖民下解放了自己的民众。他们一起奋斗了近 30 年。印度最终于 1947 年获得了独立，尼赫鲁成为印度的首任总理并且一直担任该职位直到 1964 年去世。他为印度社会经济的独立发展奠定了基础。他也是一个素养颇高的作者和历史学家。跟尼赫鲁不一样，甘地放弃政治，发誓将自己投身于和平解决次大陆上敌对的宗教团体的事业中去。但是，独立后的几个月之后，他就死于暗杀。他的生命，如他经常所说的那样，他一生的追求——真理与非暴力，即是他想要传达给世界的信息。整个国家感念于甘地的贡献，尊称他为“国父”，称尼赫鲁为“饱学之士”，并且把他们的生日作为国庆节来庆祝。

这两位领导人的故事和这章的主题有什么关系呢？这个故事一定程度上可以告诉我们，所遇到的文化类型是如何以完全不同的方式影响那些富有想法的个体的。它表明，拥有共同的宗教、历史、国家和政治环境的个体是如何与接触到的文化以完全不同的方式处理的。更重要的是，它强调了在文化身份形成过程中的个体能力。

尼赫鲁处理印度和西方文化传统的方式让他成为一个矛盾的、杂糅的身份。这种身份和我们在第七章中讨论的非常像。他惋惜道，“我既不能去掉过去继承的也不能去掉我最近得到的。它们都是我的一部分，虽然它们在西方和东方帮助了我，但是也给我带来了一种精神上的孤独感，这种孤独感不仅存在于公共活动中，也在生活中”（尼赫鲁 Nehru，1936/1980：596）。精神孤独、文化中间人、心理学上的矛盾情绪，这些文化杂糅的特征萦绕了尼赫鲁一生，结果是这位博学的、世界性的知识分子发现自己是在一个文化的监狱中——既不是这儿也不是那儿。这位大众领袖曾公开承认，“在我的国家，我有一种被流放的感觉”（p.596）。

甘地则没有这样一种疏离的感觉。他没有尼赫鲁经历的那种文化矛盾。他知道他的文化植根之处。他也知道这些根在哪儿分叉。更重要的是，他知道这些根在哪儿汲取养分。他在国内和国外经历的文化让他成为一个富有的、启发性的文化人物。当他高兴地打开他的窗户去让陌生文化吹进来的时候，当他用他们来塑造自己的想法和行动的时候，他的脚仍然稳稳地站在他所继承的文化之中。他反复地强调环绕自己最优秀的文化的重要性，自己的文化没有因为要接受别的优秀文化而被抛弃。他说：“我反对排斥别的文化或刻意设置障碍阻碍文化交流沟通。但是我满怀敬意地主张，对别的文化的欣赏应该在后面，而不是限于对我们自己的文化的欣赏和同化”（甘地 Gandhi, 1921：277）。正如牛津大学学者罗伯特·杨（Robert Young）说的那样，“甘地把对于其他文化价值观念的、分散的、直接的感受总结提炼融入其对本土印度文化的认知之中，并以此为根基，对世界上其他伟大的宗教精神遗产兼容并蓄”（杨 Young, 2001：366–367）。甘地大声地宣布“我的宗教禁止我轻视和忽视别的文化”（甘地 Gandhi, 1921：277），他拒绝文化孤立主义，并且承认他在自己的身份形成过程中西方文化对其的滋养。

我认为，正是甘地对于文化成长的观点，以及支持他的观点的两个支柱——植根本族文化和开放，为当代世界的全球文化意识的构建提供了一个坚固的基础。实际上，由于我们在前面章节讨论的复杂的和相互矛盾的因素，甘地对于文化意识的想法在今天更显得具有现实意义。语言教育者面临的这些艰难的任务之一是如何在他们的学生中提高全球文化意识。为了促进关于这个任务的思考，我在这一章展示了一些特定的关于基本要素和教学重点的教学方法。

9.1 基本要素

关于基本要素，我指的是，能够以批判视角从前几章提到的对于人类学、社会学、历史学和文化研究等衍生出的广义理解。我下面列举五个主要的因素，每一个都简要描述（详见引用章节）：

文化的关联性：文化不是以隔离的状态存在的。他们是互相关联的。他们影响别的文化，也被别的文化影响。因此，他们很少以一种纯粹的方式存在。严格的文化范围可以说是一种假象而不是现实。文化界限，是被人工画出来的范围，已经变得可渗透，我们在经意不经意之间都已经不断地穿过这些界限。虽然文化通常和上级国家实体联系起来（美国文化、英国文化、中国文化等），但是它在各种各样的次文化的层面上运行，例如种族、宗教、民族、阶层和性别。一个家庭中的个体、社区中的家庭、国家中的社区，在展示他们共有的文化特征的同时展示着特定的文化特征。因而，文化有很多因素嵌在不同的阶层中。（第二章和第八章）

文化的复杂性：虽然文化在日常生活中是完整的状态，但是它也保留了很难懂的概念，不好理解，并且带来文化成见和文化他者化。文化成见是非常普遍的。我们对别人有成见，别人对我们也有成见。我们一般都会接受并且扩大成见，并不加以反思。成见也和他者化有联系，尤其是在这样的感觉中，个体和群体之间有一种自然的趋势来描述自己的文化，当其中一种文化是高级的，另一种是低级的。两者在宗教、种族、民族和语言等方面呈现出来不同。成见形成和他者化的过程，主要是源于一个简单的甚至过于简单化的颂扬自我和排斥他者的固有观念。（第二章和第四章）

文化的全球化：全球化目前的浪潮跟以前很不一样，正在用空前的速度和规模塑造文化资本和新的知识潮流。它已经引发了全球化中文化同质化和异质化同步进行，这将把这个世界放在一个被看作要弱化本土文化、和被看作要强化他们的力量之间的不舒服的氛围里。全球信息系统，依靠着便捷的万维网，已经在世界的很多部分的人群中创造了一个让人震惊的文化意识。结果是，人们看到对于他们的文化成长有前所未有的机会，同时也看到对于他们的文化遗产有前所未有的威胁。这种威胁——感知到的或者是真实的——已经带来了文化政治效应。在文化政治中，既定利益在政治范围内为本土的、宗教的、国家的和跨国的政治利益开发文化市场。（第二、三、八章）

文化因素：有四个因素在影响着当今世界迅速变化的文化生活：全球因素，象征着全球邻居生活在一个不断缩小的空间、时间里的时代的来临；国家因素，培育了强健的国家主义，是作为对日益增强的全球文化同质化做出的反应；社会因素，通过像家庭和社区这样的社会机构产生和持续；个体因素，个体因素把个体描绘为复杂的、矛盾的、有活力的。这些因素被锁在一个整体大于部分之和的协同关系里。这种关系已经在民族、种族、宗教和国家意识和全球民众的压力之中产生了一定影响。所有这些正让文化的关联性和复杂性变得更加显著和不确定。（第二、三、七、八章）

文化身份：以上提到的因素都对文化身份的形成有影响。这种影响因人因时因地而有不同的变化。文化商业化在被制造业和市场扭曲的全球自由市场经济中，增加了身份形成过程中的另一个维度。在这些环境下，个体既是承受者也是行动者，有时候屈服于控制因素，有时候成功地在自我身份形成过程中行使一些代理权。通过维持少量的个人力量，个体努力地积累能对自己的文化成长和在更大的社团中的文化改变做出贡献的文化资本。（第二、三、七和第八章）

把这五个基本的因素放在一起，即有可能在当前的全球化环境中为文化的教与学提供必要的理论基础。这五大因素也提醒我们，语言教育领域不能与全球化力量对于个体或者国家的文化身份的影响保持隔绝与孤立。它们对优先教学点具有极大的启发意义，对于具体的教学策略，特别是在提高学习者全球文化意识方面有指导意义。

9.2 优先教学点

上面提到的基本因素促进了我们重新思考对于文化教与学传统的理论和实践中的教学优先点的选择。为了把对文化全球化带来的变化和挑战非常敏感的教学项目落实到位，我们也需要认真探索什么样的转换是符合需求的。这样一种转换，我把它形象化，规定了我们的优先教学点中的几个转变。我想强调其中的五个转变:（1）从目标语社区到目标文化社区。（2）从语言表达到文化联合。（3）从文化信息到文化转型。（4）从被动接受到批判性反思。（5）从有意思的文本到有信息量的文本。接下来我会进一步阐述这些转变的具体表现，它们包含了语言教育的很多方面，包括政策和计划、理论和材料。

9.2.1 从目标语社区到目标文化社区

第一个并且最重要的改变了语言教学的优先是将焦点从目标语社区转移到目标文化社区。到目前为止，在大多数正式的语言教育体系中，文化的教与学被限制在文化信念的教与学，以及和目标语（T2）社区的成员相关的实践中，这些社区里的人们以学习者学习的语言为第二语言或者外语（L2）。潜在的假设包括:（1）语言和文化是紧密相连的。（2）学习第二语言也意味着学习第二文化（C2）。（3）第二语言学习者为了互动性目的（例如，旅行）、融合性目的（例如，关系）和工具性目的（例如，事业）学习必要的知识和技能。

对于目标语社区的焦点和目标语社区潜在的假设这一“公理化的”信念中得到很好的体现，即在“文化学习必须作为语言学习的一部分，反之亦然”（拜拉姆和摩根 Byram and Morgan, 1994：5）。它们也涉及了和前文章节提到的三个主要的文化概念——文化同化、文化多元主义和文化杂糅——相关的一些教学实践。简单地回顾一下，被文化同化启发的教学实践让第二语言学习者去学习语言和文化的细微差别之处是必要的，这有利于了解目标语社区的生活方式、行为、价值观和信念（参看第五章）。被文化多元主义影响的教学实践鼓励第二语言学习者去保留并且保护第一文化（本土文化），也承认并且尊重第二文化和其他文化的精华（参看第六章）。倾向于文化杂糅的教学实践则鼓励第二语言学习者去创造一个来自第一和第二文化的中间的第三文化（参看第七章）。为了达到特定的教学目的，这三项以这样或那样的方式持续不断地帮助第二语言学习者搭建第一和第二文化的文化图景。

我认为在文化现实主义的环境以及它用以推动我们的学习者发展全球文化意识的规

则中，文化的教与学不能也不应该仅局限于目标语社区的文化中。仅仅关注目标语社区的文化不仅不能充分面对当代文化的挑战，也忽视了第二语言学习者对于发展全球文化意识的需求。这种观点让学习者错误地相信，他们对于第二语言的选择以及他们对于第二文化的知识是足以让他们面对由经济和文化全球化带来的挑战；更不能帮助学习者认识到局限于第二文化的跨文化能力。仅仅让他们知道如何面对另外一种文化挑战，而不是外部世界多样的挑战。因此，需要做的是拓宽教育对于文化教学的焦点，将其从目标语言社区拓宽至目标文化社区。

目标文化社区，我指的是在世界上的多种文化社区，应该成为语言教室中文化教学的主要目标。为什么要以多种文化为目标？最重要的原因是，在当今全球化的环境里，即使第二语言学习者不走向世界，世界也会走向他们。因此，对他们来说，意识到一个更宽的文化社区网络，不仅仅是目标语社区，这样的信念和实践是有益的。为了帮助他们发展全球文化意识，这样一个超越目标语社区的焦点，很明显是必要的。补充一点，强调全球文化意识不是意味着第二语言学习者应该被介绍去认识这个星球上居住的所有人的文化信念和时间。在可行性和可用性之间，瞄准多个社区是必要的，多个社区呈现的文化规范可能对一组既定的学习者的日常生活实践会有影响。

考虑到国家、宗教、国际发展以及个体和机构的利益，政策制定者和教育者可能会制定一系列标准，来选择一些任何语言项目都可能注意到的社区。基于这些标准，在职老师和他们的学生可能最终会选择他们希望选择的文化社区。为了提供一些有特殊参考价值的说明性例子，我们在第八章讨论了两个超越国家的实体以及他们的身份难题，来自欧盟成员国的第二语言学习者可能会选择包含他们的文化信念和实践的欧洲社区。同样，来自东盟国家的第二语言学习者会关注有东盟文化背景的社区。另外，这两组都会发现了解美国（因为它的全球影响力）、中国（因为它是新兴的力量）或者伊斯兰世界（因为它与当前的关联）的文化社区也是非常有用的。在这样的计划范围内，许多排列和联合成为可能。显然，最后的集群将随国家、环境而发生变化。

将焦点从目标语社区转变到目标文化社区，是为了使目标语言的教学和与其相关的文化教学分离。毫无疑问，任何被老师和学习者放在一起的文化社区都会突出必要的象征目标语社区的文化，但是教学的焦点不会受其限制。实际上，假如这个想法能在逻辑上走到最后，文化的学与教应该限定在“语言”教室里并限定在“语言”学习者上这种假设就不存在了。考虑到文化全球化以及对它的研究的跨学科的本质，通过课程来讨论文化是很有意义的，正如我们通过课程来讨论语言。学校和学院的几个学科领域的班级，尤其是在像人类学、社会学、心理学、历史学和政治学这样的人文学科和社会科学的领域，可以轻易地从文化问题的充分讨论中受益。

跨文化课程的可能性，即使它得到充分的探索，也不会以任何方式让自由语言教师承担文化教学的首要责任。语言教师面临的帮助学习者构建他们的文化身份的直接挑战和机会都比其他教育者要多，因为大部分情况下，学习者都是在语言教室里和不熟悉的语言和文化打交道。在这样的一个交流的空间里，语言不仅是语言事务的模式，也是文化表达的媒介，因此也是焦点的下一个转变的重要性。

9.2.2 从语言表达到文化联合

引用一个主流的二语习得研究观点，即学习一种第二语言意味着学习使用新的音韵学、语法、词汇和语用特征，语言教学一直专注于帮助学习者成功编码和解码语言特征。遵循一个类似的方向，第二文化教学也关注于文化表达的语言实现。在 20 世纪 80 年代的时候，交际法在语言教学中流行起来，大多数文化教学被看成努力帮助第二语言学习者提高语言能力，以使他们为了特定的目的用符合文化的合适的方式在特定的环境中使用特定的演讲行为和目标语言。因此，语用规则和语法，以及问候、要求、拒绝、道歉、抱怨等交际行为词汇结构绑在了一起，成为文化教学的一个重要特征。许多跨文化研究，例如，布卢姆 - 库尔卡、豪斯和卡斯珀（Blum-Kulka, House and Kasper）1989 年编辑的书籍；卡斯珀和布卢姆 - 库尔卡（Kasper and Blum-Kulka）1993 年编辑的书籍，详细地调查了特定语言的母语者的演讲行为，并且把他们的行为模式设计成模型让第二语言学习者去模仿。这些研究收集了一些令人印象深刻的跨语言数据，其中的一些能够轻易地被吸收到篇章语法中。

对于语言机制和母语者的语音的有限关注已经被提倡社会文化理论对二语习得研究、学习和教学的重要性的人质疑了（见兰托尔夫 Lantolf, 2000，关于该主题最新的一卷）。他们不把“二语学习看作是一套语法、词汇和语音的形式的习得，而是作为一种具体的社会构建并且总是积极参与新的文化生活的过程。”（帕夫连科和兰托尔夫 Pavlenko and Lantolf, 2000：155）。因此，二语学习包括“有意地和一个人的多重身份的调和，这些身份是在和另一个语篇成员的交流中重新形成的”（p.172）。它也牵涉到一个关于身份的概念，这个概念是基于语言学习者和目标语言使用者之间的社会力量的关系（诺顿 Norton, 2000）。这些发展已经引起了一种意识的增强，即文化教学必须超越对母语者的语言表现和他们的文化观点。

所以，第二语言教育家，像迈克尔·拜拉姆（Michael Byram，1997），克莱尔·克拉姆施（Claire Kramsch，1993），安尼塔·帕夫连科（Anita Pavlenko，1998），盖尔·罗比森（Gail Robinson，1991），和其他人已经强调过人类是怎样翻译他们的跨文化经验，他们是怎样在跨文化境遇中构建意义，以及他们怎样发展跨文化交际能力的。他们已经指出文化理解不只是了解离散的物体，而是认真地努力理解人们是如何生活和表达他们的生活。因此，文化教学应该把第二语言教室当作学习者的意义和母语者的意义之间斗争的场所。通过在“本土文化熟悉的意义和目标文化的意外意义之间的挣扎游走，以前认为理所当然的意义会突然被质疑、挑战”（克拉姆施 Kramsch, 1993：238）。这种经历可以帮助第二语言学习者创造他们自己在母语者意义和他们自己的意义之间的个人意义。因此，有一种可行的建议是，促进教室里的文化意义的一条路是使用可以叙述自己的二语、第二文化学习经历的双文化或者双语作者的回忆（帕夫连科 Pavlenko, 1998）。

我们注意到，甚至文化教学这个扩大的概念，虽然努力去超越文化经历的语言艺术，仍然专注于目标语社区的文化规范和互动。虽然从狭窄的语言实现到更宽广的文化经历实际上是一个重大的进步，但是它对于目标语社区的焦点可能对于遇到文化全球化的挑战仍不够充分。为了帮助第二语言学习者提高全球文化意识，我们可能需要更进一步到文化联合。

我使用历史学家戴维 · 霍林格（David Hollinger, 1995：7）用过的“联合”这个词，用来描述“更大程度的灵活性与后种族促进社区的同意之间的一致”。通过联合，人们在日常生活中和其他的文化社区正形成联系和联合。在这种场合，联合不是一种投机行为，而是如霍林格（Hollinger）所宣称的，是自然的表演，是吸引文化身份形成的社会动力。联合的概念“欣赏多种身份，推动大范围的社区，承认种族团体的特征，接受新团体作为民主社会的日常生活的一部分这样的现象形成”（p.116）。联合作为文化现象和文化现实主义着眼于在学习者中发展全球文化意识是一致的。正如我在第八章描述的，这种文化意识，需要一种能够帮助学习者改变对自己的文化和别的文化的态度的反思思维来耕耘。为了促进学习者这种态度的转变，语言教学者必须做出另一种转变。

9.2.3　从文化信息到文化转型

可以说，目前语言教室里的文化学习和教学实践已经转变为信息导向为主，这种说法是公平的。也就是，通过食物、节日、典礼、仪式、神话和规矩等文化花絮，学习者被给予他们的目标语社区的文化信念和实践的机会。在这种信息方式中，文化不再被当作是静止的、能被收集、编纂、具体化、可被零散呈现给学习者的产物或者因素。语言教育职业实际上很早就已经意识到这种局限。例如，克劳福德 - 朗格和朗格（Crawford-Lange and Lange，1984）告诫我们以信息为导向的文化教学意味着文化是静止的、封闭的现象，这和它是充满活力的一直变化的这种共识相反。此外，“仅提供信息的文化学习策略可能实际上引发了偏见和刻板印象，因为它不提供个体和区域在相同时间的文化多样化”（克劳福特 - 朗格和麦克拉伦 Crawford-Lange and McLaren, 2003：134）。为了弥补这种教学方式的缺陷，我们应当从把文化教学当作产物转移到把文化教学当作过程上去。

其中一本比较流行的，讲述为了达到希望从文化作为产物到文化作为过程的转变的教室策略的书是《文化教学新方式》，由华盛顿的英语作为外语教学组织出版。在这本书里，编辑阿尔维诺 · 凡蒂尼（Alvino Fantini，1997：40–41）讲述了“过程方法框架”这一概念。该框架通过一个七阶段的大纲来确保“语言工作总是被明确的社会语言方面、文化方面和目标及本土语言文化补充”（p.41）。这些阶段是：（1）新语料的出现。（2）在可控环境中的新语料的实践。（3）在语料背景后的语法规则的扩展。（4）在不大可控的环境中的新语料的扩展和使用。（5）社会背景和语言使用的相互关系的社会语言学的扩展。（6）决定何时的互动策略和行为的文化探索。（7）目标文化和学生自身文化对比的跨文化探索。虽然这些课堂策略对于教师来说是很好的指导，但是它们也被视为对语言特征和文化产物的强调。

停下脚步，花时间来评估文化全球化力量和信息革命是不是抵消了广泛实践的文化教学的限制，这是值得的。很明显，语言课堂不是学习者被推动去认知文化关联性的唯一的地方。在前面章节（主要是第三章和第八章）里，全球化世界的生活都承载着显著水平的文化潮流。大多数城市里的未成年和成年学生，对于信息技术和娱乐媒体都非常熟悉，他们来到教室的时候并不会像白板一样。相反，学生们自己早已掌握人们在文化接触领域的生活和表达生活的方式。故而，他们进入课堂时会带去一种比语言教育者们教给他们的更强的文化意识和适应性。

举个例子：英国应用语言学家本 · 兰普顿（Ben Rampton，1995，2006）指导了一个关于课堂内外的英国同龄未成年人的社会互动民族志的研究，这些未成年人拥有盎格鲁人、加勒比人、印度人和巴基斯坦人的血统。他发现他们用一些非常创新和有趣的方式来使用和各自民族、种族和文化身份相关的语言。他称其为“交叉”。年轻人在自我对话、游戏和跨性别的互动以及表演艺术中跨越了文化表达的界限。有时候，他们在课堂里为了开玩笑，反抗老师让参加课堂活动的指令而使用这种“交叉”语言。从他的研究中引出了兰普顿的结论，假如民族和文化专制主义已经占统治地位，语言交叉就会不被接受。取而代之的是，“根植于非民族属性的身份（如，邻里关系、等级关系、性别关系、年龄身份、性取向、角色、休闲兴趣），由交叉引发的团结和忠诚正是这些非民族属性”（兰普顿 Rampton, 1995：312）。

兰普顿的研究想要表明的是学生关于文化世界的个人知识来源于他们生活的经验。他们在他们和课堂外的不同社会网络的互动中先获得这些信息，从而展示一种有效沟通语言、文化和群体关系之间的复杂关系的能力。如兰普顿强调的，他们的文化理解“来源于多个身份的关系”（1995：313），看来这些关系是他们完全意识到的。在这样的环境中，教育者的责任是用学生的想法、演讲、知识和经验作为发展全球文化意识的根基。换句话说，这个职业有责任把他们的焦点从文化信息转变到文化转型上来。

文化信息只为我们提供文化信仰碎片和文化社区实践的表面描述，大多数经常带来文化成见，甚至一种错误的优越感。文化转型，则是去发现、去重新设计一个人的身份的长途旅行。这个自我探索的旅程帮助我们得到在文化宇宙中对于我们的地方和我们的社区所在地的一个更真实深刻的认知。如莫托瓦尼（Montovani）描述的，“当一个旅程带我们去把我们的身份的边界拓展到一个点，在这个点上，我们被包括在‘我们’中，这个‘我们’在以前是指的别人，我们的旅程是一个归途，我们走了一个完整的圆圈”（2000：41）。当我们带着全球文化意识回家的时候，我们能够用不同的、批判性的眼光来看待我们自己的文化之根。这个变化的过程，为我们打开了一条新的路，用以探索实践世界的新意义。这条文化探索之路，从学或者教的角度看，毫无疑问，远远比信息途径中想象的那条要有价值。

很多学者，包括社会学家莫托瓦尼（Montovani，2000），历史学家罗比·罗伯特（Robbie Robertson，2003），教育家卢克（Luke，2003），后殖民时期批评家莫托瓦尼（Mingnolo，1998），以及教师教育者朗格（Lange, 2003），都已经强调通过教育方式向学习者传授文化转型的重要性。目前全球化的大环境正对实现文化转型来说又是一重压力，虽然全球化进程包括转型的潜力。这个环境中要求的是这样一种项目，它能够“吸纳而不是试图忽略和清除学生带给学习的不同的主观性、兴趣、意图、承诺和目的。现在的课程需要和不同的主观性以及他们的语言、论述和记录相契合，并且把这些作为学习资源使用"(新伦敦团体，2000：18)。这样的一个教育项目应该认真考虑如何为鼓励学习者加入文化意义和文化价值的调和和结合中创造条件，以及如何在文化探索中通过批判地参与个体身份转变打开新的道路。

9.2.4 从被动接受到批判性反思

一个真正的关于文化转型的自我考察之旅不会被动地接收或接受发源于各种既定兴趣的文化信息。它要求严格的文化反省，这种文化反省能够区别信息和虚假信息的差别，能够区别不重要的和重要的差别。它需要必要的知识、技巧和战略去了解、分析和评定：

- 全球、国家、社会和个体因素是如何用复杂的有时甚至矛盾的方式塑造个体身份的形成。
- 有评判性的思维参与的、有效的认知需求是如何挑战一个人自己和社会的概念。
- 根据性别、年龄、等级、种族等产生的多学科定位是如何被熟悉的社会、政治和文化环境塑造的。
- 文化成见是如何决定人们认知他们自己和别人的方式的。
- 有些难度的、有时候甚至会令人不安的对话是如何能够引发一个人对自己的文化和其他文化的态度转变的。

这些以及其他相关的批判的文化自省带来了全面的学术能力、知识能力和精神的坚韧，这些对于学习者发展全球化意识都是必要的。

显然，这样一个远大的目标只靠学习者单独努力是不能实现的。他们需要所有在教育工作中扮演重要角色的人自发合作，尤其是他们的老师。开始的时候，老师就必须考虑到他们的学生带到课堂上之前就有的文化知识，并且把他们当作是文化的信息承载者。当这些发生的时候，学习者"就好像带着他们的老师开始了一场老师们并不是总是能预料到的、而且并不是总是准备好的探索之旅"(克拉姆施 Kramsch, 1998：30)。老师们，不管他们是母语者或者不是母语者，都会发现他们经常遇到挑战，并且应该愿意接受这些挑战，反映到他们自己的文化自我之中，就跟他们希望学生怎么做一样。结果是，学习者和老师成为了全球化世界中真正的文化理解的相互受益者。在语言课堂创建全球文化意识的努力，可能没有中心，可能只有边界。

在探索全球文化意识的共同努力中，老师和学习者能够利用一些重要的反思策略，其中最重要的是来自于民族志。民族志发源于人类学，是指民族和文化的书面记录，已经成为研究文化的重要方式。在进行民族志研究的过程中，研究者可以通过系统地、直接地询问研究对象学习到其他民族的文化。它主要牵涉到观察文化行为、弄清可调查的问题、采访文化信息承载者、分析数据、翻译结果并记录下来。民族志研究的一个有趣的方面是，研究者可以选择涉入其中成为“参与观察者”，也就是他们把自己放在他们希望研究的文化社区中，以此来研究他们自己的实践知识。

正如约翰·科比特（John Corbett, 2003：94）指出的，“民族志的实践，正在通过多种形式，成为语言教与学的跨文化途径的中心。”一些学者（比如，拜拉姆和弗莱明 Byram and Fleming，1998；凡蒂尼 Fantiti, 1997）发现民族志实践的是有一种对语言学习者有益的基本训练。科比特（Corbett）建议了一系列在民族志研究中可以进行的概念训练、文化联合、危机事件等活动。概念训练旨在帮助学习者发展对日常情况比如在书店买书等的系统观察。因为和书店相关的“文化框架”在不同地方是不同的，他建议可以训练学习者去思考这些现象。通过引用他在巴西、俄罗斯和英国的经历，科比特描述了在俄罗斯的书店是怎样摆放书的，以把消费者与书本展示区隔开来，相应地在英国和美国是通过营造社会氛围，提供咖啡店和舒服的阅读区域。他把这些实践和严格规范社会信息潮流的社会主义联系起来，也把消费作为休闲和社会活动的资本主义联系起来。他认为：“详细的观察和对于平常的‘概念’的思考，例如书店，能够带来文化的洞察力和思考”（Corbett：108）。附属于文化联合和关键事件的民族志活动也一样（更多的例子见第七章第三部分）。但值得注意的是，这些传统的民族志实践，很可能导致信息而不是转型。

对于基于全球文化意识的文化转型而言，更重要的是批判式民族志和自传式民族志。不像传统的民族志，大部分被认为是描述性的、批判式民族志则是反思式的。批判式民族志把历史、政治、社会学和其他影响一个人的文化生活的宏观背景的因素也都考虑了进去，在意识形态、力量、知识、阶级、种族和性别的边界上调查问题。批判式民族志学家乔治·马库斯（George Marcus，1998：51）为代表都主张“任何文化身份或文化活动都是在不同的背景下或者地方中由多种力量构建而成”。总而言之，批判式民族志的任务不仅是发现和描述文化生活，而且还要审问并且翻译它，以找出和它相关的多种意义。

批判式民族志涉及来自各种来源的口头的和书面的数据的收集，包括互动节目、观察参与者、在不同时间、不同水平上和参与者采访、讨论；还牵涉到深度描述和深度解释。为了达到由民族志专家克利福德·格尔茨（Clifford Geertz）普及的深度描述，批判式民族志者一次又一次地回到了同样的数据，并且不断加入通过参加者和观察者得到的分析。为了做到深度解释，批判式民族志者把“相关的、理论上显著的微观和宏观语境的影响，不管在系统的关系中是水平的还是垂直的……或是这种关系是一个人准备去解释的行为或者事件”也算了进去（沃森-盖戈和盖戈 Watson-Gegeo and Gegeo, 1996：62）。这样一种方式承认了在广大的环境因素和研究者自身的由社会决定的，在他们准备描述、翻译和解释的因素中位置的关系的复杂性。

关于批判式民族志在语言课堂中的使用是如何帮助老师和学生洞察隐藏的意义和潜在的联系的，这在前面已经讲过了（例如，库玛 Kumaravadivelu, 1999）。在一个使用来源于电子多媒体的学生会议的互动数据的研究中，苏雷什·卡纳加拉加哈（Suresh Canagarajah, 1997），使用了来自于德州课堂的非裔美国学生的数据，这些数据主要是关于这些学生如何沟通应对学术文化中的思想的挑战以及他们如何严格地质疑他们的课堂对话的。他展示了他们是怎样展示他们提高了的民族身份意识的，这些数据材料是苏雷什通过探索很多规定的课本中没有的主题得到的，故而这些材料增加了研究的深度。他指出，从“什么是历史扭曲，以及历史是怎样扭曲的开始，他们继续探索为什么，并进而调查政治经济的课本产物——这些产物运作起来违背少数并且维持大多数群体的霸权。书面文字是那些学生更大的社会背景和对话的新衍生物”（卡纳加拉加哈 Canagarajah, 1997：184）。在另一个发生在斯里兰卡的，关于英语学习和教学的研究中，它提到批判民族志是怎样“把意识形态的评论文章的元素介绍到文化描述中去”，并进而帮助研究者、老师和学习者“解释文化链可能促进社区许可和自我决定的”（卡纳加拉加哈 Canagarajah，1999：49）。

另一个和文化学习与教学相关，批判式民族志的理论是自传式民族志。它是“展示意识的多层次的、链接个人和文化的自传性的文字”（埃利斯和博纳克 Ellis and Bochner, 2000：739）。它是一个人的文化自我的分析记录。它是一个人对于一个群体或者文化的联合或者变异的批判性的评论。如民族志专家德博拉·里德-达纳海（Deborah Reed-Danahay, 1997：2）所认为的自传式民族志相较于传统的民族志，更具解释力，因为它“综合了后现代民族志和后现代自传式民族志。在后现代民族志里，现实主义的传统和客观的观察者的标准民族志的视角已经引起质疑，在后现代自传式民族志里，一个连贯的个体自我的概念同样也已经引起质疑”。作为一个自我分析的工具，自传式民族志更关注可说明的知识，而不是不能回答的因素。这并不意味着“怎么都行”，相反，它意味着在客观证据和主观意义之间必须有一个意义的平衡。

自传式民族志总是被认为是一个有价值的工具——用以解释自我和他者之间的复杂和有争议的关系，向他者解释自我，解释一个人是怎么样的，或者是怎样感受的，“他者的”。在这样的情形下，玛丽·路易斯·普拉特（Mary Louise Pratt）在她关于殖民主义的作品中普及了“自传式民族志”这个术语。她用它“来指一些例子，在这些例子里，殖民主义主题用殖民者的术语来展示他们自己。假如民族志文章是一种欧洲人向其他人（通常是征服的）展示他们自己的方式，自传式民族志文章则是在那些其他人对于宗主国的展示做出的反映和对话中构建出来的”（普拉特 Pratt，1992：7）。在文化他者化或者我们在第二章和第七章中讨论的他者的陈述 / 虚假称述的背景下，这样一个观点是有用的。这种观点在文化全球化的背景下也是有用的，正如我们在第三章看到的，文化全球化被一些人视作是西方文化对其他文化强加的事物。

通过使我们的学习者熟悉批判式民族志和自传式民族志的基本要素，通过给他们关于调查理论的基本训练，我们可以帮助他们和老师、和其他与他们生活经验不一样的学习者分享他们的个人观点。我们也能够使他们参与到批判性反思和新伦敦组织（1996：87）所宣称的“关键帧”之中来；通过关键帧，“学习者能够从他们学到的内容得到必要的个人和理论的距离，建设性地批判它，（并且）解释它的文化定位”。使用像批判民族志和自传式民族志这样的研究工具的能力，可给予我们的学习者必要的文化意识，来挑战关于文化的理所当然的选择，也可给予我们的学习者关键性的判断，不至于轻易地接受感兴趣的文章所展示的文化信息的。

9.2.5 从感兴趣的文本到信息量充足的文本

假如我们严肃对待在学习者中发展全球文化意识，那么我们更加关注那些真实的、可行的教材的设计是很有必要的。这主要基于以下三个理由。第一，课本在语言课堂里不只是一种普遍存在，他们对于教师和学生也有一种神奇的掌控。第二，教师“倾向于传授课本里的文化信息，不管学生对这些内容是否感兴趣，或者学生是否有潜力去改变扭曲的学生形象”（苏雷什 Sercu, 2005：165）。第三，（是已经被广泛承认的）课本不是中立的媒介（拜拉姆 Byram, 1993；科尔塔齐和吉恩 Cortazzi and Jin, 1999；卢克 Luke, 1989；克拉姆施 Kramsch, 1993；库玛 Kumaravadivelu, 2003b），而是反映了一个特定的世界观，直接或者间接强加在教师和学生身上。课本用微妙的方式承载隐藏的嵌入其中的文化价值观。它们是真正的文化特洛伊木马。

甚至那些被精心组合在一起的教材和理论经常包含一些可能造成不好后果的微妙信息。最近出版的一本为那些志在成为学校老师的高年级的本科生和刚入学的研究生开发的书（布朗和艾斯特霍尔德 Brown and Eisterhold, 2004）指出，根据简介，“语言和文化之间的关系对于课堂和全球社区而言具有重大的含义”。它有一小部分关于“区分文化”的内容。作者，引自自传式民族志的文学，简要地展示了为“叉状分枝模型，即使用两者相反的地方或者由差别的地方来区分两个群体”（p.6）的像普遍主义和特殊主义，个人主义和社群主义这样的二分法，获得了先赋地位等。他们非常认真地告诉他们的学生，“这些结构不是孤立存在的，而是相互联系的来描述不同文化的属性和风格”（p.8），“这些不是价值判断而是描述”（p.8）。但是，考虑一下学生在如下的练习中被要求做什么：

应用你的知识

阅读下面的每一组词。你会把他们和美国文化或者其他一种或多种文化联系起来吗？你会把这些词和特定的文化联系起来吗？和你的搭档一起，把这些词放在下面两栏中：

个人主义 / 社区；命运 / 自由；传统 / 革新；先赋地位 / 后天获得的地位；内部指向 / 外在导向；合作 / 竞争；理想主义 / 务实主义；等级 / 平等；连续时间 / 同步时间。

美国文化	其他一种文化或多种文化
________________	________________
________________	________________
________________	________________
________________	________________
________________	________________
________________	________________
________________	________________
________________	________________

（布朗和艾斯特霍尔德 Brown and Eisterhold, 2004：11）

我们并不是毫无理由地去假设，大多数学生，基于他们读到的或者听到的，将会被这个练习驱动着去把个人主义、自由、创新、后天获得的地位、平等等词汇放在美国这一栏，把相反的词汇放在第二栏。在这个上下文中，我们需要注意艾伦·卢克（Allan Luke’s, 1989）关于他称之为“封闭的文本”的警告。封闭的文本是一个没有问题的世界，这个世界是证实或者加强学习者关于文化的预想概念的。很明显，那些没有被正确选择的文章和没有认真设计的任务有可能会创造和保持有偏见的文化表现，这些是教育者希望避免的。

现在有很多可供语言教师和学习者选择的关于文化的课本。他们中的大多数提供主流文化实践的基本信息，这些信息和那些帮助学习者理解文化模式（例如，牛津 Oxford，1995），或者进行文化对比（例如，舒尔曼 Shulman, 1998）的特定的文化群体的观点是相反的。有些人主要关注目标语言文化，例如那些试图帮助学习者发现美国的人（例如，德尔克 Delk, 1997），或者重新思考美国的人（例如，索科利克 Sokolik, 1999）。

为了在语言课堂创造更大的动力，有人建议将教材设计为“文化中立的方式，以反映学习者的本土文化，而不是目标语的母语者的文化”（奥尔赖特和贝莉 Allwright and Bailey, 1991：159）。如此一来，“文化多元化的目标是被误导了，这显示了对于文化的民族志概念的理解的缺失。假如来自目标语的教材被剥夺了文化（甚至假设这样的可能性），并且向本土语言倾斜，结果将是有意识地把语言学习和文化学习分离”（布罗迪 Brody, 2003：44–45）。还有另一个模式在英语被作为外语教学的背景下应运而生，即反映根源文化、目标文化，或者英语被用作国际语言的国家的文化的课本（科尔塔齐和吉恩 Cortazzi and Jin, 1999）。也许是对全球化的回应，最近更多的课本包括了大范围的关于全球主题的活动，例如种族主义、人权、艾滋、无家可归者和环境等（例如，桑佩德罗和希利亚德 Sampedro and Hillyard, 2004）。

上面提到的课本，不管他们是关注第一语言还是第二语言社区的文化，或者是关注全球主题，都可能提供有用的和可用的信息。这些信息能够拓宽学习者关于文化事务的常识。但是，在我看来，它们和文化全球化领域的文化教学只是有限的关联。现在非常急需的是能够让学习者深入地且批判地参与到今天的全球化世界中的教材，这种学习者的思维则是关于正在塑造身份形成和身份政治的文化现实主义的复杂性（参见第八章）。在课堂中推动全球文化意识的任务几乎不能完成，除非那些将会推动学习者去面对一些关于自我和他者的理所当然的文化信念的教材能够被齐心合力地使用起来。在此方向上，阿德里安・霍利迪、马丁・海德和约翰・库尔曼（Adrian Holliday，Martin Hyde and John Kullman，2004）迈出了重要的一步，他们的课本主要关注三个文化主题：身份、他者化和表现。

其中一个引人注目的能够为教学目的提供无尽的教材来源的是全球交流网络，例如互联网。这是一个不仅信息资源中丰富，而且同时代的学生都很熟悉的以及感觉良好的数字媒体。它看起来领导更年轻的一代向渴望合作、沟通的态度的转变，这种转变对发展全球文化意识是必要的。正如麻省理工学院尼古拉斯·内格罗蓬特（Nicholas Negroponte）所言，“当政治家为历史的负担而努力时，新的一代正从没有老的偏见的数字化的场景中出现。这些孩子从作为友谊、合作、玩耍和邻居的唯一的基础——地理的接近——的约束中解放出来。数字技术能够成为推动人们进入更和谐的世界的自然力量”（内格罗蓬特 Negroponte, 1995：230）。考虑到这样一种力量和更大程度地已经形成的文化意识的影响，今天很少有学生会迅速并且毫不犹豫地接受有趣的课本或者有趣的老师所展现的内容。

假如谷歌宣称的计划实现了，除了网上报纸和杂志这些经常带有日常文化生活实践的叙述之外，学生也有进入百科全书、进入密歇根大学、斯坦福大学、加州大学图书馆的途径。一个正确地集合以及合适地利用，通过万维网生成的、从世界上的目标语社区收集的教材，能够轻易地帮助教师和学生超越有趣的课本的局限。通过从有趣的文本转变为具有各种文化意义色彩的知识背景，他们将能够详细地并且从批判的角度探索让他们感兴趣的主题，并且获得对于他们如何在不同文化背景中被对待的更深的理解（课本和任务样本见下一章）。

9.3 结语

在这一章里，我试图呈现一组在语言课堂中教授文化的组织原则。我已经表达过，全球化领域中的文化教学的主要目标必须是在我们的学习者中发展全球文化意识。我也已经表达过，任何可行的全球文化意识必须基于文化现实主义，基于对自己的文化和其他文化的批判性理解。这样一个构建在回归根源和开放这两根柱子上的全球文化意识可能不仅会帮助我们的学习者应对由当前的文化全球化带来的机遇和挑战，还能够帮助他们，利用这些机遇和挑战创造的学习机会。

为了能开始达到中心目标，我概述了特定的基本要素和优先教学点，这些优先教学点的作用像组织原则管理各种语言教育的操作一样，包括政策和计划，理论和教材。我相信一个教育计划，例如上面提到的，会有效地表述文化现实主义的复杂性，并且帮助我们在学习者中培养全球文化意识。目标能否有效实现，依赖于在课堂中使用的教育策略。

第十章　文化现实主义与教学策略

几年以前，我在美国东南部一所大学教英语作为外语教学硕士研究生课程（MATESOL）。除此以外，还给高水平的国际学生讲授旨在提高他们阅读和写作能力的课。作为项目主管，我行政职责的一部分就是要定期审查教师所教班级的教学效果。在一个学期中段的一天，我旁听了黛比（Debbie）（化名）所教的一节课。课上有20个学生，其中大部分都来自中东和东南亚。黛比自编了一本以“美国英雄”为主题的阅读材料。其中有杰出的美国政客、科学家、艺术家等各方面人物。我个人认为，那本材料是精心挑选过的，并且分类有序。在我听课的这一天，黛比选了名为“月球任务”的一篇文章。在开始阅读前，她首先给学生们提出了思考问题，然而却没有得到学生们的积极反馈。她解释了阿波罗11号宇航员的英雄事迹及其推动前沿知识方面所做的贡献。随后，她又问了一些其他理解性的问题，这一次学生们仍旧是很不情愿地以单音节词语来回答。在继续以同样的方法学完整篇文章后，她给学生们布置了作文。如之前计划的一样，黛比自己先离开教室，以便我收集学生们对这节课的反馈。

根据我在课上所观察到的，这节课明显具有以下几个特点：（a）这是一个以教师为主导的课型；（b）学生们课前并没有读过所学文章；（c）尽管学生们的英语很流利，但他们并没有参与到课堂讨论中来。考虑到这堂课已经如此的沉闷、学生课前准备不足，课堂上也不参与，我十分怀疑黛比还能再做些什么才可以使课堂更高效。带着些许的同情和支持，我试着和学生们交流起来。在我还没有简短地介绍完我自己，一些学生就开始大声地埋怨黛比。原来他们在课堂上的沉默只是暴风雨前的平静。他们认为黛比对于自己的读写能力的提高没有丝毫的帮助，并痛苦地抱怨道：“她全程都在说美国文化和美国英雄，就没有别的了。”之后，我逐渐明白了，原来问题并不在于课文的内容，而是一方面由于黛比的教学方法有所缺陷，另一方面是由于学生们对于她自身所显现出的民族优越感很有看法。他们觉得自己的身份没有得到认同，同时自己的观点也没有受到尊重。学生们的种种表现，包括不做课前准备和在课上参与讨论时的状态都是一种消极抵抗。

我们可以合理地假设，这一情况或者与之相似的情况都普遍存在于在很多英语作为第二语言（ESL）的课堂上。需要强调的是，如果教师不了解学生的背景和观念信仰，那么学生就不可能融入老师假设的环境中（杨 Young, 1992：59）。这提醒了我们这些研究对外英语教学的人，教室是一个严酷的考验的地方，所有基本的教学元素——教育理念与意识形态、政策和计划、材料与方法，教师和学习者都融合在一起又相互排斥，有时甚至产生爆炸性的效果。这些都有可能有助于或阻碍创造和利用学习机会。

（黛比）很少甚至没有关注过学生的意见，学生们就以他们自己破坏性的策略来回应她。我相信她班上紧张的现状更多的是由她自己的教学方式所致，而非课文的内容。我在我的反馈中巧妙地给黛比指出了这点。我告诉她为本课程所选择的主题很契合她的教学策略，不仅照顾到了学生本身的社会文化敏感性和社会政治意识，而且也挖掘了他们的经验知识。我建议，例如，她可以在课堂上让学生们讨论在不同文化中的英雄和英雄崇拜，询问学生他们的英雄是谁，以及为什么他们尊崇他/她为自己的英雄；将他们文化概念中的英雄和英雄崇拜与美国的相对比。换句话来说，我建议黛比应该将注意力集中在学生所带来的文化资源中。

上述课堂教学片段来自于我的早期文章之一（库玛 Kumaravadivelu, 1999：453—454, 480）。这说明当下使用的一些课堂教学策略并不能很好地抓住并利用学生自身所带来的文化资源。而这就显然不能达到提高学习者全球文化意识的目的。我们目前所需要的其他可供选择的课堂教学策略必须与我们的基本教学理念以及在前一章所提及的教师主导相一致。

想要通过制定有效的课堂教学策略来提高全球文化意识的一种方式是：围绕着我们所熟知的二分法和当下流行的主题，设计出引人思考的和具有探索性的教学任务。传统的人类学为我们展示了文化上二分法，如个人主义与集体主义，传统与创新，平等与等级制度，积极参与与被动参与，严谨的评价与不加批判地接受等。而这些对立的二分法通常又归为一个总概念：西方和东方。例如上文所提到的那些二分法概念中，第一个听起来较为积极的词语总是关于西方的。尽管我们都知道这样简单地归类过于概念化，但我们仍将继续使用。当然，我们在使用这些二分法的时候总是被这样提醒：这些倾向不是绝对的，这些很有价值的描述并不是价值判断本身，这些只是最初的演习而非最后的战斗等等。但是这些二分法却总是引导有时甚至是误导人们以一种对立的眼光来看待事情。因此，我们要学会利用这些对立的二分法概念，来让我们的学生学会批判性地判断其真假。

但是，我们还应该关注流行文化的主题，这样也更可以激发年轻一代的想象力。其他可供选择的主题还有诸如体育、音乐、友谊、约会、成年礼和家庭观念等不同方面。学生们当然会认为他们已经非常了解这些事情，而教师的任务则是带领他们从一个全球化的视角来重新学习。在这方面，雪莉·布莱斯·希思和莱斯李·曼乔拉（Shirley Brice Heath and Leslie Mangiola，1991：37）给出的意见很值得一听："我们的教师要尽量确保所教内容对每一个学生来说都是新鲜的，从而达到拓展思维方式，通过整合不同文化倾向来了解和表达所有学生的文化背景知识。"只有这样，教师才能更好地帮助学生积累有价值的全球文化资本。

在本章中，我所提出的引人思考的和具有探索性的教学任务旨在帮助学习者发展全球文化意识。不难发现，这一目的任重道远。但是，仍有一定的设计标准需要牢记，包括：（a）将重点放在我们熟悉的二分法、熟悉的套路和当下流行的主题上；（b）关注我们的学生真正感兴趣的话题；（c）让他们通过讨论参与到话题的选择和背景信息的收集；（d）确保所选活动能够引发跨越不同文化的观点和学术上的批判性对话，哪怕有时候这些对话并不十分愉快。

10.1 思考型任务

下面提到的任务只是举例说明一下，教师仍旧需要针对不同的学习者、不同的认知能力、交际能力和语言能力来做不同的修改和简化。

10.1.1 约会任务

在世界上的许多地方，年轻人在学校和工作场所都在寻找另一半，以至于他们关注的是如何约会和调情。他们选择约会对象的标准多受到个人审美和社会习俗的影响。全球化进程带来了更大的流动性，人们随之也有了更多的机会接触到不同的文化/种族和宗教。尽管学生可能已经了解在他们自己的文化社区中如何进行约会，但是他们可能还不清楚跨文化、种族、信仰的约会该如何安排、如何进行。这种引人思考的任务能够帮助学生表达自己国家的约会文化，并进一步提高他们的跨文化间的理解。需要指出的是，这里所说的“文化”这一概念不仅指文化本身，也包括其他亚文化特征。

第一步：首先要了解究竟“约会”对你的学生来说意味着什么。如果有必要，还可以问他们约会的目的究竟是什么？是否只是想通过约会来调情、来玩乐，或是来真正更好地了解一个人等等？

第二步：组织小组讨论，让他们讨论约会时遵循的原则或标准。他们采用这些原则或标准的概率又有多大？在什么样的情况下他们不采用这些原则？让每个小组都与全班一起分享他们的观点。

第三步：再次，让学生以小组的形式讨论跨种族的、跨宗教的、跨社交圈和在同一社交圈内部的约会意愿和可行性分别有多大。让大家一起分享彼此最真实的想法。

第四步：先通过投影仪将以下摘自穆霍帕迪安伊、亨齐和摩西（Mukhopadhyay，Henze and Moses，2007：235）所写文章中的一段话展现给学生，将学生们的注意力首先集中在跨种族间的约会：

> 在美国，对于跨种族恋爱、交配和婚姻的妨碍是造成“种族”这一现象越发明显的一个重要原因。这既来自于法律措施，也来自于社会压力。和同一种族甚至是民族的人结婚生子，你的孩子就会与你和你的配偶长得很相像，你和你的家人也会因此匹配彼此的生物特征，你的整个种族或民族也更加相像。基于此，我们可以说是文化造就了种族。换句话说，交配和婚姻文化通过对你可以交配和结婚的对象加以限制来保留一个集体的物理相似性，并通过基因所呈现出来的细小表象的差异来筛选出不同的民族或种族。

在帮助学生全面理解文章后，询问他们是否认同文化调节了人们的约会、交配和婚姻选择。他们是否同意文章中所解释的关于在美国范围内反对跨种族约会的原因？他们能想到其他可能的原因吗？

第五步：穆霍帕迪安伊、亨齐和摩西（2007：240）通过列举大量的研究指出，在美国目前有13%的婚姻都是跨种族婚姻。但是，美国不同种族间通婚的概率又彼此间不一样。作者同时认为（此处引用删除）：“有些种族通婚的比例要高于其他种族。例如，白种人和黑种人是种族内结婚的比例最高的，大约93%的婚姻都是种族内通婚。亚洲人和拉丁美洲人种族内结婚的概率大约在 70% 左右，而美国印第安人种族内结婚的概率则只有 33%……此外，当亚裔和拉丁裔和其他种族的人结婚时，也通常会和白种人结婚。目前年轻的亚裔和拉丁裔跨种族结婚的比率正在增加。”

询问学生对于美国各种族间跨种族婚姻不同倾向的可能原因是什么。如果必要的话，提示大家从历史、社会、政治或个人因素等多方考虑。

第六步：接下来讨论约会、交配和婚姻在不同宗教间的标准问题。让学生们自由选择一个宗教团体，通过上网查询找出某一个特定宗教对于约会 / 婚姻的一般看法，特别是跨宗教间的约会 / 婚姻。让学生在课堂上分享彼此查到的结果。组织并主持以此为主体的课堂讨论。

第七步：根据自己班级的语言水平和兴趣，根据从伊冯娜·哈达德和简·史密斯（Yvonne Haddad and Jane Smith, 1996：22–24）所写文章的摘要——伊斯兰人的约会 / 婚姻价值观以及穆斯林又是如何实践的，设计活动：

> 关注的核心是婚前和婚后的男女关系问题。传统的穆斯林对于男女关系的得体性的标准与美国文化是明显背道而驰的……最严格的伊斯兰法律会规定穆斯林男性和女性（特指青春期过后的女性）不能以任何理由与有可能成为结婚对象的人单独相处。一个经常被引用的被认为是先知穆罕默德所说的一句话是，当一个男人和一个女人单独相处时，魔鬼也会相伴而行（这里特指男女之间会相互吸引而发生性行为）。当一个穆斯林男孩对一个穆斯林女孩感兴趣并想去约见她时，男孩只有当女孩的其他家庭成员也在家时才可以去她的家里……家庭成员的在场被理解为可以防止任何不良行为如接吻或抚摸的可能性。不言而喻，婚前任何形式的性行为都是严格禁止的……一些阿拉伯穆斯林地区认为清真寺为鼓励青年男女见面和社交提供了一个有利的环境。还有，在其他教众成员的关注下，青少年和年轻人可以互相交流、享受社交的乐趣，而不会违背父母的意愿或越界受到信仰的责难。

让学生思考并讨论是否美国文化与“与传统穆斯林观点背道而驰”。此外，询问学生是否认为作者以一种过于简单化的方式来使用“美国文化”这一术语。“美国文化”是否就是这样铁饼一块？在“美国文化”中是否还有关于约会的做法的其他亚文化差异的存在？

第八步：为了继续他们的讨论，哈达德和史密斯（Haddad and Smith,1996：23）引用了一位在美国居住了几十年的黎巴嫩父亲的话：“约会并不是我们的生活方式。这在我们看来是很荒谬的。我见过一些人和另一个人约会，三天后就分开了……我并不反对给自己找一个生活伴侣，但我反对他们滥用这种‘约会’。与男生出去约会女生相比，我对于女生出去跟人约会更担心。”

你的学生讨论他们是否认为约会有可能被“滥用”。鼓励他们谈论什么是滥用，以及如何解决这个问题。

第九步：吸引学生的注意力到那位黎巴嫩父亲的声明上：“与男生出去约会女生相比，我对于女生出去跟人约会更担心。”他们（尤其是女学生们）是怎么想的？你也可以帮助他们将这个问题扩大到更大范围的社会性别问题。

第十步：继续关注性别差异在约会中的具体表现，向学生介绍一段美国合众国际新闻社2003年3月14日的文章。题目是“2000年的人口普查显示跨种族间的婚姻性别差距仍然很大”：

> 人口普查局证实了黑人妇女的投诉，她们抱怨道，白人女子嫁给黑人男子的可能性要比白人男子娶黑人女子的可能性大很多。2000年，非洲裔男子拥有白人女子的比例要比黑人女子拥有白人男子的比例高2.65倍。换句话说，73%的黑人与白人通婚的夫妇都是丈夫是黑人，而妻子是白人……
>
> 像大多数人一样，亚裔美籍男子对自己的约会竞争中所受到的挫折讳莫如深。下面的消息对他们来说更是雪上加霜：亚洲女性与白人男子结婚的概率要比亚洲男子与白人女子结婚的概率高3.08倍。这说明75%亚裔与白人通婚的夫妇都是丈夫是白人，而妻子是亚裔……
>
> 由黑人女子和亚洲男子在跨种族婚姻中缺乏机会所导致的不可避免的另一方面就是，黑人男子和亚洲女子发现自己的在择偶上更受欢迎。

再次，让学生讨论美国跨种族关系这种性别差异的可能的原因，并询问他们的看法。

第十一步：在投影上展示或分发下面的文章，这是由英国广播公司记者大卫·威利（David Willey）在罗马采编的BBC网络新闻（2005年12月26日）：

红衣主教对婚姻的警告

一些天主教红衣主教警告意大利妇女要警惕由于全国范围内越来越多的穆斯林

所带来异族通婚现象。教会官员说道随着意大利的穆斯林人口已经突破了一百万大关，仅今年一年就有两万例异族通婚。

在去年就增长了百分之十左右。

天主教教会的官方立场是鼓励罗马和其他宗教，包括伊斯兰教之间的对话。

已故的教皇约翰·保罗二世（Pope John Paul II）在参观大马士革时，历史上第一次在清真寺做祈祷。他的继任者本笃十六世（Benedict XVI）一直坚称他热衷于促进与伊斯兰世界的宗教和文化的对话。

但是在罗马发布的两个文件其实是在提醒天主教妇女在选择嫁给穆斯林男子的时候要格外慎重考虑。

评论

梵蒂冈去年发布了一个由梵蒂冈枢机主教斯蒂芬·滨尾（Stephen Hamao）所写的一段话，他将欧洲妇女与穆斯林男子的婚姻称之为“痛苦的经历”，并警告说如果夫妻俩接着住在一个穆斯林国家那么困难将会加剧。

在一个时代，不同信仰之间的对话似乎是主要的时髦用语。然后上个月，意大利红衣主教罗迪尼也就此发声。

天主教徒与穆斯林结合不仅要面临建立一个家庭所面对的正常问题，还必须要考虑到深厚的文化差异所带来的额外的困难。一些穆斯林学者十分震惊于罗马所发布的文件，而且意大利的自由派团体也在批评这些行为。

文章提出了一些可以提高学生批判性思维的问题。例如，为什么他们认为女人“被警告要提防跨种族婚姻”而不是男人？在跨种族交友 / 婚姻方面，有什么可能是“从深层文化差异方面所引起的困难”？像这样的警告如何有助于促进“宗教和文化的对话”这一总体目标？根据学生的水平和兴趣选择相关的问题。

第十二步：近日，来自以色列巴伊兰大学的拉里萨·雷门尼克（Larissa Remennick）进行了关于以色列校园内俄罗斯移民和本地人跨种族交友模式的研究，很偶然地发现了，所有人都属于同一宗教信仰。投影仪将放映出她论文的摘要（雷门尼克 Remennick, 2005）：

这项研究的重点在报道以色列出生的本地学生和来自苏联的移民学生之间的约

会模式。此前的调查结果显示，与同本族的男性约会相比，有多达两倍的俄罗斯妇女曾与在以色列出生的伴侣保持着浪漫的关系。六个重点小组被设立在以色列两个重点校区和三年制学士学位的课程上。结果表明，俄罗斯女人“受欢迎”在某种程度上是因为她们被认为符合性别角色期望（即被动和接受），而俄罗斯男人不受欢迎正是出于同样的原因（即在恋爱阶段保持传统的男性角色）。然而，纵观所有的参与者，那些最容易与以色列同龄人约会交友的人一般都更精通希伯来语，拥有更大数量的同性以色列出生的朋友，以及在以色列社会中也更融入更有安全感。

鉴于之前关于性别问题与交友/婚姻的关系的讨论，询问他们对这个研究结果有什么看法？让他们也讨论一下这个研究结果是否可以解释他们在现实生活中所熟悉的约会模式。

第十三步：在活动的最后，留一个作业任务，学生们必须通过齐心协力写一篇具有批判性报告或与主题相关的短文章。请他们简短描述课堂讨论和课堂活动是否有助于提高他们对主题的理解。同时鼓励他们对任何新的文化理解进行反思，这些新的文化以后可能会促使他们改变自己对特殊文化信仰/实践的态度。

10.1.2 音乐边境口岸

音乐是一种可以随时随地抓住人们想象力（注意力）的东西。学生也不例外。许多学生在不玩手机的时候总是在用 Ipod 听音乐。他们都有自己喜欢的音乐家，但他们可能没有充分意识到音乐家们所演奏音乐的跨文化性。该任务的目的是帮助他们思考这个问题。

第一步：询问你的学生他们最喜欢的音乐家/歌曲，以及为什么他们喜欢。

第二步：在 2001 年秋天，《时代》杂志刊登了一篇特殊的主题文章——“音乐走向全球”。文章不仅强调跨国音乐产业的商业性质，而且讨论了现代音乐的旋律和节奏是如何在全球风味中混合的。文章还包含了一个四页长的深度讨论，描述了世界音乐的边境口岸。如果可以的话，大家就可以来讨论这个问题；你也不妨用一些彩色的图片来解释说明。在黑板上写上“音乐走向全球”，问你的学生对于他们来说这意味着什么，无须给他们任何特定方向的提示。让学生们就这个问题交换意见。

第三步：将以下从《时代》杂志上摘录的社论要么写在黑板上，要么通过投影仪放映出来：

> “全球化”一词可能是一个在政治和商业领域十分挑衅的字眼，但在音乐的领域却是一段优美的铃声，一个时髦且诱人的节奏。今天的音乐家和全球听众通过互联网、电视和无处不在的唱片录音彼此紧密联系起来。其结果是一个巨大的电子市场，其中南非的库威多舞曲（Kwaito）音乐可以在瑞典产生冲击，抑或巴西的后曼波音乐也可以在东京跳动起来。各个文化都借用其他文化的声音，创造出一个充满活力的混合动力音乐大篷车，然后迅速地散播在世界各地后又开始新一轮的二次融合。[《时代》，秋季刊：2001（2）]

帮助学生了解文摘中难词的意思，让他们思考并讨论“各个文化都借用其他文化的声音”这一概念，看看他们有什么看法。

第四步：继续观察他们的反应。如果他们无法举出具体的例子，可以给他们提供一些你准备好的信息。比如，保罗·西蒙（Paul Simon）如何在他的雅园专辑（Graceland）中将南非音乐的节奏和激烈的和声结合在了一起，并赢得了1986年葛莱美奖最佳专辑，或者麦当娜（Madonna）或布兰妮·斯皮尔斯（Britney Spears）混合并协调了全球不同地方的口味，获得了乐迷的一致好评。

第五步：接下来，将“音乐融合”几个字写在黑板上。询问他们是否知道这是怎么一回事。他们可能知道的并不多。可以从“字词的融合”开始，延伸到他们要讨论的“音乐的融合”。告诉他们音乐的融合是如何基于一个以上的传统音乐观念整合并创造了一个新的在艺术上十分刺激的音乐。在美国的音乐背景下，“融合”一词在20世纪50年代和60年代，是用来形容爵士乐和摇滚乐的融合。现在，它代表了跨文化的音乐品种，其范围从流行音乐与国际音乐的简单融合，扩展到了看似不可调和的传统音乐的合成，例如由于印度古典音乐的旋律和西方古典音乐的协调融合，从而产生了新的音乐流派——混合合声（Melharmony）。

第六步：作为一个课外活动，让你的学生上网收集有关音乐融合的更多信息（我2006年1月在谷歌搜索“融合音乐”时，共有约13，826，000条结果）。让他们准备一个简短的报告。

第七步：继续前面的工作，要求学生缩小他们的搜索范围，从一个成功的音乐家或歌手入手，描述不同文化传统的不同想法。他们应该收集某个特定的个人或组合是如何选择并组合具有不同传统的音乐的等等。鼓励他们仔细思考一下这样一个综合的最终产品，以及这是否有助于跨文化理解。

第八步：在课堂上，学生以小组讨论，随后与其他小组分享信息，最后全班一起讨论。

第九步：组织并帮助学生们谈谈什么是文化，什么是一般意义上的跨文化音乐和特指的音乐的融合，以及全球规模的这种创造性努力可能会带来什么文化变革。

10.1.3 集合的个体

该任务的目的是促使学生批判地思考一个持久的文化二分法：个人主义与集体主义。

第一步：将“个人主义”和“集体主义”这两个词组写在黑板上，要求学生思考这两个概念并在课堂上分享他们的想法。鼓励他们用具体的例子来证实他们要说的内容。

第二步：从入门级的人类学文献或任何搜索引擎入手，收集和呈现简要的背景信息。或者，使用我的描写，通过在幻灯片里展示以下文本。要求学生仔细阅读。

> 根据社会学家哈里·特里安迪斯（Harry Triandis，1995）的观点，集体主义是指一个包含了紧密联系的多个个体的社会形态，这些个体都认为自己从属于一个或多个集体，如家庭、部落或国家。个人主要受到那些集体的规范和义务的激励。他们愿意服从自己的个人利益，以强调它们与这些集体成员的联系。从另一个角度来说，个人主义是另一个社会形态，个体之间联系并不紧密，且都认为自己是独立于集体的。他们主要是被他们自己的偏好、需要和权利所推动，并将个人目标优先于集体中的其他人的目标。
>
> 这样的二元模式导致了一些传统的观念的形成，致使人们在一个特定的社会会统一遵循个人主义或统一遵循集体主义，尽管事实上，社会科学家们曾公开反对这种二元模式并发出警告。另一个影响就是集体主义被认为是东方的文化特质，而个人主义是西方文化特质。但是，实证研究表明无论是在个人还是文化中，个人主义和集体主义倾向是并存的（例如，瑞阿罗 Realo，2003）。此外，研究表明，在同一个文化里，女人由于主要负责照顾别人，往往比男人更倾向于集体主义，男人则更加个人主义（特里安迪斯 Triandis，1995）。

第三步：首先帮助学生理解课文的意思。然后以小组形式讨论课文。鼓励他们从自己的亲身经历出发来讨论。如果必要的话，可以连同我的解释释义一起展示下面两个引自特里安迪斯（Triandis，1995）的例子：

（a）在印度的一个资深工程师有机会搬到纽约来工作，其薪水是新德里的 25 倍，但他拒绝了这个机会。

（b）在加利福尼亚州的一个资深工程师被要求搬到纽约，其薪水比他在洛杉矶的工资高出了 50%，而他接受了。

根据特里安迪斯（Triandis）的理解，印度的工程师是一个集体主义社会的产物，他必须留在他年迈的父母身边照顾他们；而美国工程师是个人主义社会的产物，将来会把他的父母安置在一家养老院。

鼓励学生去思考是否有类似的情况，他们是否真正能够代表所对应的集体主义或个人主义。例如，如何解释印度软件工程师在加利福尼亚硅谷的 IT（信息技术）行业中的主导地位？

第四步：请每组的一个成员分享本小组的意见，随后一起课堂讨论。

第五步：接下来，在投影仪上给学生放映以下文字。要求学生仔细阅读。文章摘自加州大学伯克利分校的教授王爱华（Aihwa Ong）的论著。她研究那些已经举家在澳大利亚、加拿大、美国和英国找到避风港的香港和东南亚的华人社区。她以中国本土专业人士的视角描述了家庭、集体文化特征与亚洲社区密切相关的局限性。她指出，香港报纸把那些父母住在香港，但配偶和孩子却住在澳大利亚，加拿大或美国的人叫做“宇航员”。

以上面提到的信息为背景，请学生阅读王爱华教授以下文章的摘录（1988：149—50）：

> “空中飞人”是对中国后现代移民迁徙他乡、家人分离的比喻，也表现出“灵活累积”(全球化）所带来的成本及其对过于灵活的家庭制度地影响。“空中飞人”的妻子被委婉地称为“内在美”，一语双关，其一为“内人”，也就是通常所说的“妻子”；其二是“我的妻子在美丽的国家（如，美国）”。妻子主要在本地管理郊区地住宅，负责接送孩子上少儿芭蕾课、古典音乐课、中文课等；她们自嘲地称她们自己为“寡妇”(和“电脑寡妇”），以此表达她们的生活感受：家庭生活受到科技和公事出差等很多事情的影响，搞得支离破碎……
>
> 在美国沿海地区，百无聊赖的妻子被“囚禁”在美国，以他们精心装修的房地产为副业。沿着半岛，大多数房产经纪人都是那些中国移民妇女，她们主要卖豪宅给刚到的其他寡妇。不仅如此，这些妻子也灵活地在火热的住宅市场交易自己的房子……

南加州郊区那些香港和台湾的父母的青少年孩子被称为“降落伞的孩子”。在某些情况下，柔性逻辑剥夺父母双方的儿童。一个这样的孩子留下来照料自己和她的兄弟，认为她的父亲就是一个自动取款机，因为他只负责给钱却很少关注孩子其他的方面。

第六步：再次，帮助学生理解课文，有些词汇他们可能不太熟悉。然后，让学生以小组形式讨论课文。具体来说，请他们想想中国的专家们和他们的妻子是如何依据亚洲文化里“家族集体责任”的原则来操持一个家庭的。个人主义/集体主义的二分法能否解释王爱华教授所叙述的情况？

第七步：根据学生的水平来指定功课。例如，请他们询问一下自己的父母或祖父母，看他们是否认为自己是个人主义或集体主义，或者在什么情况下会表现出他们个人主义抑或是集体主义的特质。你还可以建议他们去例如谷歌的相关搜索引擎搜索关于“个人主义/集体主义”的一些信息，收集关于这两个概念在其他外国文化中的表现。让他们写一个简短的报告，并带到课上来。告诉他们不要忽视了年龄、性别、阶级和教育情况等因素。

第八步：安排几位同学，朗读他们的报告，并回答其他同学的问题。

第九步：最后，问他们这个任务有没有帮助他们提高对个人主义和集体主义这两个概念的理解，或者有没有改变他们对这两个概念的最初看法。

这三个反思任务提供了说明性的例子：简单的课堂活动可以通过简单的修改来适应特定的学生，并提高他们的认知、交际和语言水平。下面的探索性项目旨在扩展调查任务，并且是可以分散在一个学期完成的或作为一整个学期的项目。

10.2 探索性项目

和思考型的学习任务一样，本项目也给出了说明性的例子。教师需要调整它们以具体适应自己的学习者。

10.2.1 “知己”

本项目是一个自传式民族志撰写的练习。简单地给学生介绍一下什么是“自我民族志”(详见第九章)。让他们知道，该项目的目标是，帮助他们探索自身文化的一部分，并写一个关于这个特定的自传体片段身份形成的过程报告。这里是一个项目建议书，教师可以自己调整并适应自己学生的需求。

第一步：给将要做的研究一个简单的说明，并且告诉学生，我们每个人都有多重身份，我们如何在日常生活中扮演多重角色，我们都如何同时属于多个不同的团体，以及我们如何在不同的团体中获得不同的身份。然后给学生提供如下详细的、有序的指导方针：

（a）想想你最近可能获得的新的身份：作为学校俱乐部的成员，兄弟会或大学联谊会的成员，一个社会协会的一员，一个体育团队的一员，一个志愿者组织的一员，一个教派的一员，抑或一个政党的一员等。根据本研究的目的，选择你所属的任何一个群体。

（b）每个团体都有自己的亚文化。也就是说，每个群体都有一些成员能够分享特定的信仰和价值观、目标和活动。用具体的例子进行描述你所选择的团体的亚文化。

（c）尽管一个群体内的所有成员会有一些共同点，但是他们并不是完全一样的人。想一想，写下来你与其他成员如何相似又是如何不同的。例如，你可能会选择同小组的另一名成员，比较自己与其在群体行为、态度、兴趣和参与度上的异同。

（d）你是如何将身份标识的异同与年龄、性别、阶级、种族，或别的什么原因联系起来的？用具体的例子解释一下。

（e）你在该群体中的会员身份如何使你成为一个个体？它如何影响你的自我感觉？因为你与这个群体的关系，思考一下你可能已经对你自己的信念、态度、出现和活动做出的改变。你加入一个群体后，是如何被塑造成一个个体的呢？它是如何影响你的自我意识的？结合你在加入这个群体后，可能在自己的信念、态度、外表和行为活动方面所做的改变。

（f）为了能够适应这个群体，有哪些你自己身份在个人和心理方面的改变是你愿意做的？换句话说，你身份的哪些方面是根植于固有传统无法改变的，又有哪些方面是相对灵活接收改变的呢？

（g）什么样的更大的社会文化因素或力量（你的家庭，你的种族社区等）影响了你的身份的形成？你自己的个性和这些因素之间是否和谐相处？

（h）现在，使用第一人称叙事风格写一个关于自己的自传式人种学分析，从你的生活中撷取真实的例子。你还可以包含通过研究而聚集成组的小组信息。在这里，你的目标是向一个不属于小组成员的人展示自己。从你所选择的小组的亚文化出发，解释自己如何看到自己和他人。随时与读者分享在这个身份形成和文化转型的过程中，任何已经经历了的文化冲突和你已经获得的文化理解。

第二步：你（即教师）可能会使用这个项目部分环节作为课堂活动。在适当的阶段，你也可以让学生们以小组讨论的形式，每个小组都讨论一下其他同学的经验。在项目结束的时候，你可以考虑要求一些学生以课堂讨论为依据，做一个简短的报告。

10.2.2 “知彼”

这是一个关于批判式民族志的练习。该项目的主要目的是给高级学习者在收集、分析和解释民族志方面的实践经验。这是专门为那些来自移民人口的学生设计的。然而，该项目也可能同样适用于那些生活在非移民文化接触区的学生，也即在文化和宗教的多元社会。他们可以专注于亚文化的问题。调整调查点是为了满足特定学习者的需要。如果他们愿意的话，让学生们两人一组一起解决问题可能更有效。

第一步：为研究提供一个简短的理论基础。下面是一些提示：由于经济全球化，出现了不同国家人民之间的显著的流动性。他们中的许多人永久性地移民到了其他国家（或本国其他地区），或者住在那里相当长一段时间之后才返回他们原来的家园。许多人来自于本国的文化、社会、宗教信仰和价值体系都非常不同于他们所移民的地方。为了在新家园过上成功的生活，他们必须在个人和集体上都做出一些文化调整。这个项目关注的重点是：为了适应新家园，个人或一个家庭所要做出的各种文化调整。

第二步：为学生提供一组详细的步骤。这里有一个可用的版本（其中的 a—c 是针对学生来说的）。可以根据自己的需求来适当修改：

（a）选择一个你了解的个人或家庭（或者是居住在你附近的，拥有不同文化或宗教背景的人）作为研究对象。研究对象必须符合以下几个方面的要求：（i）属于某个不同于你的种族或宗教社区；（ii）移民到所居住地至少 5 年以上；（iii）已经移民当地，并在那里生活了至少五年。

（b）安排采访你的研究对象（最好有较长的谈话）。如果不可行，至少尝试通过电子邮件或电话联系来获取信息。最好和一个家庭的几代人都进行沟通（例如，祖父母，父母和子女）。如果有必要的话，在初步的数据分析之后，同样要有一个后续的跟进。在征得研究对象的同意后，你还可以将谈话内容进行录音或录像。

（c）设计具体的问题，以引出你研究对象的以下信息：

- 是否有什么本土的（第一文化）文化信仰和习俗，他们会坚决遵循？如果有，是什么以及为什么？

- 是否有一些本土的（第一文化）文化信仰和习俗，他们愿意放弃？如果有，是什么以及为什么？
- 是否有一些他们愿意完全采用的外来的（第二、第三、第四文化……）文化信仰和习俗？如果有，是什么以及为什么？
- 是否有一些他们愿意适应和修改的外来的（第二、第三、第四文化……）文化信仰和习俗，并且使其适应第一文化价值体系？如果有，是什么以及为什么？
- 是否有一些外来的（第二、第三、第四文化……）文化信仰和习俗他们认为是最困难的或最容易适应的？如果有，是什么以及为什么？
- 根据他们的回答问一些其他相关问题。

第三步：数据采集结束后，要求学生分析数据并写下他们的发现，将课上所得结论数据和其他他们所做的独立研究的结论作为以后的参考。鼓励他们说出研究对象在文化调整的过程中所承受的个人心理紧张和冲突。

第四步：要求学生准备一个口头报告，简要解释他们的项目成果和他们已经从完成这个项目所获得的经验教训。如果他们自己也经历了文化调整，让他们以合适的方式和比较的视角在报告中整合自己的经验。

10.3 结语

本章关注的重点在具体的教学策略，这可能有助于语言教师设计自己的课堂活动来帮助提高学习者的全球文化意识。批判反思的任务和探索性项目这两个策略都与上一章所讨论的组织原则是一致的。我认为，创建和维持学生的兴趣、同时又促进他们的全球文化意识的一种方式是设计以他们熟悉的二分法和当下流行的主题为主的任务。随着时间的推移，教师们应该能够设计、测试、修改和建立一系列可以作为原材料的任务和项目。

了解全球文化视角，不仅可以消除文化成见，而且有助于提高与他人以一种有意义的方式交流的机会。鉴于跨文化沟通在这个全球化的世界里的重要性，我将在下一章谈谈这个话题。

第十一章　文化现实主义与跨文化交际

加利美阿人（Nacirema）的身体仪式

贺拉斯·迈纳（Horace Miner）密歇根大学

人类学家了解到，不同的人会在相同的环境下做出迥异的举动；因此，即使他们面对最为奇特的风俗，亦不会感到惊讶。他们总会想象世上某个不知名的地方，有尚未发现的风俗。事实上，默多克（Murdock，1949：71）在关于宗教组织的文章中表达过这一观点了。有鉴于此，加利美阿人（Nacirema）的神秘仪式正可以作为例子，来阐释人类的行为能够如何多样化和极端……

20 年前，林顿（Linton）教授首次关注到加利美阿人的仪式（1936：326）。但直至现在，加利美阿习俗仍是十分神秘……

加利美阿人从资源丰富的环境当中发展出完善的市场经济系统。人民主要从事经济发展行业，同时将大部分的收入和时间消耗在宗教仪式上。这些仪式的焦点是人的身体……

在整个仪式系统中，最基本的信条是人的身体是“丑陋的”，有“衰落及患病的倾向”，会“监禁”着人。人的主要任务便是透过具有强大力量的仪式与祭典，扭转这个“监狱”的负面倾向。每一个加利美阿家庭都必定有一个神殿，作为举行仪式的地方。而社会上最具权势的人，更会有多于一个的神殿。事实上，神殿的数目往往能决定一栋房屋的价值……

虽然每一个加利美阿家庭都有一个神殿，但并非全家一同参与仪式；相反，仪式是十分个人的，只会在私底下进行。这种神秘仪式的内容，只会在加利美阿的儿童开始需要参与时，才会向他们做出说明。我因与为数不少的加利美阿土著建立了密切的关系，才得以参观这些神殿，并从他们口中得知这神秘仪式的内容。

神殿的核心部分是一个嵌入墙壁的箱子，内里满载着护身符与魔药。没有这些东西，加利美阿人相信他们将活不下去。这些东西都是从各种不同巫师手上得到的。这帮巫师当中，最有影响力的可算是“圣医师”。如果加利美阿人接受了圣医师的协助，就必须用大量的礼物作回馈……

箱子之下是圣水器，在圣水器中混和了各式各样的圣水。每一天，所有家庭成员都会轮流进入圣殿，向着箱子行鞠躬礼，再进行一个简单的洗礼。这些圣水取自小区中水神庙中取得的。水神庙的祭司会透过复杂的仪式来净化那些液体。

依照巫师等级排序，圣医师之下是“圣口师”(Holy-mouth-men)。加利美阿人对口腔同时有病态的恐惧与迷恋，因为他们相信口腔对社交有不可思议的影响力。他们相信如果不进行口腔祭典，他们的牙齿会脱落、牙肉流血、下颚收缩、被朋友疏远及被爱人抛弃……

“口祭”是加利美阿人日常仪式之一。尽管这些人如此一丝不苟地注意保持口腔卫生，但这个仪式可能仍会使不明所以的外人感到恶心。加利美阿人会把一小撮猪毛与魔法粉末一起放进口中，然后以一套规范过的动作去挪走那撮猪毛。

除了进行私人性质的“口祭”外，加利美阿人每年寻访圣口师一至两次。圣口师拥有一套令人畏惧的圣器，包括各种不同的钻、锥、探针与尖刺。圣口师利用这些圣器协助加利美阿人驱邪，在这个过程中，加利美阿人得忍受莫大的痛苦。圣口师先把来访者的嘴撑开，然后使用圣器，把来访者因牙齿腐败而产生的洞扩大，接着把一些魔法物质放在洞中。如果某些牙齿天生存在一些洞，一个或多个牙齿会被大面积挖开，使得圣口师可以放一些超自然的物质在里面。在加利美阿人眼中，圣口师能协助他们驱逐邪魔并结交朋友。虽然加利美阿人的牙齿仍是逐年逐年地衰败，但基于寻访圣口师具有神圣及传统的意义，加利美阿人仍会每年进行这个仪式。

我希望通过全面地研究加利美阿人，以有助于了解他们的性格结构。

以上文字节选于密歇根大学社会学和人类学的教授贺拉斯·迈纳（Horace Miner）的文章（pp.503–507）。文章于1956年发表在美国人类学协会的知名刊物《美国人类学杂志》。在这篇文章中，迈纳通过对加利美阿人的这个“魔法缠身”的部落来阐释“人类的行为能够如何多样化和极端。”按照传统的人类学研究范式，他“与当地人建立了足够的默契”，以便他们能够给他介绍自己的宗教仪式。他发现，与其他行为仪式相比，当地人“对口腔同时有病态的恐惧与迷恋”，这会使“不明所以的外人感到恶心”。

迈纳的文章是一个学术研究，里面有明确的日期、页码、来源和参考文献列表，并提供了许多人类学例证。不过，他并没有在真的描述任何异国的部落民族。他，实际上讲的是，美国人民。加利美阿人（Nacirema）就是“美国人”（American）反过来的拼写罢了。他写了这个半开玩笑的滑稽事情来表现诸如刷牙和看牙医这样的平常活动可以如此的“独特”，甚至“对不明所以的外人”是“多么感到恶心”。此外，他还从跨文化理解和跨文化交际出发，对传统的人类学和社会学提出了一个不那么敏感的批判。

有一个观点是众所周知的：试图从一个文化的信仰和实践出发去解释另一个文化和实践势必导致误解和误会。成功的跨文化交流的前提是对所接触的文化有全面的理解。文化全球化的今天更是如此，尤其是文化认同（无论是个人还是民族）也正在变得如此复杂。在这一章中，我首先会对传统跨文化交流的方式进行讨论，随后会介绍后结构视角（后殖民视角）。之后，我将会说明全球各国都迫切需要学习如何进行有效的跨文化交流。最后，我会概述一下如果拓宽跨文化交流的范围，有哪些新的教育方式可能会产生。

11.1 传统方法

跨文化交流是学术研究的一个新领域。它诞生于第二次世界大战的废墟中，当时作为胜利的一方盟军的首领——美国发现他们本国的国际外交、商业和贸易都扩展到了前所未有的高度。当时的一些政府官员、外交官、商业首领和其他美国人到海外工作，他们意识到由于缺乏对外国人文化习惯和沟通方式的了解，其工作效率受到严重阻碍。为了解决这一问题，美国国会于1946年通过了《外国服务法》，而这又为外交学院的建立奠定了基础。外交学院聘请了人类学家、心理学家和语言学家专门为培训政府官员提高跨文化交流的能力找方法和材料。正是这批学者奠定了跨文化交流的基础，并使之成为美国的又一发明。

在这些学者中，有人类学家爱德华·霍尔（Edward Hall）和语言学家乔治·特拉格（George Trager）。根据在自己领域的研究经验，他们共同编写了外交学院的培训手册，其标题为《文化分析》（霍尔和特拉格 Hall and Trager，1953）。在手册中，他们提出了一些准则，其中最重要的是沟通，无论是口头上的还是非口头的。萨丕尔 - 沃尔夫（Sapir-Whorf）的假说是人类语言学的理论支撑。这个假说连接了理论和现实，连接了语言和文化的思维定式（详见第二章）。他们还认为，由于文化主要通过语言创建并维护，那么语言就天然成为了文化的一个窗口。因此，通过分析和理解语言沟通能够有助于了解跨文化交流。在很大程度上，他们越重视语言的作用和萨丕尔 - 沃尔夫的假说，越说明了即使在今天跨文化交流依旧十分重要。

霍尔（Hall）在培训手册的初稿中又增加了一些其他方面的内容，并完成了《无声的语言》(1959) 一书。这一开创性的工作非常有影响力，它被认为是"跨文化传播的创始文件"(罗杰斯、哈特和三池 Rogers, Hart, and Miike，2002：11)。在书中，他被迫与不同文化背景的人交往。他提出"文化是交流和交流是文化"的概念（霍尔 Hall，1959：186)，他强调个人空间和时间观念的重要性，以及它们是如何影响跨文化交际的。他同样强调了非语言交流（如手势）以及它们在跨文化理解时的作用。在霍尔的文章中，他假设了几个对立统一的二元文化因素，并指出之间的区别。例如，低语境社会（如美国）要求良好的沟通交流要有明确的口头陈述作为前提，而高语境社会（如日本）的沟通则主要依赖于非语言交流和上下文语境线索，有时甚至还需要保持沉默以达意；此外，在历时性文化（如西亚）里时间是灵活的、循环的，以促使人们可以同时参加更多的活动和任务；而共时性文化（如美国）里时间则是固定的、线性的，鼓励人们按时有序地处理事情和完成任务。

霍尔重视人际交往，其中包括非语言交流。其部分原因是由于他的主要任务"帮助外交官去海外工作"的需要（霍尔 Hall，1959：35)。他意识到，"现在需要的是大胆创新，并不是同样的旧历史、旧经济和旧政治"(p.36)。因此，他背离了主流人类学主要集中在文化大概念下广泛的社会、政治和宗教系统的方法，转而集中关注面对面的个体之间的相互作用，如语音、手势、时间和空间关系等。基于这样的人际关系因素，跨文化培训帮助外交使节团成员准备面对在陌生国家的交际挑战。

除了外交使团，美国和平部队也同样认为跨文化交流的研究十分有用。由肯尼迪政府成立于 1961 年的"美国和平队"将美国志愿者送到几个新独立的发展中国家。使团不时地出版和更新指南手册，例如《美国和平队跨文化培训手册》(*Guidelines For Peace Corps Cross-Cultural Training*，莱特和哈莫斯 Wright and Hammons，1970)；《美国和平队志愿者跨文化培训》(*Cross-Cultural Training for Peace Corps Volunteers*，爱德华兹和麦卡弗里 Edwards and McCaffery，1981)；《文化事件：美国和平队跨文化工作手册》(*Culture Matters: The Peace Corps Cross-Cultural Workbook*，斯托尔蒂和本霍尔德・莎曼 Storti and Bennhold Samaan，1997)。截至 2003 年，通过使用这些材料培训了大概有 168, 000 名美国人，他们都曾在亚洲、非洲、拉丁美洲和东欧 136 个国家工作过。所有这些培训手册都无一例外地具有霍尔开创性工作的烙印。

从整个国际外交的背景下进行跨文化的人际沟通研究中得出的见解被认为同样适用于公司企业。当与其他国家的贸易和商业在第二次世界大战扩大之后，美国商界认为有必要训练其海外员工在以下几个方面进行跨文化交际，其中包括谈判、社交、了解沟通不畅的原因、避免跨文化误解、保持适当的眼神接触和身体距离、注意肢体语言和礼貌原则，等等。由于广泛的贸易和人员往来，美国和日本这两个世界上最大的经济体要更重视跨文化交际。其结果是："今天，美日间跨文化沟通的研究比世界上任何其他两个国家间的跨文化沟通的研究都要多"（罗杰斯，哈特和三池 Rogers，Hart and Miike，2002：15）。继霍尔的指导性结论之后，这些研究将重点放在了美日间的文化差异，例如个人主义和集体主义、低语境和高语境行为及其对跨文化交流的影响。除此之外还强调人与人之间的非语言交流模式，例如基于等级制度来决定鞠躬角度的练习、面部表情和身体接触等。这些都被认为是区分两种不同文化的方法。

在强调不同文化的人们面对面交流时的微行为的同时，霍尔和其他跨文化主义者还从传统的人类学角度出发，进一步地推出了跨文化交流中新的重要组成部分。但是他们一般都会坚持广受欢迎的"文化差异"理论。"文化差异"理论指导人类学家们关注文化信仰和实践的变化，而不是关注早期的"文化贫瘠"理论。"文化贫瘠"理论认为其他的文化在某种程度上存在各种不足，因此处于弱势的和欠发达的地位。像其他人类学家一样，他们也同样崇尚民族志的调查方法，主张参与式观察。他们直接系统地观察文化行为并且采访当地的文化行使者。很显然，这种技术重视跨文化主义者的个人观察以及对于他们所听到的、所观察到的或所体验到的批判的解读。由此产生的结果，主要是主观的，描述性的，然后将此当作是一个特定的文化社区的文化建构。

20 世纪 80 年代，来自荷兰的社会心理学家海尔特·霍夫斯泰德（Geert Hofstede）将经验主义层面的研究引入了跨文化交流研究。他使用统计学的定量分析方法，对来自 40 个国家超过 116, 000 名 IBM 员工进行了文化价值观的因素分析调查。在调查结果中包含了文化价值的因素分析，并在他自己的极具影响力的书《文化的结果》（*Culture's Consequences*）报告了他的发现（霍夫斯泰德 Hofstede，1980）。在此基础上实证研究，他认为企业文化的四个层面：（a）接受不平等，也就是说人们如何接受权威嵌入层次关系，（b）不确定性规避，也就是说当人们感觉受到了威胁的时候，因此防范以避免歧义；（c）社会角色，也就是说，在企业部门男女性别角色之间的关系是如何分配的；（d）个人主义与集体主义，也就是说个人与他们工作的公司或社区甚至到更大的社会是一种怎样的联系。

事实上，一些跨文化主义者依据从政府和企业成员处收集来的数据，整理得出了跨文化交际的差异，并用这一结果笼统地概括了所有人；这种做法也引发了许多批评（详见马丁和中山 Martin and Nakayama，2000 的评论）。即使当他们面对非政府和非企业的文化提供者的时候，由于面试问题或调查问卷的样本数量有限和被调查者本人的经验局限，依旧容易导致出于研究需要所选择的文化不具有典型性（庄 Chuang，2003；宫原 Miyahara，2000）。此外，跨文化主义也缺乏对人际互动的重视，特别是不同时空中跨文化互动是一个复杂的、持续的过程，不能被简单地贴标签和二分出来，不能简单地管中窥豹。

不仅是方法论的问题，霍尔和霍夫斯泰德等人的跨文化交际研究的一个重要概念性缺点就是它非常受西方对非西方文化观念的制约。正如乔治 · 伦威克（George Renwick，2004：450）最近所说的："我们大部分理论家都是西方的。这当然具有启蒙性的作用，但同时也十分受限制。"受限制是因为大多数跨文化主义都将欧洲的社会和企业交流方式作为规范，与其他文化来进行对比，分析性描述和评价。这之后，他们追随了社会学和人类学的老传统。牛津大学文化评论家罗伯特 · 杨（Robert Young，1995：94）指出："现代文明和文化是以欧洲文化的价值层次为衡量标准。欧洲文化通过将自身置于与社会中所有其他社会或群体之上来定义自身。因此，跨文化主义者很少认识到西方的理论并不能很好地解释某个特定的交流行为模式，特别是亚洲模式（晓歌 Xiaoge，2000）。但是，他们仍然坚持东方文化的唯一西方解释。这导致了跨文化交流围绕着欧洲中心主义展开。

一些亚洲学者曾断言，由于广为流传的欧洲中心主义，"跨文化"研究领域只剩下"跨"文化（例如，庄 Chuang，2003；迪萨纳亚克 Dissanayake ed.，1988；金 Kim，2002；三池 Miike，2003；斯塔罗斯塔和陈 Starosta and Chen eds.，2003）。综合来看，义高三池（Yoshitaka Miike，2003：244）解释说，欧洲中心主义在跨文化领域内"是指欧洲中心主导论在结构上和系统上给某个西方的理论和研究方法以特权，其他可能的理论和文化研究以及交流现象则处于不利的地位。欧洲中心主义在跨文化交际方面的研究至少体现在以下三个领域的学术活动：（1）理论概念和构造，（2）研究材料和方法，以及（3）理论研究的'他者化'现象。"由于这三方面包括了跨文化交流研究的主要方面，亚洲学者强调要巩固本领域的理论基础。例如，他们会"将儒家经典文本，道教、佛教以及与亚洲古典美学相关的理论纳入讨论"（迪萨纳亚克 Dissanayake，1996：10）。

西方学者也认识到需要开拓非西方的思想。为此，著名的《跨文化心理学》杂志专门整卷（2000 年 31 号）讨论西方的概念和方法所存在的问题，并构建其他的跨文化理解和培训的范式。这样促使导致人们越来越乐观地认为“随着我们旅程的继续，我们应该确保仔细探索世界上其他传统和领域的思想家们的观点”(伦威克 Renwick，2004：450)。也正是后结构主义 / 后殖民研究学者的观点。

11.2 后结构主义 / 后殖民视角

正如上述讨论显示，传统的跨文化主义学者的工作给人以下两个方面的弊端的印象：赞同了沃尔夫关于语言和文化之间的关联性，以及他们对异族文化所采用的民族中心主义的态度。任何人试图解决这些不足都要依据文化研究领域的成果，特别是从语言、文化和社会的后结构主义 / 后殖民主义批评。

跨文化主义将语言作为一个独立的系统，有自己的分类（即语法和词汇）和超音段（即重音和语调）功能。与其不同的是，后结构主义把语言视为一个更大的话语的一个方面。法国社会学家米歇尔·福柯（Michel Foucault）同时也是一位杰出的后结构主义学家。他为“话语”提供了一个三维的定义，“(话语）有时被当作类似论断的主流，有时又被看作是个人观点的具体体现，有时又被当作观点的具体实践”(福柯 Foucault，1972：80)。第一个定义涉及实际的话语或文本。第二个定义涉及特定的结构或字段，如“种族主义的话语”或“女权主义的话语”。第三个定义涉及创建管理特定的话语或文本条件的社会政治结构。通过以一种合理的方式讨论一个主题，我们创建了一个平台来增加我们的知识，并从中想出新的办法。它不仅包括实际思想和阐述，同时也决定了可以表达或听到什么，什么是沉默的、什么是可以接受的、什么是禁忌的。这个意义上的“话语”是一个整体领域，其中语言以特定的方式被使用。这个领域产生并贯穿于整个社会实践、制度和措施中。

福柯（Michel Foucault，1970）把语言当作是众多组成语境文本的一个且唯一要素，且将语言文本的概念加以扩展，包括口头表达和书面叙事。文本意味着什么，不是由任何固有的客观语言功能所决定，而是由话语结构产生的，每种讨论结构都有其特定的意识形态和控制权的特殊方式。没有不表达意义的文本，且每一句话都反映了我们所生活的这个世界的一个方面。换句话说，所有的文本都是政治性的，所有的话语结构都是政治性的。因此，分析一个文本就是分析话语结构，而话语结构基本上是政治性质和意识形态的内容。

福柯进一步认为，每一个个体和每一个文本都嵌入权力 / 知识的话语领域并受其控制，这是依据“规则”“声明”以及“理解”这三个可以在任何指定时间内定义什么是真实的真理体制来表达的；并且通过大量的既定的和毫无疑问的思想体系来认识世界。因此，正如萨拉·米尔斯（Sara Mills，1997：17）尖锐地指出的：“权力、知识和真理，这个基本配置构成了‘话语’。”该结构福柯称之为“话语实践”，用在一定的典型模式上以便形成话语结构。话语结构使个体很难跳出一定的结构之外思考；所以人们常常屈从其控制之下。因此，只有整个社会，而不只是个人，改变思维、知识、说话和做事的方式，才能实现社会、政治或文化的话语变革。

虽然福柯确实在其后来的作品（例如《性史：使用乐趣》，1984 年）中通过颠覆和抵制来思考系统性的社会或话语改变的可能性，但他的许多分析往往主要集中在权力和强者的运作上。一个稍微不同的关注主导地位之间关系的人是来自法国社会学家米歇尔·德·塞尔托（Michel de Certeau），他关注到了日常生活中所发生的改变。对他来说，我们社会强大的机构要求我们有特定的行为、思想和个人反映。他将这些机构的强制力作用描述为“力量关系或战略的演算”。但是，个人并不总是符合主导机构的支配。相反，出于各种原因，从没有资格到不情愿到完全反对，他们从制度上拒绝施加其上的要求，并根据自己的意愿，以能够代表自己的方式为自己授权。他将这种对抗性的反映称之为“战术”（德·塞尔托 De Certeau，1984：xviii-xx）。

战术或策略“是一种示弱的艺术……是聪明地展现‘强’中有弱，是在自己的地盘上将对手放倒的艺术……一个战术或策略实施的空间是建立在其他空间之上的。所以策略必须在另一个外国势力法则的领域实施”（德·塞尔托 De Certeau，1984：31–40）。弱者凭直觉就知道如何操纵强者，以至于在一些不利的环境下，弱势的策略也可以表现为系统性和持续的破坏。德塞尔·托认为从策略行为有时可以被看作如拒绝配合权威或拒绝传播虚假信息。他们“因为他们缺乏自己的空间，必须将自己微妙的、顽固的抵制性质的团体活动依附于一个已经形成的力量和代表性的网络之中”（德·塞尔托 De Certeau，1984：18）。

由于微妙、顽固的破坏形式是日常生活实践中的一部分，德·塞尔托强调了调查它们的重要性与其微妙的主导地位。而且，这种调查的一个方式就是语言文本。如同福柯的话语理论，德·塞尔托的文本超越了语言范畴。“当今，文本是社会本身，以都市化、工业、商业或电视产业形式表现出来”，由此产生了一个系统“来区分并给予作家、教育家和革命家等特权，总之一句话就是‘生产者’与非生产者”（1984：166–167）。但是，与福柯所认为的“话语”主要是权力 / 知识所不同的是，特里·施耐德高德（Terry Threadgold，1997：71）指出，德·塞尔托“明确表示需要以这两种方法来思考才能解释清楚：其一，学科知识的工作方式是隐瞒那些阐明它们的人的立场和利益；其二，仅仅把知识看作话语的方式排除了通过阐述来颠倒是非和改变立场的能力”。

不同观点的后结构主义者因此将某些特定的主题或事件放到了更加宏观的社会结构中，尤其是把各种话语形式与权力知识的概念以及主导和阻力相联系。后殖民主义学者承认并发扬了后结构主义者贡献，例如霍米·巴巴（Homi Bhabha，1984）、爱德华·萨义德（Edward Said，1978）、佳亚特里·斯皮瓦克（Gayatri Spivak，1984）等。其他人阐述了不平等的权力关系是如何引起殖民主义合法化的广泛的话语框架的。他们的观点已经在前面的章节（见第二、七和八章）讲过了，在此不再赘述。回想一下，它们主要通过以下几方面引起我们的注意：

- 西方和东方之间的二元对立，在“我们”和“他们”之间产生了一个本质化和静态的“自我”和“他人”；
- 权力的作用和不平等的存在，往往导致霸权主义甚至个别代表文化为主导系统；
- 殖民地人民的异质性及其机构使殖民地统辖和隶属的二分法产生了问题；
- 支配者与被支配者之间的一种充满矛盾的状态；
- 外围学者试图使西方知识系统去中心化，导致东方的力量和他者的文化表征的钝化。

这些和其他后殖民思想突出了西方世界领导组织其他地域共同成为一个同类的群体的方式，以便容易地分析和解释其交际行为，而不考虑在西方和非西方之间运作的更大的历史、社会和政治权力结构。简而言之，后殖民主义已经有效地质疑了这些被广泛接受的整体结构，例如西方、东方，自我和他者。

一些跨文化主义者，（例如，希博乐 Hibler 1998；凯利 Kelly，1999；金 Kim，2002；马丁和中山 Martin and Nakayama，1997）都认同后结构主义 / 后殖民批判的重要性及与相关跨文化领域的相关性，同时也都强调需要解构和重构西方的方法来实现跨文化交际。例如克里斯汀·希博乐（Kristin Hibler，1998）认为，跨文化交际的后殖民方法可能会提供新的分析方法，尤其是那些从来没有这样做过并把自己看作“他者”的人。她认为如果没有这个基础广泛的办法，在跨文化交际的尝试将会流于表面，并没有任何真正的变化。

事实上，有关这一问题的探索，即后结构与后殖民思想可以怎么扩大跨文化交流的性质和范围，也有助于我们更好地应对文化全球化所带来的挑战。如何应对快速发展的全球化是当务之急，因此对于这一问题的研究探索也对整个研究领域有巨大的影响。

11.3 全球使命

在前面的章节中，我们看到了新的文化全球化是如何创造了一个新的文化现实的并相应地促进了全球文化意识的发展的。我们发现由通信革命辅助的文化资本的全球流通是怎样形成一个前所未有的文化意识，从而促使人们重新尝试来保障个人或民族的文化认同。我们还了解到当下全球、国家、社会和个人的现状正在经历怎样的身份的形成过程，并形成新的跨文化关系。

在文化全球化的背景下，跨文化交流领域正面临着新的挑战和新的机遇。然而，需要用实质性的方式抓住时机。正如社会学家兰迪·克卢弗（Randy Kluver，2000）在一个在线期刊文章中指出的，“跨文化交际理论家们经常提到的经济一体化、旅游、移民等的全球化的力量提高了跨文化交际能力。然而，很少有人试着弄清楚更基础的问题，例如这些力量是如何改变跨文化交流的本质的。”注意到跨文化交流的概念，例如高语境文化和低语境文化之间的不同在新的全球化环境下使得问题越来越凸显，他质疑传统的跨文化交流研究是否“与日益突出的全球化和信息化更相关”。

一个与跨文化交流研究相关的问题是“民族文化的物化”。它指的是跨文化主义如何“基于国家文化层面，认为文化差异普遍存在于全国各地，通过文化实践来使每个国家更加具体化和本质化，通过二分法划分为高语境文化和低语境文化以及‘单时或多时’”（斯塔罗斯塔和陈 Starosta and Chen，2003a：15）。正是民族文化的物化长期以来促进了对美国跨文化主义很少关注的亚文化多样性的关注，无论是他们自己国家的研究抑或是其他国家民族的。直到最近，跨文化主义主要关注的还是主流的美国文化特色，甚至局限在“美国男性”上。（贝内特和贝内特 Bennett and Bennett，2004；哈博乐 Hibler，1998；普施 Pusch，2004）。正如我们前面所了解的，在全球化的世界中，文化认同的形成是全球性的；国家、社会和个人的现状之间的相互关系是一个复杂的过程。因此，专注于一个本质化、不变的民族文化必然会产生一个扭曲的跨文化关系和跨文化交流风格。

然而，另一个目前的全球化世界文化交际模式相关方面受到质疑的原因是：没有意识到文化全球化和信息技术已经在现代社会中造就了文化知识、技能等方面的新趋势。重要的是，这种现象不仅产生了那些文化资本迅速发展的个人，同样也使他们对自己的文化身份更加自信。因此，当用一个过时的种族中心主义的世界观来解读跨文化交流时，注定是徒劳的。请看下面的报道。

2005 年负责公共外交和公共事务的美国副国务部部长卡伦·休斯（Karen Hughes），对埃及、印度尼西亚、马来西亚、沙特阿拉伯和土耳其的伊斯兰国家进行了一次重要的访问。她的主要目标是与社会各阶层人士会谈，以促进相互之间的文化理解，消解观念上的差异，并重塑美国形象。在伊斯兰世界中由于阿富汗和伊拉克战争以及文明冲突而严重受损。作为前公关总监，她懂得如何利用引人思考的图像和简单的俏皮话。因此，她戴了一条珍珠项链，上面刻有阿拉伯文“爱、真诚和友谊”的奖章，并把自己描述为一个需要工作的妈妈，以引起她的穆斯林观众们的情感共鸣。

据新闻报道（参见，例如 www.washingtonpost.com/wp-dyn/content/article/2005/09/29/AR2005092901290.html），在一个拥有一批高学历的沙特妇女的会议上，她表示美国将支持她们提高在沙特社会中的地位。她十分惊讶地发现，与会的沙特妇女们认为美国人误解了她们对传统的解读，她们认为自己的社会地位相当不错。当她特别提到，沙特法律禁止妇女开车，她认为她们应该享有开车的权利以便能够“全面参与社会”。但是，与会的沙特妇女告诉她，他们很高兴有专职司机来为她们开车。其中一人说道：“阿拉伯女人给人的整体感觉是不开心。但其实我们都很开心。”除了文化自信，表现出来的更多是，深层次的社会政治历史条件下可能形成的表层的沟通风格和实质。

然而，另一个国际外交方面的小插曲，涉及当时的意大利总理西尔维奥·贝卢斯科尼（Silvio Berlusconi）。2004 年 9 月 2 日，一篇发表在《经济学人》的政论报道了在布鲁塞尔举行的欧洲领导人峰会。意大利首相主持了一个重要的委员会，他们就提出的欧盟宪法进行了敏感的谈判。他的言论震惊了与会领导人，因为他在会上建议讨论“足球与女人”，而且他认为德国时任总理哈德·施罗德（Gerhard Schröder）最适合讨论女人，因为哈德一共结过四次婚。一些外交官事后认为意大利总理是故意与施罗德为难。意大利官员后来解释说，根据意大利的文化传统，在一个严肃的会议前通过讨论足球或拿同事的感情生活开玩笑来营造轻松的氛围，通常都是一个好方法而且也十分正常。

至关重要的是，不要错认为只有一个文化世界观。社会学家曼托瓦尼（Montovani，2000）给我们讲述了另一个关于公司企业的例子。国际著名的电脑公司在沙特阿拉伯开设了分公司。作为对当地管理者跨文化培训的一部分，关于性骚扰的讨论是其中一个强制环节，因为这是在美国工作场所的一个棘手的人际关系问题。与会者被要求进行角色扮演并讨论一个情况：一个经理在与新来的秘书一起喝一杯的时候，不那么微妙地接近秘书。令美国教官感到惊讶的是，沙特管理者对模拟游戏表示十分不满甚至是惊异。组织者“没有意识到这样的情况对于虔诚的穆斯林来说是十分不礼貌的，尤其可笑的是，在这个国家男人和女人都被严格隔离开，并且出于宗教原因，酒精也是被正式禁止的”（曼托瓦尼 Mantova，2000：31）。

毫无疑问的是，在最近几年，跨文化主义出现了一个逐渐增强的意识，那就是要求跨文化交流对全球文化的大环境和复杂的情况更加敏感。但是，这种意识还没有总结成可行的理论或计划，一部分是因为跨文化交际学家发现自己处于相互矛盾的境地。社会学家罗兰·罗伯逊（Roland Robertson，1992：172）阐述了这样的悖论：“这门学科的从业者正试图在‘独一无二’的人口单元中发展一门交际关系的应用科学。为了彰显学术上、专业上和建议上的合法性，学者们必须证明他们的见解、方法、研究成果和建议的可操作性都具有普遍性。但同时，至少长期来看，这些学者们试图将文化间的差异夸大；因为如果文化间的差异看起来很小的话，这些学者的工作和目标就会变得没有意义。”这种矛盾可能会阻碍跨文化传播的理论和实践，这是真正的文化全球化的复杂性。

或许正是由于这个学科悖论，跨文化交际领域才得以持续发展，德博拉·卡梅伦（Deborah Cameron，2002：68）很有见识地指出：“语言中某些特定的互动方式、类型和讲话方式，最大限度地使‘沟通’更加‘有效’。”因此，跨文化交际研究一直以西方（主要是美国）为主，形成单极主导。很明显的是，尽管全球化的力量日趋突显，但我们仍然“知道专家顾问们并不推崇非西方的、甚至是非英语国家的交际准则。芬兰人不为英国企业举办关于少讲话好处的讲习班；日本人没有被邀请来指导美国人该如何间接地说话”（卡梅伦 Cameron，2002：70）。在这种情况下，语言教育工作者批判性地回顾跨文化交际的教学现状和教学实践并开始探索相关的教育应用是至关重要的。

11.4 教育应用

对于一般的文化教学来说，语言教学工作的理论原则和课堂实践主要来自于文化概念中的文化同化、文化多元化和文化杂糅（见第五、六、七章）。但是，如果我们只关注跨文化交际的教学就不难发现，其基本教学观点主要来自以下三个方面：由罗伯特·卡普兰（Robert Kaplan）提出的进行对比修辞的方法，由约翰·甘柏兹（John Gumperz）倡导的社会语言学的方法，和罗恩与苏珊 · 斯科隆（Ron and Suzanne Scollon）引进的语篇分析法。卡普兰的研究属于书面交流，而甘柏兹和斯科隆则关注口头和非口头的交流。

卡普兰关于跨文化交际中的对比修辞方法已经在文化同化一章中做了详细的介绍（见第 5 章 5.3.1）。在此不做过多阐述。只简单回顾一下，卡普兰（Kaplan，1966）定义了五个语言文化群体（如东方人、犹太人等），主要依托于萨丕尔 - 沃尔夫假说的一个特定解读，提出了语言修辞模式和文化思维模式之间简单对称的关系。例如，他有一个被学界认同的观点，即他认为英语段落的线性结构，同时也意味着英语母语者的逻辑思维能力。亚洲的修辞模式是螺旋式的，因为亚洲人习惯于曲线思维。卡普兰的对比修辞方法依附于沃尔夫定位的两项基本原则：（1）语言和文化有着千丝万缕的相互连接。（2）文化差异是文化缺失。从教育的角度看，卡普兰认为语言教师并没有责任把外国学生的思维模式改变为美国英语的思维模式。这似乎是谦虚的、不强调种族优越感的姿态，他提醒道："英语课一定不能好高骛远"（卡普兰 Kaplan，1966：20）。正如在第 5 章中指出的一样，他的做法已被广泛应用于语言教育中。

加州大学伯克利分校的人类学教授约翰·甘柏兹（John Gumperz ）被认为是跨文化交际研究领域的权威。他探索了语言知识和文化理解之间的紧密联系，展示了潜意识的文化预设是如何影响来自不同种族背景的人之间的对话的。甘柏兹（Gumperz，1982）在一系列的研究中都专注于伦敦本地居民与来自印度、巴基斯坦和加勒比岛移民之间普遍存在的紧张关系。他发现，这些社区之间产生的跨文化误解和不信任是由于非英语母语者错误地使用英语的重音和语调。他还提供了一些有趣的例子来支持他的说法。

其中的一个例子是从西印度群岛移民到伦敦的公交车司机。当乘客上车并拿出一张大面值的钞票买票时，司机会说 "找零，请（Exact change, please）"。他将重音放在 "请（please）" 上，并用了一个降调。走在过道上的时候，乘客会大声问道："为什么这些人会如此粗暴无礼，还充满了威胁"（甘柏兹 Gumperz，1982：168）。甘柏兹解释说，根据英国英语的惯例，该指令的礼貌的方式是将重音放在“找（change）”上，而不是在“*please*”上。出现这种变化的原因是我们需要强调新的信息“*change*”。或者，司机也可以用升调来说“*please*”，这也是礼貌的方式。用降调和强重音来说“请（please）”相当于给一个命令—— 这样比较适用于当说话者拥有一定的权威。比如父母可能会坚定地对一个孩子说：“请，打扫干净。”

在另一个例子中，甘柏兹（Gumperz，1982：173）展示了印度和巴基斯坦妇女在英国的机场自助餐厅服务时是如何被认为是“粗暴和不合作”的，因为她们没有正确使用语调。根据英语的惯例，当顾客点了肉菜时，服务员就会问他是否要“肉汁”，而亚洲的服务员则会用降调说“肉汁”这个词而非升调。用降调说这个词可以被解释为一个提供信息的陈述句，就好像在说：“嘿，这东西在这里被称为肉汁。”而用升调说则是礼貌地提供信息。

在英国的工作场所，还有很多如银行、邮局、餐馆和政府机构。还有很多类似的跨文化接触的例子，甘柏兹认为，谈话中的一方“通过交换猜测他人的意图，和他们的本能反应来提供所谓的对话线索”（p.153）。据他介绍，当这些线索在不同语言的（如词）和超语言的（如语调）的情况下产生作用，构建和排列信息的方式不同（例如，首先是一般信息，然后是细节，或反之亦然），也有不同的方式来解读言语 / 非语言的线索。因此，跨文化交际可能因为不同的文化假设或不同的使用语言习惯而失败。也可能是因为说话者的意图和听者的理解之间存在的任何潜在的不匹配而失败。甘柏兹断言：“基本的会话原则是普遍存在的，且适用于各种口头交流，至于话语是如何发音展示出来的，这则是因文化或亚文化而异了。”（p.96）。

在语言学习上，不同文化和亚文化群体是如何发音吐字进行交际的，成了跨文化交际教学的重点。甘柏兹（Gumperz，1982）提出了几个话语策略，以减少面对面交流时的跨文化误解，语言教师和教师培训者认为这几个策略非常重要。

它们包括：

- 检查日常的预设；
- 明确和清晰地陈述预设时；
- 不依靠语调来表达意义；更多地使用明确的词语；
- 改写（不仅仅是重复）要点；
- 认真聆听直到对方结束；不要打断对方，或转换话题，或直接得出结论；

- 预防隐形歧视和成见。

使用这些策略时，语言教师试图提高学生识别跨文化交际时的语言特征的细微差别和文化假设的意识。虽然距甘柏兹提出对跨文化交际的分析及其促进发展的战略，已经有接近四分之一个世纪的历史了，但它们仍然在言语课堂上被建议使用。事实上，他在跨文化交际方面的成就使得他是在相关领域唯一一位被收录到最近由英国应用语言学家乐斯·哈里斯和本·兰普顿（Roxy Harris and Ben Rampton，2003）编译的《语言、种族和人种读者》。

另一个在尝试教授跨文化交际方面影响了语言教学界的实质性的工作是斯科隆和斯科隆（Scollon and Scollon，2001），其“基本关注点是在面对面的交流，例如在专业环境下发生的会议、聊天、面试或访谈”(2001：5)。他们认为自己的方法是一个“话语方法”，因为他们没有从广泛的文化大概念出发，而是将重点放在“话语系统”上，其“目的意义是关注在一个特定的，可辨识的领域内，所能谈论或表达的所有内容。”(p.5)。这些可辨别的领域包括法律性话语、业务性话语和娱乐性话语等等。

斯科隆和斯科隆（Scollonand and Scollon）认为，在每一个话语体系内，能够决定来自不同文化背景的人能否相对成功地进行跨文化交际的因素是他们在谈话过程中的诠释能力。他们用了一个典型的例子来阐明这一观点（p.6）：

> 黄先生和理查德森先生进行了一场对话。理查德森先生对当天的交流十分满意，在将要分开的时候，他建议他们应该哪天一起吃午饭。黄先生欣然接受了他的建议。几个星期以后，黄先生开始觉得理查德森先生十分缺乏诚意，因为他并没有再继续找自己商量午饭的具体时间和地点。
>
> 亚洲英语使用者和西方英语使用者之间对话语的预期差异是黄先生和理查德森先生之间问题的根源。在东亚的话语体系中，经常会发生如上面我们提到的在谈话快要结束的时候传达谈话要点的情况。因此，黄先生才会觉得理查德森先生在谈话快要结束时发出午饭的邀请是十分重要的。无论黄先生自己是否真的想要一起吃午饭，至少他认为理查德森先生是认真的。而另一方面，理查德森先生则认为在谈话结束时提出吃饭邀请并没有那么认真。对于他来说，提出吃饭邀请的重要性并没有前面所表达的对当天的谈话表示满意那么高。这并不是一个特意的邀请，只是一种表达高兴和愉悦的常见方式。

> 这种话语模式的差异直接导致了例子中两人的困惑。问题的根源是由于语言本身的模糊性。对于两人来说，他们都需要弄明白主要观点和“闲聊”之间的区别。因为语言本身并不具有“提示重要性”的功能。谈话中的双方必须用同一种方式来交谈和沟通才能起到心照不宣的效果。

因此，斯科隆和斯科隆建议想要避免这样的误解的一个方法“可能是需要同时告诉黄先生和理查德森先生对方的预期是怎样的”(p.22)，希望“他们能够既重视谈话开始的部分，又关注结尾的内容”(p.22)。

针对这个假想的谈话的进一步解释是，斯科隆和斯科隆预计成功的跨文化交际依赖于两个方面：实际的效果和文化敏感性。他们认为，“交际中的实际效果意味着在话语系统中尽可能多地参与进来，同时避免从不谈论自己的要求，不要寄希望于不言自明。文化敏感性意味着意识到自己的沟通方式可能会被对方理解，也接受一个事实，那就是在大多数话语体系中不被理解的情况”(p.134)。斯科隆和斯科隆还认为“在研究、教育和培训时，最有用的关注点是人们采取的行为差异产生权力冲突或理解冲突。”(p.267)

有趣的是，尽管他们的概念和方法上有所不同，甘柏兹、斯科隆和斯科隆都认为文化假设和语言预期是跨文化交际有效性的两个决定因素。换句话说，他们都采取了通用的语言文化导向方法以分析和解释跨文化人际沟通。(卡普兰也用了同样的方法，但他的工作仅限于书面沟通。) 基于这样的定位的任何训练都可以增进在文化交流时文化假设的一个更深刻的认识，而且还可以提高一个人的知识和使用合适的语言和语言之外功能的能力。它们一起减少了在直接互动式的沟通时的差异。然而，普遍认为语言文化的导向并不具有足够的解释力。例如，尽管甘柏兹没有否认针对亚洲人和其他少数民族在英国社会的种族歧视的普遍性，也认为这是在跨文化关系的一个因素，但他的会话推论的理论并没有解决这一问题。

通用语言—文化导向的作用是拒绝社会 / 政治和历史因素支配的跨文化交际。这显然不足以应对文化全球化的复杂性带来的文化景观的改变，这些改变往往通过诸如身份、机构、他者化和代表性等问题表现出来。同时，试图解决通信模式改变所带来的全球化和“互联网化”也是限制之一。因此，需要开发一个框架用于分析、解释并教授跨文化交际，而这个教学要同时考虑到瞬息万变的全球文化环境。

一个可能的途径是把在第九章讨论过的五个基本要素和五个教育优先作为出发点。

文化连通性、文化的复杂性、文化全球性、文化现实性和文化认同性这五个基本要素一起提供了必要的概念基础。五个教育优先要求重点转变：从有针对性的语言社区到有针对性的文化社区，从重视语言清晰度到重视文化友好、从了解文化信息到努力文化转型、从被动接收信息到批判性地反思、从关注自己感兴趣的文本到多关注带有政策和规划的方法和材料。总之，他们能够提供一个跨文化交际的基本框架，这个框架能够敏感应对全球文化意识的发展。显然，这个领域还需要更加严肃化和系统化。

11.5 结语

这一章提供了一个详细的、批判传统的跨文化交际的方法，同时还涉及后结构主义/后殖民主义这些早期方法的局限性。本章还指出，如果说传统的跨文化主义在分析和进行跨文化交际的教学中，强调了通用的语言—文化导向的重要性，那么后结构主义者和后殖民主义者强调了更广泛的社会政治定位，这在文化全球化时代看起来很有希望。那么我认为，既然有迫切需要解决的全球性问题，那么就必须考虑实现有效的跨文化交际。最后，本文对当前教育观的局限性做了简短描述，并指出有必要制定一个新的框架，从而有可能产生一个对文化全球化所带来的挑战足够敏感的、有效的教学干预。显然，我们需要通过寻找跨文化交际和文化全球化的关系，一个有意义的关系节点重新思考我们的理论原则和教学实践。

第十二章　世界地图

在本书的最后一章，我将引用和引言部分一样的比喻：旅游。我保证会给读者呈现一个清晰的文化之旅，包括文化概念、文化意识、文化交流和文化全球化。我试图讨论多个不同的学科，包括人类学、应用语言学、文化学、历史学、政治学和社会学。为了提供一个具有批判性且全面的叙述，我要反复衡量，并尽量站在一个全面的视角来考察不同学科间的融合。我发现，的确有一些专业人员已经超越了本学科的界限，以窥整个文化领域的完整图像。

然而，我们必须要提醒大家“地图并不是世界本身”。这一概念是由阿尔弗莱德·克斯博斯基（Alfred Korzybski，1933）在广义语义学中开创的。在蔓延到其他学术领域之前，这一概念很快成为了神经语言程序设计学的一个基本原则。那么究竟“地图并不是世界本身”是什么意思呢？这意味着我们对现实的看法只是我们使用的“版本”、我们借用的“地图”，它并不等同于现实本身。这也意味着消息本身并不包含它所表示的对象。例如，“火”这个词本身并不会将我们烧伤。这一概念反映在当下流行的艺术形式是著名的超现实主义画家雷内·马格利特（René Magritte）。此画名为《形象的背叛》(1928—1929)，画中的法语字意为“这不是一个烟斗”。

人类学家雷戈里·贝特森（Gregory Bateson）对这一概念做了进一步的阐述，他指出:“我们所说的地图与世界本身并不是一回事，那么世界指的又是什么？在实际操作中，人们通过观察和测量将所见所得展现在地图上。在地图上的内容实际上是制作地图的人所观察到的内容的反映；你可以质疑他为什么这样做，这样制作地图只会陷入无休止的循环”(1972：454)。我们的心理表征仅仅是一张张循环往复的地图合集。因此，地图远比真实世界中的现实要狭隘得多。但是，地图还是十分有用的，因为它帮助我们找到一个开始了解世界的方法。但是，它不能帮我们完全了解全部实际情况，因为地图仅仅只是一个表现法。

事实上，地图只是展现全部世界的一个方法，并在“地图学”领域引起相当有争议的辩论。世界上有很多种不同的方法来制作地图，并没有任何一个是无懈可击的。想要制作一个十分精确的世界地图是不可能的，原因很简单：地球是球形的和三维的；而地图则是扁平的和二维的。截至目前，没有可行的方法来精确绘制地球的每个特征，例如实际面积的大小均衡，形状的精确度和南北轴线的保真度等等（凯泽 Kaiser，1987）。

世界上最著名的地图是麦卡托地图，是由地图学家杰拉杜斯·麦卡托（Gerhard Kremer）于 1569 年所创制的。他的姓氏在英语中的意思是“批发商（Merchant）”，在拉丁语里被翻译为“麦卡托（Mercator）”。他起初改造地图是为了给船上专业导航员使用。在“麦卡托”刚制造出来的时候被认为是一个地图学的创举，但在后来却因为实际大小的误差而被诟病。和其他地图一样，麦卡托也把北极放在了顶部，越远离赤道的图形被放大的越多。例如，欧洲实际的面积是 3.8 万平方英里，但看起来却比南美洲 6.9 万平方英里的面积还要大。同样，非洲的实际面积是 11.6 万平方英里，看起来却比苏联 8.7 万平方英里的面积还要小。正是由于这样的误差，这个地图甚至被说成是以欧洲为中心的。尽管如此，麦卡托地图仍然被世界范围内的中小学、大学和其他各种教育机构所使用，且在潜移默化中影响着人们对世界的印象。

德国历史学家阿诺·彼得斯（Arno Peters）曾试图改进地图误差，他于 1974 年创制了自己的地图，并于 1983 年发行了英文版。其地图主要是为普通人服务的，而非导航员。与麦卡托地图不同的是，彼得斯把所有区域都用相对尺寸来表示。也就是说，地图上的一平方英尺在实际中都是相同大小。对这个地图的主要批评是：地图上的形状是错误的。不过，彼得斯的地图很好地反击了“欧洲中心”说。因而，这个地图在热衷于社会政治的人群中十分受欢迎。

本文在此引入地图绘制概念不是为了讨论究竟哪个地图更好地反映了真实的世界，而是为了强调：如果科学地测量与精准地绘制地图仍然不能使地图准确地反映地理现实的话，那么就不能指望文化地图能够最大限度地反映世界上所有文化的精华。如此，我们也许应该意识到我们所熟悉的种族中心主义的文化表征也有相当程度上的局限性。和地图与世界之间的关系一样，长久以来我们在教育中所使用的文化地图是没有什么争议的。而这些文化地图起初也是经过跨文化主义者们用有限的文化工具绘制的，且经过多次复制直到现在的。每次我们不经思索地反复使用这个文化地图的时候，就离一开始所绘制的那个版本越来越远。然而，我们不能否认一个现实，那就是，和地理地图一样，我们在使用文化地图的时候仍然要意识到它可能存在不足。

语言教学界见证了在文化教学和跨文化交际方面取得的丰硕成果。然而，就像迈克尔·白然（Michael Byram）和冯安伟（Anwei Feng）在一篇权威的前沿文章中所指出的那样，“并不是所下的工夫越多，就能取得质的突破；我们需要更加系统地做研究，而不是毫无章法、随意地做。因为，随意做研究所得到的研究成果并不具有持续性”（2004：164）。

当前我们使用文化地图的问题由于日渐增长的文化全球化的影响而正在变得日益严重。在现代社会，正如首席拉比乔纳森·萨克斯（Jonathan Sacks）在他最近获奖的书《不同的尊严：如何避免文明冲突》（*The Dignity of Difference: How to Avoid the Clash of Civilizations*）中所指出的一样：“我们都知道自己生活在一个有许多陌生事物的世界中。在大街上、在工作里和在电视里，我们都会碰到拥有不同习俗的异域文化。那些异域文化都有可能对你的文化习俗产生冲击。从20世纪到21世纪的一个巨大变化就是，我们从关注‘意识形态’到关注‘身份’认同”（萨克斯 Sacks，2003：10）。为了应对这个巨大变化所带来的压力，首席拉比萨克斯建议我们“学习谈话的艺术，并不是如苏格拉底所认为的‘真理并不是产生于对虚伪的反驳’，而是产生于与拥有不同思想和习俗的人的讨论”（p.23）。

由于意识到所有人都融入的、有效谈话的重要性，联合国指定2001年为“文明对话国际年”。除此之外，他们继续专注于全球文化和“在当今多样的世界中保持文化自由”，并将《人类发展报告》（2004）作为重中之重。报告认为文化自由是“参与社会的自由而无须抛弃自己的文化。但这却是说起来容易做起来难”（p.1）。这个观点在本书关于文化认同的形成方面也有所体现：根植于“旧”文化，同时也拥抱“新”文化。文化自由是人类发展的一个重要组成部分，同时也是“关于扩大个人选择范围，而不是盲从效忠于既有的一贯做法”（p.4）。联合国告诫大家说“文化自由不会自然而然地发生，正如健康、教育和性别平等不会自然而然地发生一样”（p.6），并呼吁政府和教育机构采取一致行动。

我相信教育工作者可以采取的一个办法是，试着培养一个有独立思想的受教育者，而不是一个没有独立思想的被教育者。10年前在报纸上发行的一篇题为《我们的偏见，我们的自我》的文章中，我曾经明确区别过“有思想的受教育人”和“没思想的被教育者”（库玛 kumaravadivelu，1997：1，4）：

> “学校”培养我们做某一个特定的职业。通过学习知识和技能并获得某个特定的学位，我们有了获得某个工作的机会。另一方面，“教育”告诉我们“我们是谁”“我

们希望成为什么样的人"和"如何与别人相处"，开阔了我们的眼界，并让我们在这个纷繁多样的世界中依旧感到自如。"学校"教会我们去读书。但是，一个会读书的人并不一定会思考。

对于只会读书的人来说，差异让他们困惑；而对于会思考的人来说，差异让他们更加兴奋。会思考的人认为差异意味着潜能，多样性意味着可能……

因为会思考的人能够辨别真伪，且不容易形成刻板印象，能够从自己的和他人的文化中同时意识到好坏两个方面。他们愿意学习新的东西，也愿意将自己知道的告诉别人……

如果我们不知道自己的弱点，那么就永远不可能知道自己的强项。只有用开放式的思维且愿意学习新东西的态度才可能做到知弱知强。

也许最后一句话才道出了问题的实质：愿意真的从其他文化中学到点什么，而不仅仅只是了解就够了。了解其他文化会让我们知道文化常识；学习其他文化才会真的带来文化自由。

为了能够在受到文化全球化的离心力和向心力影响的文化自由的大领域内自由航行，我们或许需要一张不同于现在正在使用的新的文化大地图。在前面的章节中，我提到了一个看似是陌生部落的日常礼仪，却其实是一个讽刺的故事。其实只是通过开玩笑的方式，用人类学的高深词汇来形容诸如"刷牙"般的日常生活。他的玩笑让我们意识到熟悉的东西也很有可能让人产生陌生感。当前的文化全球化处在一个全球不同的理念、各民族、各文化和各种冲突大碰撞的阶段，并且开始让原本陌生的东西变得熟悉。正因为如此，才让现行的文化大地图显得即使不是完全无效，也是如此不足。

本书正是基于这样一个前提，即现在是时候绘制一个新的文化大地图来帮助我们自己和我们的学生展开一个全新的旅程，一个会把我们所有人都带到一个全新目的地的旅程。

我们的目的不仅仅是了解地图上有限的内容，而是要了解一个真实的世界。

也许前方的道路鲜有人走，但让我们"潇洒走一回"吧！

参考文献

Ahmed, A. (1992). *In Theory: Classes, Nations and Literatures.* London: Verso.

Alba, R., and V. Nee. (1999). "Rethinking Assimilation Theory for a New Era of Immigration." In C. Hirschman, P. Kasinitz, and J. DeWind (eds.). *The Handbook of International Migration: The American Experience.* New York: Russell Sage Foundation, 137–60.

Allwright, R. L., and K. M. Bailey. (1991). *Focus on the Language Classroom.* Cambridge: Cambridge University Press.

Alvares, C. (1979/1991). *Decolonizing History: Technology and Culture in India, China and the West 1492 to the Present Day.* New York: Apex Press, and Goa: The Other India Press.

Anderson, B. (1983/2005). *Imagined Communities: Reflections on the Origin and Spread of Nationalism.* 2d ed. London: Verso. (Originally published in 1983.) Citation is taken from Spencer and H. Wollman (eds.). (2005). *Nations and Nationalism: A Reader.* New Brunswick, NJ: Rutgers University Press, 48–59.

Appadurai, A. (1990). "Disjuncture and Difference in the Global Cultural Economy." In M. Featherstone (ed.). *Global Culture: Nationalism, Globalization and Modernity.* London: Sage, 295–310.

———. (1996). *Modernity at Large: Cultural Dimensions of Globalization.* Minneapolis, MN.: Minnesota University Press.

Appiah, K. A. (1991). "Is the Post- in Postmodernism the Post- in Postcolonial?" *Critical Inquiry* 17: 336–57.

———. (2005). *The Ethics of Identity.* Princeton and Oxford: Princeton University Press.

Ashcroft, B., G. Griffith, and H. Tiffin. (2001). *Postcolonial Studies: The Key Concepts.* London: Routledge.

Atkinson, D. (1997). "A Critical Approach to Critical Thinking in TESOL." *TESOL Quarterly* 31: 9–37.

———. (1999). "TESOL and Culture." *TESOL Quarterly* 33: 625–54.

Barber, B. (1996). *Jihad vs. McWorld: How Globalism and Tribalism Are Reshaping the World.* New York: Ballantine Books.

Barro, A., S. Jordan, and C. Roberts. 1998. "Cultural Practice in Everyday Life: The Language Learner as Ethnographer." In M. Byram and M. Fleming (eds.). *Language Learning in Intercultural Perspective: Approaches Through Drama and Ethnography.* Cambridge: Cambridge University Press.

Barber, B. (1996). *Jihad vs. McWorld: How Globalism and Tribalism Are Reshaping the World.* New York: Ballantine Books.

Barro, A., S. Jordan, and C. Roberts. 1998. "Cultural Practice in Everyday Life: The Language Learner as Ethnographer." In M. Byram and M. Fleming (eds.). *Language Learning in Intercultural Perspective: Approaches Through Drama and Ethnography.* Cambridge: Cambridge University Press.

Bateson, G. (1972). *Steps to an Ecology of Mind.* New York: Ballantine Books.

Bateson, M. C. (2000). "Crossing Cultures: A Talk with Mary Catherine Bateson." *Edge* 76 (October 12, 2000). Retrieved on May 14, 2001, from www.edge.org/documents/archive/edge76.html.

Bauman, Z. (1995). *Life in Fragments: Essays in Postmodern Morality.* Oxford: Blackwell.

———. (1998). *Globalization: The Human Consequence.* New York: Columbia University Press.

Bennet, J. M., and M. J. Bennet. (2003). *Becoming a Skillful Intercultural Facilitator.* Portland, OR: Summer Institute for Intercultural Communication.

Bennett, J. M., M. J. Bennett, and W. Allen. (1998). "Developing Intercultural Competence in the Language Classroom." In D. L. Lange, C. A. Klee, R. M. Paige, and Y. A. Yershova (eds.). *Culture as the Core: Integrating Culture into the Language Curriculum.* Minneapolis, MN: The Regents of the University of Minnesota.

Bennett, M. J. (1998). *Basic Concepts of Intercultural Communication.* Yarmouth: Intercultural Press.

Bhabha, H. K. (1994). *The Location of Culture.* New York: Routledge.

Billig, M. (1995/2005). *Banal Nationalism.* London: Sage. (Originally published in 1995.) Citation is taken from P. Spencer and H. Wollman (eds.). (2005). *Nations and Nationalism: A Reader.* New Brunswick, NJ: Rutgers University Press, 184–97.

Block, D., and D. Cameron (eds.). (2002). *Globalization and Language Teaching.* New York: Routledge.

Blum-Kulka, S., J. House, and G. Kasper (eds.). (1989). *Cross-cultural Pragmatics: Requests and Apologies.* Norwood, NJ: Ablex.

Borofsky, R. (ed.). (1994). *Assessing Anthropology.* New York: McGraw-Hill.

Bourdieu, P. (1977). "The Economics of Linguistic Exchanges." *Social Sciences Information* 16: 645–68.

———. (1990). *In Other Words: Essays Towards a Reflexive Sociology.* Trans. M. Adamson. Stanford: Stanford University Press.

———. (1991). *Language and Symbolic Power.* Trans. G. Reymond and M. Adamson. Cambridge: Polity Press.

———. (2000). *Pascalian Meditations.* Stanford: Stanford University Press.

Boyer, E. L. (1987). *College: The Undergraduate Experience in America.* New York: Harper and Row.

Braddock, R. (1974). "The Frequency and Placement of Topic Sentences in Expository Prose." *Research in the Teaching of English* 8: 287–302.

Brah, A., and A. E. Coombs. (eds.). (2000). *Hybridity and Its Discontents: Politics, Science, Culture.* London: Routledge.

Brody, J. (2003). "A Linguistic Anthropological Perspective on Language and Culture in the Second Language Curriculum." In D. L. Lange and R. M. Paige (eds.). *Culture as the Core: Perspectives in Second Language Education.* Greenwich, CT: Information Age Publishing, 37–51.

Brooks, N. (1964/1960). *Language and Language Learning: Theory and Practice.* 2d ed. New York: Harcourt, Brace and World.

———. (1975). "The Analysis of Language and Familiar Cultures." In R. Lafayette (ed.). *The Cultural Revolution in Foreign Language Teaching. Reports of the Northeast Conference on the Teaching of Foreign Language.* Lincolnwood, IL: National Textbook.

Brown, D. (1994). *Teaching by Principles: An Interactive Approach to Language Pedagogy.* Englewood Cliffs, NJ: Prentice Hall.

Brown, S., and J. Eisterhold. (2004). *Topics in Language and Culture for Teachers.* Ann Arbor: The University of Michigan Press.

Buchanan, P. (1992). "Republican National Convention Speech." Dated August 17, 1992. Retrieved August 29, 2005, from www.buchanan.org/pa-92-0817-rnc.html.

Bullivant, B. (1983). *The Pluralist Dilemma in Education: Six Case Studies.* Sydney: Allen and Unwin.

Byram, M. (1993). "Language and Culture Learning: The Need for Integration." In M. Byram (ed.). *Germany: Its Representation in Textbooks for Teaching German in Great Britain.* Frankfurt: Moritz Diesterweg, 13–18.

———. (1997). *Teaching and Assessing Intercultural Communicative Competence.* London: Multilingual Matters.

———. (1999). "Questions of Identity in Foreign Language Learning." In J. Lo Bianco, A. J. Liddicoat, and C. Crozet (eds.). *Striving for the Third Place: Intercultural Competence Through Language Education.* Melbourne: Language Australia, 91–101.

———. (ed.). (2000). *Routledge Encyclopedia of Language Teaching and Learning.* New York: Routledge.

Byram, M., and A. Feng. (2004). "Culture and Language Learning: Teaching, Research and Scholarship." *Language Teaching* 37: 149–68.

Byram, M., and M. Fleming (eds.). (1998). *Language Learning in Intercultural Perspective.* Cambridge: Cambridge University Press.

Byram, M., and C. Morgan. (1994). *Teaching and Learning Language and Culture.* Clevedon, U.K.: Multilingual Matters.

Cameron, D. (2002). "Globalization and the Teaching of 'Communication Skills.'" In D. Block and D. Cameron (eds.). *Globalization and Language Teaching.* London: Routledge, 67–82.

Canagarajah, A. S. (1993). "Critical Ethnography of a Sri Lankan Classroom: Ambiguities in Student Opposition to Reproduction Through ESOL." *TESOL Quarterly* 27: 601–26.

———. (1997). "Safe Houses in the Contact Zone: Coping Strategies of African-American Students in the Academy." *College Composition and Communication* 48: 173–96.

———. (1999). *Resisting Linguistic Imperialism in English Teaching*. Oxford: Oxford University Press.

Canclini, N. G. (1990/1995). *Hybrid Cultures: Strategies for Entering and Leaving Modernity*. Minnesota: University of Minnesota Press.

Carr, J. (1999). "From 'Sympathetic' to 'Dialogic' Imagination: Cultural Study in the Foreign Language Classroom." In J. Lo Bianco, A. J. Liddicoat, and C. Crozet (eds.). *Striving for the Third Place: Intercultural Competence Through Language Education*. Melbourne: Language Australia, 103–12.

Carroll, J. B. (1956). Introduction. In J. B. Carroll (ed.). *Language, Thought, and Reality: Selected Writings by Benjamin Lee Whorf*. Cambridge, MA: MIT Press, 1–34.

Center for Critical Thinking. Sonoma State University. "Study of 38 Public Universities and 28 Private Universities to Determine Faculty Emphasis on Critical Thinking in Instruction." www.criticalthinking.org/school study.htm.

Cheah, P. (1998). "Given Culture: Rethinking Cosmopolitical Freedom in Transnationalism." In P. Cheah and B. Robbins (eds.). *Cosmopolitics*. Minneapolis, MN: Minnesota University Press, 246–64.

Cheng, X. (2000). "Asian Students' Reticence Revisited." *System* 28: 435–46.

———. (2002). "Chinese EFL Students' Cultures of Learning." In C. Lee and W. Littlewood (eds.). *Culture, Communication and Language Pedagogy*. Hong Kong: Hong Kong Baptist University, 103–16.

Chick, K. J. (1995). "The Interactional Accomplishment of Discrimination in South Africa." *Language in Society* 14: 229–326.

———. (1996). "Safe-Talk: Collusion in Apartheid Education." In H. Coleman (ed.). *Society and the Language Classroom*. Cambridge: Cambridge University Press, 21–39.

Chuang, R. (2003). "A Postmodern Critique of Cross-cultural and Intercultural Communication Research: Contesting Essentialism, Positivist Dualism, and Eurocentricity." In W. J. Starosta and G. Chen (eds.). *Ferment in the Intercultural Field: Axiology/Value/Praxis*. Thousand Oaks, CA: Sage, 24–53.

Clausen, C. (2000). *Faded Mosaic: The Emergence of Post-cultural America*. Chicago: Ivan R. Dee.

Clifford, J. (1986). "Introduction: Partial Truths." In J. Clifford and G. Marcus (eds.). *Writing Culture: The Poetics and Politics of Ethnography*. Berkeley, CA: University of California Press.

———. (1988). *The Predicament of Culture*. Cambridge: Harvard University Press.

———. (1993). *Routes: Travels and Translations in the Late Twentieth Century*. Cambridge: Harvard University Press.

Cohen, B. S. (1996). *Colonialism and Its Forms of Knowledge.* Princeton, NJ.: Princeton University Press.

Connor, U. (1996). *Contrastive Rhetoric: Cross-cultural Aspects of Second Language Writing.* New York: Cambridge University Press.

Connor, U., and P. McCagg. (1983). "Cross-cultural Differences and Perceived Quality in Writing Paraphrases of English Expository Prose." *Applied Linguistics* 4: 259–68.

Coombes, A. E., and A. Brah. (2000). "Introduction: The Conundrum of 'Mixing.'" In A. Brah and A. E. Coombes (eds.). *Hybridity and Its Discontents: Politics, Science, Culture.* London: Routledge, 1–16.

Corbett, J. (2003). *An Intercultural Approach to English Language Teaching.* Clevedon, U.K.: Multilingual Matters.

Cortazzi, M., and L. Jin. (1996). "Cultures of Learning: Language Classrooms in China." In H. Coleman (ed.). *Society and the Language Classroom.* Cambridge: Cambridge University Press, 169–206.

———. (1999). "Cultural Mirrors: Materials and Methods in the EFL Classroom." In E. Hinkel (ed.). *Culture in Second Language Teaching and Learning.* Cambridge: Cambridge University Press, 196–219.

Council of Europe. (2001). *Common European Framework of Reference for Languages: Learning, Teaching, Assessment.* Cambridge: Cambridge University Press, and Strasbourg: Council of Europe.

Crawford-Lange, L. M., and D. L. Lange. (1987). "Integrating Language and Culture: How to Do It." *Theory into Practice* 26: 258–66.

Crevecoeur, H. St. John de. (1782/1912). *Letters from an American Farmer.* As quoted by G. Gerstle (1999) in C. Hirschman, P. Kasinitz, and J. DeWind (eds.). *The Handbook of International Migration: The American Experience.* New York: Russell Sage Foundation, 274–93. (Originally published in 1782.)

Crozet, C., and A. J. Liddicoat. (1999). "The Challenge of Intercultural Language Teaching: Engaging with Culture in the Classroom." In J. Lo Bianco, A. J. Liddicoat, and C. Crozet (eds.). *Striving for the Third Place: Intercultural Competence Through Language Education.* Melbourne: Language Australia, 113–25.

Crozet, C., A. J. Liddicoat, and J. Lo Bianco. (1999). "Introduction: Intercultural Competence: From Language Policy to Language Education." In J. Lo Bianco, A. J. Liddicoat, and C. Crozet (eds.). *Striving for the Third Place: Intercultural Competence Through Language Education.* Melbourne: Language Australia, 1–20.

Cummins, J. (2000). "Negotiating Intercultural Identities in the Multilingual Classroom." *The Catesol Journal* 12: 164–66.

Davies, I. (1998). "Negotiating African Culture: Toward a Decolonization of the Fetish." In F. Jameson and M. Miyoshi (eds.). *The Cultures of Globalization.* Durham, NC: Duke University Press, 125–45.

de Certeau, M. (1984). *The Practice of Everyday Life.* Berkeley: University of California Press.

Delk, D. L. (1997). *Discovering American Culture.* Ann Arbor: The University of Michigan Press.

Dharampal. (1983). *The Beautiful Tree: Indigenous Indian Education in the Eighteenth Century.* New Delhi: Bibla Impex Private.

Dirlik, A. "'Empire?'" *Interventions* 5: 207–17.

Dissanayake, W. (ed.). (1988). *Communication Theory: The Asian Perspective.* Singapore: Asian Mass Communication Research and Information Center.

Du Bois, W. E. B. (1940). *Dusk of Dawn: An Essay Toward an Autobiography of a Race Concept.* New York: Library of America.

Dunn, R. (1998). *Identity Crises: A Social Critique of Postmodernity.* Minneapolis, MN.: University of Minnesota Press.

Eckert, P., and S. McConnell-Ginet. (1992). "Think Practically and Look Locally: Language and Gender as Community-based Practice." *Annual Review of Anthropology* 21: 461–90.

Edwards, D., and J. McCaffery. (1981). *Cross-Cultural Training for Peace Corps Volunteers.* Washington, DC: Peace Corps, Information Collection and Exchange.

Ellis, C., and A. Bochner. (2000). "Autoethnography, Personal Narrative, Reflexivity: Researcher as Subject." In N. Denzin and Y. Lincoln (eds.). *The Handbook of Qualitative Research.* 2d ed. Thousand Oaks, CA: Sage, 733–68.

Ellison, R. (1964). *Shadow and Act.* New York: Random House.

Emeneau, M. B. (1955). "India and Linguistics." *Journal of the American Oriental Society* 75: 143–53.

Fanon. F. (1952/1967). *Black Skin White Masks.* New York: Grove Press.

———. (1961/1963). *The Wretched of the Earth.* New York: Grove Press.

Fantini, A. F. (1997). "Developing Intercultural Competence: A Process Approach." In A. F. Fantini (ed.). *New Ways in Teaching Culture.* Washington DC: Teaching English to Speakers of Other Languages, 40–44.

———. (ed.). (1997). *New Ways in Teaching Culture.* Washington DC: Teaching English to Speakers of Other Languages.

Fink, J. N. (1999). "Conclusion. Pushing Through the Surface: Notes on Hybridity and Writing." In M. Joseph and J. N. Fink (eds.). *Performing Hybridity.* Minneapolis: University of Minnesota Press, 247–52.

Fish, S. (1999). *The Trouble with Principle.* Cambridge, MA.: Harvard University Press.

Fishman, J. (1980). "The Whorfian Hypothesis—Varieties of Valuation, Confirmation and Disconfirmation." *International Journal of the Sociology of Language* 26: 25–40.

Flowerdew, J., and L. Miller. (1995). "On the Notion of Culture in L2 Lectures." *TESOL Quarterly* 29: 345–73.

Foucault, M. (1970). *The Order of Things: An Archeology of Human Sciences.* Trans. A. M. Sheridan-Smith. New York: Pantheon Books.

———. (1972). *The Archeology of Knowledge.* Trans. A. M. Sheridan Smith, New York: Pantheon.

———. (1980). *Power/Knowledge: Selected Interviews and Other Writings. 1972–1977.* New York: Pantheon.

———. (1984). *The History of Sexuality: The Use of Pleasure.* Vol. 2. Penguin: Harmondsworth.

Fox, H. (1994). *Listening to the World.* Urbana, IL: National Council of Teachers of English.

Friedman, J. (1997). "Global Crises, the Struggle for Cultural Identity and Intellectual Porkbarrelling: Cosmopolitans Versus Locals, Ethnics and Nationals in an Era of De-hegemonisation." In P. Werbner and T. Modood (eds.). *Debating Cultural Hybridity.* London: Zed, 70–89.

Friedman, T. L. (2005). *The World Is Flat: A Brief History of the Twenty-first Century.* New York: Farrar, Straus and Giroux.

Fukuyama, F. (1999). *The Great Disruption: Human Nature and the Reconstruction of Social Order.* New York: The Free Press.

Gaertner, J. F., and J. F. Dovidio. (1986). "Changes in the Expression and Assessment of Racial Prejudice." In H. J. Knopke, R. J. Norrell, and R. W. Rogers (eds.). *Opening Doors: Perspectives on Race Relations in Contemporary America.* Tuscaloosa: The University of Alabama Press, 119–48.

Gandhi, M. K. (1921). "English Learning." (Entry dated September 1, 1921.) *Young India.* 170.

———. (1927/1997). *An Autobiography, Or the Story of My Experiments with Truth.* Ahmedabad: Navjivan Publishing House. (Originally published in 1927.)

Gans, H. J. (1999). "Toward a Reconciliation of "Assimilation" and "Pluralism": The Interplay of Acculturation and Ethnic Retention." In C. Hirschman, P. Kasinitz, and J. DeWind (eds.). *The Handbook of International Migration: The American Experience.* New York: Russell Sage Foundation, 161–71.

Gee, J. (1993). *An Introduction to Human Languages: Fundamental Concepts in Linguistics.* Upper Saddle River, NJ: Prentice Hall.

Geertz, C. (1973/2000). *The Interpretation of Cultures.* New York: Basic Books.

Giddens, A. (1991). *Modernity and Self-identity.* Stanford, CA: Stanford University Press.

———. (2000). *Runaway World.* New York: Routledge.

Gilroy, P. (1987). *There Ain't No Black in the Union Jack: The Cultural Politics of Race and Nation.* Chicago: University of Chicago Press.

———. (1992). "It's a Family Affair." In G. Dent (ed.). *Black Popular Culture.* Seattle: Bay Press, 303–16.

Gimenez, M. E. (1989). "Silence in the Classroom: Some Thoughts About Teaching in the 1980's." *Teaching Sociology* 17: 184–91.

Glazer, N. (1993). "Is Assimilation Dead?" *Annals of the American Academy of Political and Social Sciences* 530: 122–36.

———. (1997). *We Are All Multiculturalists Now.* Cambridge, MA: Harvard University Press.

Glazer, N., and D. Moynihan. (1963). *Beyond the Melting Pot: The Negroes, Puerto Ricans, Jews, Italians, and Irish of New York City.* Cambridge, MA: MIT Press.

Goldberg, D. T. (1994). "Introduction: Multicultural Conditions." In D. T. Goldberg (ed.). *Multiculturalism: A Critical Reader.* Oxford: Blackwell, 1–41.

Goldschmidt, W. (1977). "Anthropology and the Coming Crisis: An Autoethnographic Appraisal." *American Anthropologist* 79: 293–308.

Grillo, R. D. (1998). *Pluralism and the Politics of Difference.* Oxford: Clarendon Press.

Guest, M. (2002). "A critical 'checkbook' for Culture Teaching and Learning." *ELT Journal* 56: 158–61.

Gumperz, J. (1982). *Discourse Strategies.* Cambridge: Cambridge University Press.

Gutmann, A. (1994). Introduction. In A. Gutmann (ed.). *Multiculturalism and the Politics of Recognition.* Princeton, NJ: Princeton University Press, 1–14.

Hall, E. T. (1959). *The Silent Language.* New York: Doubleday.

Hall, E. T., and G. L. Trager. (1953). *The Analysis of Culture.* Washington, DC: Foreign Service Institute/American Council of Learned Societies.

Hall, J. K. (2002). *Teaching and Researching Language and Culture.* London: Longman.

Hall, S. (1991). "The Local and the Global: Globalization and Ethnicity." In A. King (ed.). *Culture, Globalization and the World-System.* London: Macmillan, 19–39.

———. (1996). "Who Needs 'Identity'?" In S. Hall and P. Du Gay (eds.). *Questions of Cultural Identity.* London: Sage, 1–17.

———. (1997). "The Spectacle of the 'Other.'" In S. Hall (ed.). *Representation: Cultural Representations and Signifying Practices.* London: Sage/Open University, 22–29.

Halpern, D. F. (1997). *Critical Thinking Across the Curriculum: A Brief Edition of Thought and Knowledge.* Mahwah, NJ: Lawrence Erlbaum.

Handlin, O. (1957). *Race and Nationality in American Life.* Boston: Little, Brown.

Harris, R., and B. Rampton. (2003). *The Language, Ethnicity and Race Reader.* London: Routledge.

Heath, S. B. (1983). *Ways with Words: Language and Work in Communities and Classrooms.* Cambridge: Cambridge University Press.

Heath, S. B., and M. B. Mongiola. (1991). *Children of Promise: Literate Activity in Linguistically and Culturally Diverse Classroom.* Washington, DC: National Education Association Publications.

Held, D. (1999). "The Transformation of Political Community: Rethinking Democracy in the Context of Globalization." In I. Shapiro and C. Hacker-Cordon (eds.). *Democracy's Edges.* Cambridge: Cambridge University Press, 84–111.

Heller, M. (2002). "Globalization and the Commodification of Bilingualism in Canada." In D. Block and D. Cameron (eds.). *Globalization and Language Teaching*. London: Routledge, 47–63.

Hibler, K. (1998). "Inter/cultural Communication and the Challenge of Postcolonial Theory." *The E-Journal of Intercultural Relations* 1 (Spring 1998): 2.

Higham, J. (1965). *Strangers in the Land: Patterns of American Nativism, 1860–1925*. New York: Atheneum.

———. (1999). "Instead of a Sequel, Or How I Lost My Subject." In C. Hirschman, P. Kasinitz, and J. DeWind (eds.). *The Handbook of International Migration: The American Experience*. New York: Russell Sage Foundation, 383–89.

Hinkel, E. (ed.). (1999). *Culture in Second Language Teaching and Learning*. Cambridge: Cambridge University Press.

Hirschman, C., P. Kasinitz, and J. DeWind (eds.). (1999). *The Handbook of International Migration: The American Experience*. New York: Russell Sage Foundation.

Hitler, A. (1925/1969). *Mein Kampf*. Trans. R. Manheim. London: Hutchingson. (Originally published in 1925.)

Hobsbawm, E. (1966). "Language, Culture, and National Identity." *Social Research* 63: 1065–80.

———. (1990). *Nations and Nationalism Since 1780*. Cambridge: Cambridge University Press.

Hoddad, Y., and J. Smith. (1996). "Islamic Values and American Muslims." In B. C. Aswad and B. Bilge (eds.). *Family and Gender Among American Muslims*. Philadelphia: Temple University Press, 16–27.

Hofstede, G. (1980). *Culture's Consequences: International Differences in Work-related Values*. Beverly Hills: Sage.

———. (1986). "Cultural Differences in Teaching and Learning." *International Journal of Intercultural Relations* 10: 301–20.

Holliday, A., M. Hyde, and J. Kullman. (2004). *Intercultural Communication: An Advanced Resource Book*. New York: Routledge.

Hollinger, D. A. (1995). *Postethnic America: Beyond Multiculturalism*. New York: Basic Books.

Human Development Report 1999. (1999). "Globalization with a Human Face." New York: United Nations Development Programme and Oxford University Press.

Human Development Report 2004. (2004). "Cultural Liberty in Today's World." New York: United Nations Development Programme.

Huntington, S. (1993). "The Clash of Civilizations?" *Foreign Affairs* 72: 23–49.

———. (1998). *The Clash of Civilizations: The Remaking of the World Order*. New York: Simon and Schuster.

———. (2004). *Who Are We? The Challenges to America's National Identity*. New York: Simon and Schuster.

Jakubowicz, A. (1984). "State and Ethnicity: Multiculturalism as an Ideology." *Australia and New Zealand Journal of Sociology* 17: 3.

Jameson, F. (1991). *Postmodernism, Or, the Cultural Logic of Late Capitalism.* Durham, NC: Duke University Press.

———. (1998). "Notes on Globalization and Philosophical Issues." In F. Jameson and M. Miyoshi (eds.). *The Cultures of Globalization.* Durham, NC: Duke University Press, 54–77.

Jones, G. L. (1998). "Mexico Is Right at Home in Win." *Los Angeles Times,* February 16, 1998, C1; "This Is Much Worse Than Trash Talking," C7.

Joseph, J. E. (1996). "The Immediate Sources of the 'Sapir-Whorf Hypothesis.'" *Historiographia Linguistica* 23: 365–404.

———. (1997). "The Misery and the Splendour of Multiculturalism: A Response to Michael Clyne." *Current Issues in Language and Society* 4, no. 2: 129–34.

———. (2004). *Language and Identity: National, Ethnic, Religious.* London: Palgrave Macmillan.

Joseph, L. (1957). *Israel Zangwill.* New York: Thomas Yoseloff, 255. Cited in N. Glazer and D. Moynihan. (1963). *Beyond the Melting Pot: The Negroes, Puerto Ricans, Jews, Italians, and Irish of New York City.* Cambridge, MA: MIT Press, 290.

Joseph, M. (1999). "Introduction: New Hybrid Identities and Performance." In M. Joseph and J. N. Fink (eds.). *Performing Hybridity.* Minneapolis: University of Minnesota Press, 1–24.

Joseph, M., and J. N. Fink. (eds.). (1999). *Performing Hybridity.* Minneapolis: University of Minnesota Press.

Journal of Cross-Cultural Psychology 31, no. 1 (2000). January 2000. Millennium special issue.

Kaiser, W. L. (1987). *A New View of the World.* Amherst, MA: Freedom Press.

Kalantzis, M., and B. Cope. (1999). "Multicultural Education: Transforming the Mainstream." In S. May (ed.). *Critical Multiculturalism: Rethinking Multicultural and Antiracist Education.* London/Philadelphia: Falmer Press, 245–76.

Kallen, H. (1924). *Culture and Democracy in the United States.* New York: Boni and Liveright.

Kang, L. (1998). "Is There an Alternative to (Capitalist) Globalization? The Debate About Modernity in China." In F. Jameson and M. Miyoshi (eds.). *The Cultures of Globalization.* Durham, NC: Duke University Press, 164–88.

Kaplan, R. B. (1966). "Cultural Thought Patterns in Intercultural Education." *Language Learning* 16: 1–20.

———. (1987). "Cultural Thought Patterns Revisited." In U. Connor and R. B. Kaplan (eds.). *Writing Across Languages: Analysis of L2 Text.* Reading, MA: Addison-Wesley, 9–21.

———. (1988). "Contrastive Rhetoric and Second Language Learning: Notes Toward a Theory of Contrastive Rhetoric." In A. C. Purves (ed.). *Writing Across Languages and Cultures: Issues in Contrastive Rhetoric.* Newbury Park, CA: Sage, 275–304.

Kasper, G., and S. Blum-Kulka (eds.). (1993). *Interlanguage Pragmatics.* Oxford: Oxford University Press.

Kelly, L. G. (1969). *25 Centuries of Language Teaching.* Rowley, MA.: Newbury House.

Kelly, W. (1999). "Postcolonial Perspective on Intercultural Relations: A Japan-U.S. Example." *The Edge, The E-Journal of Intercultural Relations* 2, no. 1 (Winter).

Ki, A., and C. Yeh. (2002). "Stereotypes of Asian American Students." ERIC document no. 172, February 2002.

Kim, M. S. (2002). *Non-western Perspectives on Human Communication: Implications for Theory and Practice.* Thousand Oaks: Sage.

Kim, U., Y. Park, and D. Park. (2000). "The Challenge of Cross-cultural Psychology." *Journal of Cross-cultural Psychology* 31: 63–75.

Kim, Y. Y. (2001). *Becoming Intercultural: An Integrative Theory of Communication and Cross-cultural Adaptation.* Thousand Oaks, CA: Sage.

Kivisto, P. (2002). *Multiculturalism in a Global Society.* Oxford: Blackwell Publishers.

Kluver, R. (2000). "Globalization, Informatization, and Intercultural Communication." *American Communication Journal* 13, no. 3. Retrieved May 21, 2001, from http://www.acjournal/holdings/vo13/Iss3/spec/kluver.htm.

Korzybski, A. (1933). *Science and Sanity: An Introduction to Non-Aristotelian Systems and General Semantics.* New York: Institute of General Semantics.

Kowal, K. (1998). *Rhetorical Implications of Linguistic Relativity.* New York: Peter Lang.

Kramsch, C. (1993). *Context and Culture in Language Teaching.* Oxford: Oxford University Press.

———. (1998). *Language and Culture.* Oxford: Oxford University Press.

———. (1999). "Thirdness: The Intercultural Stance." In T. Vestergaard (ed.). *Language, Culture and Identity.* Aalborg, Denmark: Aalborg University Press, 41–58.

———. (2002). "Intercultural Communications." In R. Carter and D. Nunan (eds.). *The Cambridge Guide to Teaching English to Speakers of Other Languages.* Cambridge: Cambridge University Press, 201–6.

———. (2003). "Teaching Language Along the Cultural Faultline." In D. L. Lange and R. M. Paige (eds.). *Culture as the Core: Perspectives in Second Language Education.* Greenwich, CT: Information Age Publishing, 19–35.

Kramsch, C., and S. L. Thorne. (2002). "Foreign Language Learning as Global Communicative Practice." In D. Block and D. Cameron (eds.). *Globalization and Language Teaching.* London: Routledge, 83–100.

Krishnaswamy, R. (1998). *Effeminism: The Economy of Colonial Desire.* Ann Arbor: University of Michigan Press.

Kristol, W. (2006). "Y is for Yahoo." (Editorial.) *The Weekly Standard* 11, no. 28: 7.

Ksmberelis, G. (2001). "Producing Heteroglossic Classroom (Micro)cultures Through Hybrid Discourse Practice. *Linguistics and Education* 21: 85–125.

Kubota, R. (1999). "Japanese Culture Constructed by Discourses: Implications for Applied Linguistics Research and ELT." *TESOL Quarterly* 33: 9–35.

———. (2001). "Discursive Construction of the Images of U.S. Classrooms." *TESOL Quarterly* 35: 9–38.

———. (2002). "The Impact of Globalization on Language Teaching in Japan." In D. Block and D. Cameroon (eds.). *Globalization and Language Teaching*. New York: Routledge, 13–28.

———. (2004). "Critical Multiculturalism and Second Language Education." In B. Norton and K. Toohey (eds.). *Critical Pedagogies and Language Learning*. Cambridge: Cambridge University Press, 30–52.

Kumaravadivelu, B. (1990). "Ethnic Variation and Classroom Interaction: Myth or Reality." *RELC Journal* 21: 45–54.

———. (1997). "Our Prejudices, Our Selves." *San Jose Mercury News*, 1P and 4P. May 18, 1997.

———. (1999). "Critical Classroom Discourse Analysis." *TESOL Quarterly* 33: 453–84.

———. (2000). "The Gift of One Another's Presence: Culture and Language Teaching." Keynote address delivered at The 13th Educational Conference, October 12–14, 2000, Fremantle, Australia.

———. (2002). "Paying Attention to *Inter-* in Intercultural Communication." *TESOL Journal* 11: 3–4.

———. (2003a). "Problematizing Cultural Stereotypes in TESOL." *TESOL Quarterly* 37: 709–18.

———. (2003b). *Beyond Methods: Macrostrategies for Language Teaching*. New Haven: Yale University Press.

———. (May 2003c). "Cultural Globalization and Individual Identity." Plenary address delivered at the 19th Communication Skills Conference, May 16–18, 2003, Helsinki, Finland.

———. (July 2006). "(Ex)tensions: The Cultural Logic of the Global and the Local." Plenary address delivered at the Applied Linguistics Association of Australia International Conference, July 5–8, 2006, Brisbane, Australia.

Lado, R. (1957). *Linguistics Across Cultures*. Ann Arbor: University of Michigan Press.

Landis, D., J. M. Bennett, and M. J. Bennett (eds.). (2004). *Handbook of Intercultural Training*. 3d ed. Thousand Oaks: Sage.

Lange, D. L. (2003). "Implications of Theory and Research for the Development of Principles for Teaching and Learning Culture in Second Language Classrooms." In D. L. Lange and R. M. Paige (eds.). *Culture as the Core: Perspectives in Second Language Education*. Greenwich, CT: Information Age Publishing, 271–336.

Lange, D. L., and R. M. Paige. (2003). "Interdisciplinary Perspectives on Culture Learning in the Second Language Curriculum: Introduction." In D. L. Lange and R. M. Paige (Eds.), *Culture as the Core: Perspectives in Second Language Education*. Greenwich, CT: Information Age Publishing, ix–xvii.

———. (eds.). (2003). *Culture as the Core: Perspectives in Second Language Education*. Greenwich, CT: Information Age Publishing.

Larsen-Freeman, D., and M. H. Long. (1991). *An Introduction to Second Language Acquisition Research*. London: Longman.

Lee, S. J. (1996). *Unraveling the "Model Minority" Stereotype: Listening to Asian American Youth*. New York: Teachers College Press.

Leki, I. (1991). "Twenty-five Years of Contrastive Rhetoric: Text Analysis and Writing Pedagogies." *TESOL Quarterly* 25: 123–43.

Lessow-Hurley, J. (1991). *A Commonsense Guide to Bilingual Education*. Alexandria, VA: Association for Supervision and Curriculum Development.

Lin, A. M. Y., and W. Martin (eds.). (2005). *Decolonisation, Globalisation: Language-in-Education Policy and Practice*. Clevedon: Multilingual Matters.

Lippmann, W. (1922). *Public Opinion*. New York: The Free Press.

Littlewood, W. (2000). "Do Asian Students Really Want to Listen and Obey?" *ELT Journal* 54: 31–36.

———. (2001). "Students' Attitudes to Classroom English Learning: A Cross-cultural Study. *Language Teaching Research* 5: 3–28.

Liu, J. (2001). *Asian Students' Classroom Communication Patterns in U.S. Universities*. Westport, CT: Ablex.

Lo Bianco, J., A. J. Liddicoat, and C. Crozet (eds.). (1999). *Striving for the Third Place: Intercultural Competence Through Language Education*. Melbourne: Language Australia.

Lodge, A. (1998). "French Is a Logical Language." In L. Bauer and P. Trudgill (eds.). *Language Myths*. London: Penguin Books. 23–31.

Loughrin-Sacco, S. (1992). "More Than Meets the Eye: An Ethnography of an Elementary French Class." *Canadian Modern Language Review* 49: 80–101.

Luke, A. (1989). "Open and Closed Texts: The Ideological/Semantic Analysis of Textbook Narratives." *Journal of Pragmatics* 13: 53–80.

———. (1996). "Genres of Power? Literacy Education and the Production of Capital." In R. Hasan and G. Williams (eds.). *Literacy in Society*. London: Longman, 308–38.

———. (2003). "After the Marketplace: Evidence, Social Science and Educational Research." *Australian Educational Researcher* 30: 87–107.

———. (2004). "Two Takes on the Critical." In B. Norton and K. Toohey (eds.). *Critical Pedagogies and Language Learning*. Cambridge: Cambridge University Press, 21–29.

Maalouf, A. (2000.) *On Identity*. Trans. Barbara Bray. London: Havill Press.

Malcolm, I. G. (1987). "Continuities in Communicative Patterns in Crosscultural Classrooms." In B. K. Das (ed.). *Communication and Learning in the Classroom Community.* Singapore: Singapore University Press, 37–63.

Marcus, G. (1998). *Ethnography Through Thick and Thin.* Princeton: Princeton University Press.

Martin, J. E. (1992). *Toward a Theory of Text for Contrastive Rhetoric.* New York: Peter Lang.

Martin, J. N., and T. K. Nakayama. (1997). *Intercultural Communication in Contexts.* Mountain View, CA: Mayfield Publishing Company.

———. (2000). *Intercultural Communication in Contexts.* 2d ed. Mountain View, CA: Mayfield Publishing Company.

Matilal, B. M., and A. Chakrabarti (eds.). (1994). Introduction. In B. M. Matilal and A. Chakrabarti (eds.). *Knowing from Words: Western and Indian Philosophical Analysis of Understanding and Testimony.* Boston: Kluwer Academic Publishers, 1–22.

Matsumoto, D. (1996). *Unmasking Japan: Myths and Realities About the Emotions of the Japanese.* Stanford, CA: Stanford University Press.

May, S. (1999). "Critical Multiculturalism and Cultural Difference: Avoiding Essentialism." In S. May (ed.). *Critical Multiculturalism: Rethinking Multicultural and Antiracist Education.* London: Falmer Press, 11–41.

Mayntz, R. (1992). "Social Norms in the Institutional Culture of the German Federal Parliament." In R. Munch and N. Smelser (eds.). *Theory of Culture.* Berkeley, CA: University of California Press, 219–40.

McKay, S. L. (2000). "Teaching English as an International Language: Implications for Cultural Materials in the Classroom." *TESOL Journal* (Winter 2000): 7–11.

McLaren, P. (1994). "White Terror and Oppositional Agency: Towards a Critical Multiculturalism." In D. T. Goldberg (ed.). *Multiculturalism: A Critical Reader.* Oxford: Blackwell, 45–74.

———. (1995). "Collisions with Otherness: 'Traveling' Theory, Postcolonial Criticism, and the Politics of Ethnographic Practice—The Mission of the Wounded Ethnographer." In P. McLaren and J. Giarelli (eds.). *Critical Theory and Educational Research.* New York: State University of New York Press, 271–99.

McLaren, P., and R. Torres. (1999). "Racism and Multicultural Education: Rethinking 'Race' and 'Whiteness' in Late Capitalism." In S. May (ed.). *Critical Multiculturalism: Rethinking Multicultural and Antiracist Education.* London: Falmer Press, 42–76.

Memmi, A. (1957/1965). *The Colonizer and the Colonized.* Boston: Beacon Press.

Mignolo, W. (1998). "Globalization, Civilization Processes, and the Relocation of Languages and Cultures." In F. Jameson and M. Miyoshi (eds.). *The Cultures of Globalization.* Durham, NC: Duke University Press, 32–53.

———. (2000). *Local Histories/Global Designs: Coloniality, Subaltern Knowledges, and Border Thinking.* Princeton, NJ: Princeton University Press.

Miike, Y. (2003). "Beyond Eurocentrism in the Intercultural Field: Searching for an Asiacentric Paradigm." In W. J. Starosta and G. Chen (eds.). *Ferment in the Intercultural Field: Axiology/Value/Praxis.* Thousand Oaks, CA: Sage, 243–76.

Mills, S. (1997). *Discourse.* London: Routledge.

Miner, H. (1956). "Body Ritual Among the Nacirema." *American Anthropologist* 58: 503–7.

Minh-ha, T. T. (1989). *Woman, Native, Other: Writing Postcoloniality and Feminism.* Bloomington: Indiana University Press.

Miyahara, A. (2000). "Toward Theorizing Japanese Interpersonal Communication Competence from a Non-Western Perspective." *American Communication Journal* 13, no. 3. Retrieved May 21, 2001, from http://www.acjournal/holdings/vo13/Iss3/spec/kluver.htm.

Mohan, B. A., and W. A.-Y. Lo. (1985). "Academic Writing and Chinese Students: Transfer and Developmental Factors." *TESOL Quarterly* 19: 515–34.

Montovani, G. (2000). *Exploring Borders: Understanding Culture and Psychology.* New York: Routledge.

Mootoo, S. (1999). "Hybridity and Other Poems." In M. Joseph and J. N. Fink (eds.). *Performing Hybridity.* Minneapolis: University of Minnesota Press, 106–11.

Morgan, B., and V. Ramanathan. (2005). "Critical Literacies and Language Education: Global and Local Perspectives." *Annual Review of Applied Linguistics* 25: 151–69.

Mukhopadhyay, C., R. Henze, and Y. Moses. (2007). *How Real Is Race?: A Sourcebook on Race, Culture, and Biology.* Lanham, MD: Rowman and Littlefield Education.

Nachbar, J., and K. Lause (eds.). (1992). *Popular Culture: An Introductory Text.* Bowling Green, OH: Bowling Green State University Popular Press.

National Standards for Foreign Language Learning Project. (1996). *Standards for Foreign Language Learning: Preparing for the 21st Century.* New York: National Standards for Foreign Language Learning Project.

Negroponte, N. (1995). *Being Digital.* London: Hodder and Stoughton.

Nehru, J. (1936/1980). *An Autobiography.* New Delhi: Oxford University Press. (Originally published in 1936.)

Nelson, G. (1998). "Intercultural Communication and Related Courses Taught in TESOL Masters' Degree Programs." *International Journal of Intercultural Relations* 22: 17–33.

New London Group. (1996). "A Pedagogy of Multiliteracies: Designing Social Futures." *Harvard Educational Review* 66: 60–92.

———. (2000). "A Pedagogy of Multiliteracies: Designing Social Futures." In B. Cope and M. Kalantzis (eds.). *Multiliteracies: Literacy Learning and the Design of Social Futures.* London: Routledge, 9–38.

Nicholls, J. (1995). "Cultural Pluralism and the Multicultural Curriculum: Ethical Issues and English Language Textbooks in Canada." In

M. L. Tickoo (ed.). *Language and Culture in Multilingual Societies: Viewpoints and Visions.* Singapore: Sherson Publishing House, 112–21.

Norton, B. (2000). *Identity and Language Learning.* London: Longman.

Novak, M. (1971). *The Rise of the Unmeltable Ethnics.* New York: Macmillan.

Ong, A. (1998). "Flexible Citizenship Among Chinese Cosmopolitans." In P. Cheah and B. Robbins (eds.). *Cosmopolitics: Thinking and Feeling Beyond the Nation.* Minneapolis: University of Minnesota Press, 134–62.

Ortiz, F. (1947/1995). *Cuban Counterpoint: Tobacco and Sugar.* NY: Alfred Knopf. Republished in 1995 by Duke University Press.

Oxford English Dictionary. (1971). New York: Oxford University Press.

Oxford, R. L. (1995). *Patterns of Cultural Identity.* Boston: Heinle and Heinle.

Panetta, C. G. (ed.). (2001). *Contrastive Rhetoric Revisited and Redefined.* Mahwah, NJ.: Lawrence Erlbaum.

Park, R. E., and E. W. Burgess. (1969). *Introduction to the Science of Sociology.* Chicago: University of Chicago Press. (Originally published in 1921.)

Pavlenko, A. (1998). "Second Language Learning by Adults: Testimonies of Bilingual Writers." *Issues in Applied Linguistics* 9: 3–19.

———. (2002). "Poststructuralist Approaches to the Study of Social Factors in Second Language Learning and Use." In V. J. Cook (ed.). *Portraits of the L2 User.* Clevedon: Multilingual Matters, 275–302.

Pavlenko, A., and J. Lantolf. (2000). "Second Language Learning as Participation and the (Re)construction of Selves." In J. Lantolf (ed.). *Sociocultural Theory and Second Language Learning.* Oxford: Oxford University Press, 155–78.

Pennycook, A. (1994). *The Cultural Politics of English as an International Language.* London: Longman.

———. (1998). *English and the Discourses of Colonialism.* London: Routledge.

———. (2002). "Language Policy and Docile Bodies: Hong Kong and Governmentality." In J. W. Tollefson (ed.). *Language Policies in Education.* Mahwah, NJ.: Lawrence Erlbaum 91–110.

Phillips, J. K. (2003). "National Standards for Foreign Language Learning: Culture, the Driving Force." In D. L. Lange and R. M. Paige (eds.). *Culture as the Core: Perspectives in Second Language Education.* Greenwich, CT: Information Age Publishing, 61–171.

Pierson, H. D. (1996). "Learner Culture and Learner Autonomy in the Hong Kong Chinese Context." In R. Pemberton et al. (eds.). *Taking Control: Autonomy in Language Learning.* Hong Kong: Hong Kong University Press, 49–58.

Pieterse, J. N. (2001). "Hybridity, So What? The Anti-hybridity Backlash and the Riddles of Recognition." *Theory, Culture and Society* 18: 219–45.

Pinker, S. (1995). *The Language Instinct.* New York: HarperPerennial.

Pollock, S., H. K. Bhabha, C. A. Breckenridge, and D. Chakrabarty. (2002). "Cosmopolitanisms." In C. A. Breckenridge, S. Pollock, H. K. Bhabha, and D. Chakrabarty (eds.). *Cosmopolitanism.* Durham, NC: Duke University Press, 1–14.

Portes, A. (1999). "Immigration Theory for a New Century." In C. Hirschman, P. Kasinitz, and J. DeWind (eds.). *The Handbook of International Migration: The American Experience.* New York: Russell Sage Foundation, 21–33.

Portes, A., and M. Zhou. (1993). "The New Second Generation: Segmented Assimilation and Its Variants Among Post-1965 Immigrant Youth." *Annals of the American Academy of Political and Social Science* 530: 74–96.

Pratt, M. L. (1991). "Arts of the Contact Zone." *Profession* 91: 33–40.

———. (1992). *Imperial Eyes: Travel Writing and Transculturation.* London and New York: Routledge.

Prodromou, L. (1992). "What Culture? Which Culture? Cross-cultural Factors in Language Learning." *ELT Journal,* 46: 39–49.

Pusch, M. D. (2004). "Intercultural Training in Historical Perspective." In D. Landis, J. M. Bennett, and M. J. Bennett (eds.). *Handbook of Intercultural Training.* Thousand Oaks, CA: Sage, 13–36.

Radhakrishnan, R. (1993). "Postcoloniality and the Boundaries of Identity." *Callaloo* 16: 750–71.

———. (2003). *Theory in an Uneven World.* Oxford: Blackwell Publishing.

Rampton, B. (1995). *Crossing: Language and Ethnicity Among Adolescents.* London: Longman.

———. (2006). *Language in Late Modernity: Interaction in an Urban School.* Cambridge: Cambridge University Press.

Realo, A. (2003). "Comparison of Public and Academic Discourses: Estonian Individualism and Collectivism Revisited." *Culture and Psychology* 9: 47–77.

Reed-Danahay, D. E. (ed.). (1997). *Auto/Ethnography: Rewriting the Self and the Social.* Oxford and New York: Berg.

Remennick, L. (2005). "Cross-cultural Dating Patterns on an Israeli Campus: Why Are Russian Immigrant Women More Popular Than Men?" *Journal of Social of Personal Relations* 22: 435–54.

Risager, K. (1998). "Language Teaching and the Process of European Integration." In M. Byram and M. Fleming (eds.). *Language Learning in Intercultural Perspective.* Cambridge: Cambridge University Press, 242–54.

———. (1999). "Language and Culture: Disconnection and Reconnection." In T. Vestergaard (ed.). *Language, Culture and Identity.* Aalborg, Denmark: Aalborg University Press, 83–98.

Rischin, M. (1976). *Immigration and the American Tradition.* Indianapolis: Bobbs-Merrill.

Ritzer, G. (1993). *The McDonaldization of Society.* Thousand Oaks, CA: Pine Forge Press.

Robertson, Robbie. (2003). *Three Waves of Globalization: A History of a Developing Global Consciousness.* London: Zed Books.

Robertson, Roland. (1992). *Globalization, Social Theory and Global Culture.* London: Sage.

Robinson, G. (1991). "Second Culture Acquisition." In J. E. Alatis (ed.). *Georgetown University Round Table on Languages and Linguistics, 1991.* Washington, DC: Georgetown University Press, 114–22.

Rogers, E. M., W. B. Hart, and Y. Miike. (2002). "Edward T. Hall and the History of Intercultural Communication: The United States and Japan." *Keio Communication Review* 24: 3–26.

Rose, K. R., and G. Kasper (eds.). (2001). *Pragmatics in Language Teaching.* Cambridge: Cambridge University Press.

Rumbaut, R. G. (1999). "Assimilation and Its Discontents: Ironies and Paradoxes." In C. Hirschman, P. Kasinitz, and J. DeWind (eds.). *The Handbook of International Migration: The American Experience.* New York: Russell Sage Foundation, 172–95.

Sacks, J. (2003). *The Dignity of Difference: How to Avoid the Clash of Civilizations.* New York: Plenum.

Said, E. (1978). *Orientalism.* New York: Pantheon.

Salins, P. (1999). *Assimilation, American Style.* New York: Basic Books.

Sampedro, R., and S. Hillyard. (2004). *Global Issues.* Oxford: Oxford University Press.

San Jose Mercury News, February 23, 2006. "Bush Insists Outsourcing to India Has Its Benefits," 1A, 5A.

Sanchez, G. J. (1999). "Face the Nation: Race, Immigration, and the Rise of Nativism in Later-twentieth Century America." In C. Hirschman, P. Kasinitz, and J. DeWind (eds.). *The Handbook of International Migration: The American Experience.* New York: Russell Sage Foundation, 371–82.

Sapir, E. (1949). *Selected Writings of Edward Sapir in Language, Culture, and Personality,* ed. D. G. Mendelbaum. Berkeley, CA: University of California Press.

Sato, C. (1981). "Ethnic Styles in Classroom Discourse." In M. Hines and W. Rutherford (eds.). *On TESOL '81.* Washington DC: TESOL, 11–24.

Scarcella, R. C., and R. L. Oxford. (1992). *The Tapestry of Language Learning.* Boston: Heinle and Heinle.

Schlesinger, A. M., Jr. (1998). *The Disuniting of America: Reflections on a Multicultural Society.* New York: W.W. Norton.

Schumann, J. (1976). "Second Language Acquisition: The Pidginization Hypothesis." *Language Learning* 26: 391–408.

———. (1978). "The Acculturation Model for Second Language Acquisition." In R. C. Gingras (ed.). *Second Language Acquisition and Foreign Language Teaching.* Washington, DC: Center for Applied Linguistics.

Scollon, R., and S. W. Scollon. (2001). *Intercultural Communication.* 2d ed. Malden: Blackwell Publishers.

Sercu, L. (2005). "The Future of Intercultural Competence in Foreign Language Education: Recommendations for Professional Development, Educational Policy and Research." In L. Sercu (ed.). *Foreign Language Teachers and Intercultural Competence.* Clevedon: Multilingual Matters, 160–81.

——— (ed.). (2005). *Foreign Language Teachers and Intercultural Competence.* Clevedon: Multilingual Matters.

Shohat, E., and R. Stam. (1994). *Unthinking Eurocentrism: Multiculturalism and the Media.* London: Routledge.

———. (2003). Introduction. In E. Shohat and R. Stam (eds.). *Multiculturalism, Postcoloniality, and Transnational Media.* New Brunswick, NJ: Rutgers University Press, 1–17.

Shulman, M. (1998). *Cultures in Contrast.* Ann Arbor: University of Michigan Press.

Skelton, T., and T. Allen. (1999). *Culture and Global Change.* London: Routledge.

Sokolik, M. E. (1999). *Rethinking America.* Boston: Heinle and Heinle.

Spivak, G. (1988). *In Other Words: Essays in Cultural Politics.* New York: Routledge.

Spivak, G. C. (1985). "Can the Subaltern Speak? Speculations on Widow Sacrifice." *Wedge* 7: 120–30.

———. (1986). "Imperialism and Sexual Difference." *Oxford Literary Review* 8: 1–2.

———. (1993). *Outside in the Teaching Machine.* New York: Routledge.

Starosta, W. J., and G. Chen (eds.). (2003). *Ferment in the Intercultural Field: Axiology/Value/Praxis.* Thousand Oaks, CA: Sage.

———. (2003a). "'Ferment,' an Ethic of Caring, and the Corrective Power of Dialogue." In W. J. Starosta and G. Chen (eds.). *Ferment in the Intercultural Field: Axiology/Value/Praxis.* Thousand Oaks, CA: Sage, 3–23.

———. (2003b). "On Theorizing Difference: Culture as Centrism." In W. J. Starosta and G. Chen (eds.). *Ferment in the Intercultural Field: Axiology/Value/Praxis.* Thousand Oaks, CA: Sage, 277–87.

Steger, M. (2003). *Globalization: A Very Short Introduction.* Oxford: Oxford University Press.

Stern, H. H. (1983). *Fundamental Concepts of Language Teaching.* Oxford: Oxford University Press.

———. (1992). *Issues and Options in Language Teaching.* Oxford: Oxford University Press.

Storti, C., and L. Bennhold-Samaan. (1997). *Culture Matters: The Peace Corps Cross-Cultural Workbook.* Washington, DC: Peace Corps, Information Collection and Exchange.

Street, B. V. (1993). "Culture Is a Verb: Anthropological Aspects of Language and Cultural Process." In D. Graddol, L. Thompson, and M. Bryman (eds.). *Language and Culture.* London: Multilingual Matters, 23–43.

Sugimoto, Y. (1997). *An Introduction to Japanese Society.* Cambridge: Cambridge University Press.

Taylor, C. (1989). *Sources of the Self: The Making of the Modern Identity.* Cambridge, MA: Harvard University Press.

Threadgold, T. (1997). *Feminist Poetics.* London: Routledge.

Tickoo, M. L. (1995). "Authenticity as a Cultural Concern: A View from the Asian English-language Classroom." In M. L. Tickoo (ed.). *Language and Culture in Multilingual Societies: Viewpoints and Visions.* Singapore: Sherson Publishing House, 95–112.

Tomlinson, J. (1999a). *Globalization and Culture.* Cambridge: Blackwell Publishers.

———. (1999b). "Globalised Culture: The Triumph of the West?" In T. Skelton and T. Allen (eds.). *Culture and Global Change.* London: Routledge, 22–29.

Tonnies, F. (1955). *Community and Association.* London: Routledge and Kegan Paul.

Torres, A. (2001). "Latino Cultural Identity and Political Participation: Scanning the Recent Literature," www.gaston.umb.edu/publications/gr/8xxnl/torres_cornell.html.

Triandis, H. C. (1995). *Individualism and Collectivism.* Boulder, CO.: Westview Press.

Tsui, A. B. M. (1996). "Reticence and Anxiety in Second Language Learning." In K. Bailey and D. Nunan (eds.). *Voices from the Language Classroom.* Cambridge: Cambridge University Press, 145–67.

Tyrrell, H. (1999). "Bollywood Versus Hollywood: Battle of the Dream Factories." In T. Skelton and T. Allen (eds.). *Culture and Global Change.* London: Routledge, 260–73.

Vestergaard, T. (ed.). (1999). *Language, Culture and Identity.* Aalborg, Denmark: Aalborg University Press.

Wallace, C. (2002). "Local Literacies and Global Literacy." In D. Block and D. Cameron (eds.). *Globalization and Language Teaching.* London: Routledge, 101–14.

Washington Post. "Karen Hughes to Work on the World's View of U.S." Dated March 12, 2005. Retrieved March 12, 2005, from http://www.washingtonpost.com/ac2/wp-dyn/A25347-2005Mar10.

Watkins, M. S., and S. N. Butler. (1999). "Understanding Classroom Realities: A Cultural Implications Role Play." *Multicultural Perspectives* 1: 27–30.

Watson-Gegeo, K. A., and D. W. Gegeo. (1995). "Understanding Language and Power in the Solomon Islands: Methodological Lessons for Educational Intervention." In J. W. Tollefson (ed.). *Power and Inequality in Language Education.* Cambridge: Cambridge University Press, 59–72.

Weedon, C. (1987). *Feminist Practice and Poststructuralist Theory.* London: Blackwell.

Wenger, E. (1999). *Communities of Practice: Learning, Meaning and Identity.* Cambridge: Cambridge University Press.

Werbner, P. (1997). "Introduction: The Dialectics of Cultural Hybridity." In P. Werbner and T. Modood (eds.). *Debating Cultural Hybridity.* London: Zed, 1–26.

Whorf, B. (1956). *Language, Thought, and Reality: Selected Writings by Benjamin Lee Whorf,* ed. John B. Carroll. Cambridge, MA: MIT Press.

Wierzbicka, A. (1997). *Understanding Cultures Through Their Key Words.* Oxford: Oxford University Press.

Williams, R. (1976). *Keywords: A Vocabulary of Culture and Society.* Oxford: Oxford University Press.

Williams, R. (1977). *Marxism and Literature.* Oxford: Oxford University Press.

Wolf, A. (2004). "Native Son: Samuel Huntington Defends Homeland." *Foreign Affairs* (May/June 2004): 120–25.

Wolf, C., and S. Spencer. (1996). "Stereotypes and Prejudice: Their Overt and Subtle Influence in the Classroom." *American Behavioral Scientist* 40: 176–85.

Wright, A. R., and M. A. Hammons. (1970). *Guidelines for Peace Corps Cross-Cultural Training: Philosophy and Methodology.* Washington, DC: Office of Training Support, Peace Corps, and Estes Park, CO: Center for Research and Education.

Xiaoge, X. (2000). "Asian Perspectives in Communication: Assessing the Search." *American Communication Journal* 13: 3. Retrieved May 21, 2001, from http://www.acjournal/holdings/vo13/Iss3/spec/kluver.htm.

Young, D. (1990). "An Investigation of Students' Perspectives on Anxiety and Speaking." *Foreign Language Annals* 23: 539–53.

Young, R. (1995). *Colonial Desire: Hybridity in Theory, Culture and Race.* London: Routledge.

———. (2001). *Postcolonialism: An Historical Introduction.* Oxford: Blackwell.

Yuval-Davis, N. (1997). *Gender and Nation.* London: Sage.

Zamel, V. (1983). "The Composing Process of Advanced ESL Students: Six Case Studies." *TESOL Quarterly* 17: 165–87.

———. (1997). "Toward a Model of Transculturation." *TESOL Quarterly* 31: 341–52.

Zangwill, I. (1909/1923). *The Melting Pot.* As quoted in G. Gerstle (1999) in C. Hirschman, P. Kasinitz, and J. DeWind (eds.). *The Handbook of International Migration: The American Experience.* New York: Russell Sage Foundation, 274–93. (Originally published in 1909.)

Zarate, G. (1999). "French Linguistic and Cultural Politics Facing European Identity: Between Unity and Diversity." In J. Lo Bianco, A. J. Liddicoat, and C. Crozet (eds.). *Striving for the Third Place: Intercultural Competence Through Language Education.* Melbourne: Language Australia, 43–52.

Zhou, M. (1999). "Segmented Assimilation: Issues, Controversies, and Recent Research on the New School Generation." In C. Hirschman, P. Kasinitz, and J. DeWind (eds.). *The Handbook of International Migration: The American Experience.* New York: Russell Sage Foundation, 196–211.

Zolberg, A. R. (1999). "Matters of State: Theorizing Immigration Policy." In C. Hirschman, P. Kasinitz, and J. DeWind (eds.). *The Handbook of International Migration: The American Experience.* New York: Russell Sage Foundation, 71–93.

索　引

A

阿富汗，6，31，160

爱尔兰，22，31，49，52，55，56，84，92，108

盎格鲁新教文化，47

澳大利亚，8，23，43，49，62，66，74，78，94，145

B

巴基斯坦，47，99，126，162，163

巴西，31，75，115，129，143

半岛电视台，31，42–43

保护，29，32，36，46，70，72，73，76，89，97，103，113，122

北约，113

被动接受，122，128

本土主义，30，32，50，52–55，59，62–65，69，70，71，89

边界，27，80，87，88，89，92，97，106，127，128，129

C

参与课堂互动，39，42

D

大熔炉概念，51，55

代表，6–8，10，11，13，18，20，23，27–30，54，60，65，71，74，75，81，88，89，92，101，108，113，116，129，143，145，157，165

丹麦，112

德国，7–9，24，26，27，30，49，50，52，55，68，70，93，111，113，115，160，168

地理，12，134

帝国主义，24，25，75

第二次世界大战，71，105，112，152，154

第二语言 / 外语，4，34，38，55，59–66，79–82，95

第二语言习得，59，63，64，65

电子媒体，110

定义，7，8，11，17，18，30，34，37，47，70，72，84–86，93，94，97，100–102，108，109，111，112，155–157，162

东方文化，11，155

东亚，164

多文化，3，4，9，18，38，92，114

多样性，1，29，38，69，70–73，75–78，82，87，106，112–114，117，159，170

多语言，17，66，78，81，91，114

多元文化，3，9，17，48，49，66，69，72，73，74–82，87–89，91，96

多元文化教育，72，75，81

多元文化主义，17，73–78，80，82，87，89

E

俄罗斯，20，52，104，111，112，129，141，142

二元文化，153

F

发展，4，5，7，8，11，16–19，22–27，29，34，41，50，55，58，59，61，69，72–74，76，80，81，89，91，92，97，103，107，110，112，113，115，116，119，122–129，131，134，137，150，159，160，161，164，166，169
发展中国家，25，49，153
法国，8，10，12，23，29，49，52，67，68，91，92，108，111–113，156，157
反（对）移民，54，55
反对，18，29，30，41，47，52，53，55，68，71，75，77，113，119，138，140，144，157
反主流文化，10
非母语，94
非裔美国人，1，3，51，56，58，71–73，76，77
非裔美国人研究，73，74
非洲，24，25，49，51，71，72，74，84，86，105，113，140，153，168
非洲中心主义，71，72
菲律宾，1，20，37，49，114
分裂运动，107，109
服从权威，35，39

G

概念，3，7，8，12，13，15，18，22，23，25，26，34，36–38，41，43，47，48，58，61，63，66，69，71–73，76，78，79，82，85–98，100，101，103，109，107，111，114，117，120，124–126，128–130，132，133，136–138，143，144，146，153，155，156，158，159，164–168
高语境社会，153
个人身份，5，10，34，68，76，87，98，117
工业革命，9，24
工业主义，49
公民身份，112，115
共产主义，25，51，110，114
共和党，6，54
关键事件，129
关税和贸易总协定（关贸总协定），25
国际货币基金组织，25
国际联盟，105
国家认同，4，80
国家身份，99，100，103，105，106，108，114

H

和平队，153
黑人历史月，73，77
后现代，22，88，89，100–103，109，116，130，145
后殖民主义，12，38，44，82，85，87，156，158，166
互联网，19，26，111，133，165
话语系统，164

J

机会，18，19，21，22，27，43，64，73，77，78，81，89，96，104，110，112，124，125，134，136，137，140，144，145，149，162，169
基本因素，122
集体主义，10，11，136，134，145，146，154，155
纪律，40
继承，7，116，119
加拿大，29，49，66，74，81，84，107，109，145
建构，3–5，10，12，19，34，37，38，45，74，75，81，89，101，116，154

交叉，10，93，126，127
交流，2，7，9，10，16，18，24，40，45，57，80，81，91，105，111，124，133，135，139，149，153，154，155，162，163，164
教材，81，131，133，134
教师，4，5，16–19，34，35，39，40，42–46，62，65，66，72，75，79，81，93，94，96，97，124，126，127，131，133–137，146，148，149，162–164
教学文化，80
教育系统，39
教育优先，165，166
经历，2，4，17，48，54，61，71，77，87，93，97，102，106，110，118，119，125，129，141，144，148，149，159
鞠躬（礼），95，151，154
决策，106，109
君子协定，51

K

刻板印象，8，11，12，13，18，36，37，38，39，40，44，45，96，126
课堂策略，126
课堂行为，39，40，42–45
孔子，5，39，41
控制，28，35，41，51，54，55，62，91，105，110，113，116，121，156，157
口头和非口头，152，162
跨国公司，26，27，92
跨国性，116
跨国组织，116
跨文化，18，59，61，71，79，81，82，84，85，87–89
跨文化交际，16，19，92，95，125，150–155，157，158，159，161–166，169
跨文化语言教学，94，95
跨文化主义，117，154–156，158，159，161，166，168

L

拉丁美洲，29，49，50，85–87，96，99，108，113，153
离岸外包，20，21，22，26
离散社区，76
理解，3，4，8，15–18，28，32，40，48，56–58，66，76，79，80，82，85–87，90，91，93，97，102，108，110，116，120，125，133–135，138，139，142，144–146，152，157，163，165
历史发展，22，23
联合国，25，26，29，105，106，115，169
联合国教科文组织，29，113
联盟，68，72，74，85，105，113

M

马来西亚，114，160
美国化，28，53，70，71
美国人，1，6，21，37，49，50，51，52，53，58，59，63，70，71，72，73，76，77，102，108，115，152，153，161
美国外语教学委员会（ACTFL），95
美国印第安人，139
美洲原住民，71，77
民权运动，71
民主，69，70，74，112，114，125
民族关系，48
民族国家，6，10，27，29，69，89
民族认同，71，72，73，97
民族优越感，135，
民族志，63，88，95，126，128–133，146，148，154

民族主义，5，70，74，98，106
模型，124
墨西哥，1，3，49，59，77，86，99，115
母语者，14，55，60–65，79，80，94，95，124，125，128，133，162
目标文化社区，122，123，
目标语言，4，80，123，124，133
目标语言社区，80，97，123
穆斯林人口，68，113，141

N

南非，44，66，118，143
难民，92
能力，4，10，16，19，21，29，34，40，43，47，53，57，61，65，79，80，82，85，92，94，95，98，101，104，105，114，116，117，119，124，125，127，128，131，135，137，152，158，159，162，164，165
奴隶，49，72，83，93

O

欧盟，18，73，108，111–114，123，160
欧洲，8，9，17，18，20–25，29，31，49–52，54，55，58，71–74，76，84–86，100，105，111，112–114，116，123，131，141，155，160，168
欧洲帝国，24
欧洲人，20，23，24，51，52，84，113，131
欧洲委员会，18
欧洲文化，8，60，155
欧洲语言共同参考框架，17，18
欧洲中心论，74

P

排除，11，71，76，93，158
排华法案，50
批判性思维，39–43，141
批判式民族志，129，130，131
葡萄牙，24，31
欺骗，7，48，53，66，67，69，76，78，79，82
企业文化，154

Q

权力差异，91，97
权威，35，36，39，40，42，53，62，75，88，106，154，157，162，163，169
全球化，111，159，165
全球文化意识，116，117，120，–123，125，127–129，131，133，134，136，149

R

认知能力，63，137
日本，1，3，4，11，21，22，24，26，29，32，33，36–38，49，51，77，95，96，104，115，153，154，161
瑞典，49，112，143

S

萨丕尔－沃尔夫假说，14–16，61，62，162
商品化，77，110
商业，20，21，25，29，30，41，77，110，142，143，152，154，158
少数族裔，37，41，86
社会工程，71
社会距离，63
社会身份理论，38
社会现实，5，10，81，92，108
社会学，151，152，155，167
社会语言学，16，80，126，162
社区，1，2，4，7–13，17–19，44，69，73–76，78，79，82，84，86，88，89，91，94，97，99，120–123，125，127，

130，132–134，145，147，148，155，162，166
身份形成，97，100，111，113，116，117，120，121，133，147，148
身体仪式，150
世界大同，33
世界公民，89
世界贸易组织，25，106，113
世界银行，25
市场，23，24，25，26，29，30，33，55，103，110，111，112，113，121，143，145
双语，2，4，55，109，125
双语教学，54，55，59
双重国籍，115
思维模式，59–63，162
斯里兰卡，107，108，130
苏格兰，49，95，96，107，108
苏联，21，25，105，141，168

T

泰国，81，114
谈话，15，101，148，163，165，169
天主教，53，68，86，140，141
挑战，9，19，27，33–35，66，68，69，71，78，82，84，94，97，99，100，103，105，107，110–117，122–125，128，130，131，153，159，166
土耳其，92，113，115，160

W

外语教育，17，79，92，93，95
威尔士，107
威胁，27，29，30，32，38，69，78，89，97，100，104，113，114，121，154，162
文 化，1–19，22，23，26–41，43–49，51–67，69–88，90–99，101–108，110–134，136–139，142–150，152–156，156–170
文化变化，9，10
文化变迁，48，57
文化差异，42，53，62，65，71，72，76，80，92，95，96，139，141，154，159，162
文化传统，2，3，15，35，39，43，77，116，119，143，161，
文化，2–4，7–12，15–18，25–29，32，33，36，40，45，49，61，64–66，70，72–74，76–78，80，81，84，86，87，88，93–95，98，103，110，113–117，119–125，128–134，137，141，143，148，152，154，155，157，159，161，165，166，168
文化多元化，69，70，71，72，75，76，79，96，133，162
文化多元主义和文化，117，122
文化多元主义和文化混合，4
文化话语领域，2
文化混合，3
文化价值，2，26，29，53，55，65，74，77，81，103，114，115，120，128，131，149，154
文化嫁接，86
文化教学，4，17，18，34，59，65，79，80，81，82，94，95，123，124，125，126，133，134，162，169
文化刻板印象，35，36，38，44，45
文化全球化，4，9，19，20，22，26，27，28，30，32，33，34，66，97，98，100，117，122，123，125，126，131，133，134，152，159，160，161，165，166，169，170

文化缺陷，53，62，65
文化认同，3–5，19，45，75，76，80，92，97，98，152，159，160，166，169
文化社区，3，11，76，122，123，125，127，129，137，154，166
文化身份，119，125
文化适应，48，63，79，80，86，97
文化同化，3–5，45–48，52–57，59，63–66，70，96，117，122，162
文化同质化，27，28，30，33，34，97，103，121
文化现实主义，4，5，99，100，111，114–118，122，125，133–135，150
文化遗产，76，103，112，113，116，121
文化异质化，27，28，30，33，34，103
文化意识，4，5，18，70，73，95，116，117，120–123，125–129，131，133，134，136，137，149，159，166，167
文化杂糅，3，82，83，85–93，95–98，116，117，119，122，162
文化转化，33
文化转型，13，87，92，116，117，122，125，127，128，129，148，166
文化资本，2，10，11，19，66，82，121，137，159，160
文化自由，118，169，170
文学，7，12，17，25，61，65，73，77，79，87，113–124，132
物化，159

X

西化，4，25，28，115，118
习得第二语言，63，64
限制，13，18，29，34，44，51，81，84，85，102，103，110，122，123，126，138，155，165
象征，38，46，47，87，92，97，106，121
消费主义，28
心理学，14，38，44，62，107，119，124，152，154，156
心理语言学，44
信念和实践，2，123，125，133
信息革命，4，9，126
形成，10–12，23，28，32，51，54，72，74，76，80，84，85，88，98，102，103，105，110，112–114，117，121，124，125，128，134，144，147，157，159，160，161，169
性别问题，140，142
选择性，13，56
学生的课堂行为，43
学生行为，42，82
学习者，5，18，34，43，44，63，64–66，79–82，93–97，121–126，128–134，136，137，146，148，149

Y

亚洲，23，24，25，38，39，49，50，58，60，73，81，88，105，113，114，115，138，140，153，155，162，163，164，165
亚洲学生，39，40，42
研究，7，9，12–18，20，21，37，39–45，47，48，51，56，57，59，60，61，63–65，72，73，80，85，88，92，96–98，104，123，124，126–131，135，136，138，141，142，144，145，147，148，149，151–156，159，161，162，165，169
厌恶种族主义理论，38
业务流程外包，20
伊斯兰教，30，32，68，114，141

移民，1，2，9，17，46–59，63，65，66，69，71，74，86–89，114，115，141，145，148，159，162
异族通婚，141
音乐，7，10，25，28–30，46，70，73，79，88，108，113，137，142–145
英国，1，24，25，29，36，41，49，53，66，68，69，74，78，81，88–91，99，100，102，105，107，108，112，115，118，119，126，129，140，145，161，163，165
英语作为第二语言（ESL），1，80，95，136
英语作为外语教学（TESOL），18，19，35，38，39，40，42，79，98，126，135
应用语言学，4，14，18，40，59，60，62，63，126，164，167
优先教学点，121，122，134
语言教学，4，16–19，22，27，33，34，38，39，41，44，59，62，63，65，79，80，82，92，94–96，97，98，120–122，124–126，134，161，162，164，169
语言文化群体，85，87，162
语言习得，59，63，64
语言学，4，5，14–16，18，19，34，39，40，42，44，45，59，60，62，63–66，79，80，82，93，94，96，97，122–126，129，133，152，162–164，167
语言学习，44，97
语言学习和教学，94
原教旨主义，32
约会模式，142

Z

公立学校，55，68，74
早期美国人，51–53
增长，20，21，22，26，33，49，50，71，103，111，114，141，169
政治，1，3，6，9，10，12，17，22–25，27，30，32，34，41，44，47–49，51，52，54，55，58，59，70，72–75，77，78，82，91，97–100，102–107，109，110，112–116，118，119，121，124，128，129，130，133，134，136，139，143，153，156–158，160，165–168
殖民地，49，90
殖民主义，12，24，41，62，84，85，87，88，90，91，93，102，105，131，158
中东，31，98，135
中国，1，3，8，20，22–25，27，37–41，43，44，49，50，59，62，71，77，92，103，104，108，113，115，123，145，146
种族，75，85，138，139
种族歧视，74，165
种族主义，38，44，51，54，71，85，87，133，156
种族主义理论，38
主权，27，105，106，112
资本主义，24，25，129
自传式民族志，129–132，146，147
自由市场，24，24，110，121